本书为国家社会科学规划项目(批准号：11BFX004)的成果。

法律原意主义解释方法论

范进学 著

法律出版社
LAW PRESS·CHINA

目　录

前　言

一、国内外研究现状述评及研究意义

21 世纪以来,中国法学界,无论是法理学界、宪法学界,还是民法学界、刑法学界,学术研究的重要的范式转型就是关于法学方法论或法律解释方法的研究,其主要原因在于法学实际上是一门经验理性与解释实践之学问,法学不是纯粹的理论与知识堆砌,而是一种经验理性与实践理性,关于法律文本的问题实则是对其进行运用和解释的问题。法学流派虽纷呈各异,但其关心的核心命题皆为法或者法律的概念解释问题,即回答“法或法律是什么”以及“应当是什么”的实践问题,而法学(法律)方法论之研究则从解释实践的层面进一步阐释了法律的意义。

就客观而言,中国学界关于法学(法律)方法论的研究长于对西方法律解释方法论的介绍以及具体解释方法之运用研究,而对于系统整理与阐释法律解释方法论的课题研究则相对薄弱,尤其是关于“法律原意主义解释方法”的较全面的专题学术研究尚不多见。目前,国内关于法律原意主义或原旨主义之研究成果,主要有赵晓力的《美国宪法的原旨解释》(2004 年版)、张翔的《美国宪法解释中的原旨主义》(《山东社会科学》2005 年第 7 期)、侯学宾的《宪法解释中原旨主义的内在困境》(吉林大学法学院 2006 年硕士学位论文)、饶志静的《原旨主义与美国宪法解释理论的论争》(《广西政法管理干部学院学报》2008 年第 1 期)、“守望蓝天”的综述《原旨主义的中国式理解——以中国学者对美国宪法解释中原旨主义的解读为视角》(来自“守望蓝天”的博客)以及笔者本人的《美国宪法解释方法论之辨思》(《现代法学》2006 年第5 期)、《美国宪法解释:“麦迪逊两难”之消解》(《法律科学》2006 年第6 期)以及《美国宪法解释方法论》(法律出版社 2010 年版)与《美国宪法原意主义方法论》(法律出版社 2012 年版)等论著。上述研究的主要成果集中体现在以下三个方面:一是偏重于对宪法解释中的原意主义的概念进行梳理;二是对原意主义自身方法论所存在的内在困境进行了解释与论证;三是对原意主义方法作出了简要评析。这些研究存在的问题在我们看来主要是偏于介绍性与资料整理性的梳理居多,而对法律原意主义解释方法论缺乏系统、全面、翔实的整体性研究,同时没有涉及原意主义方法与非原意主义及司法哲学主义之间的勾联与阐释,也未对原意主义方法进行追问、批判与评述,更未对法律解释方法论作出何种选择进行论证。

总体来说,国外英美法学界对该课题的研究资料较丰富,理论观点与方法体系业已理论化。早在 18 世纪的英国,布莱克斯通就在《英国法释义》中对法律原意主义有所探究,其后法律原意主义方法论就成为法律解释的鹄的。20 世纪后,无论是法律原意主义方法论还是非原意主义方法论之论争,均是基于原意主义展开的。譬如,前美国联邦上诉法官罗伯特·博克早在20世纪70年代就发起了法律原意主义方法论之争,他于1971年写的论文《中立原则以及关于第一修正案的若干问题》在当时的文献中是最早被引用也是最有影响力的关于原意主义的辩护,这篇论文虽然没能有效反驳针对原意主义的普遍批评,但是指出了宪法判决的非原意主义方法的致命问题:道德真理的主观性或不可揭示性。1977年随着哈佛历史学者拉乌尔·伯格(Raoul Berger)的著作《司法部门:第十四修正案的转变》的出版,原意主义进一步进入宪法辩论的核心。该书发展了伯格早期作品中提出的原意主义思想,对现代司法权进行了攻击,他主要是从最高法院对第十四修正案的解释进行批判的,并从历史角度出发阐述了最高法院20世纪60年代的布朗案和选区重划案的判决超越了宪法的原初意图。最高法院打着宪法解释的幌子,实际上篡夺了宪法修正的权力。伯格的宪法解释的原意主义观点在20世纪70年代末期直至80年代的宪法辩论中极受关注,激发了学术界对于制宪者意图及其对宪法判决的意义的研究兴趣。目前最具有代表性的原意主义理论主要有罗伯特·博克的原初理解理论,代表作是其1971年的论文《中立原则以及关于第一修正案的若干问题》和写于1991年的著作《美国之诱——政治对法律的诱拐》;斯卡里亚大法官的文本主义理论,主要反映在其代表作《解释的问题》(*Matters of Interpretation*)中。对原意主义理论提出质疑的解释流派主要有保罗·布莱斯特的非原意主义方法,其代表作是《原初理解的误导性探求》(*The Misconceived Quest for the Original Understanding*);德沃金的道德解读方法,其代表作是《自由的法——美国宪法的道德解读》《法律帝国》《原则问题》《认真对待权利》,这些都已有中译本;波斯纳的经济分析方法,其代表作是《超越法律》《法理学问题》《法律、实用主义和民主》(*Law,*

Pragmatism and Democracy)，这些也都已有中译本。原意主义与非原意主义之间的宪法论辩的成果主要收录在杰克·拉可夫(Jack N. Rakove)主编的《解释宪法：原初意图之争》(*Interpreting the Constitution*：*the Debate Over Original Intent*)。此外，比较有影响的涉及原意主义的学术著作主要有基思·E. 惠廷顿的《宪法解释：文本含义、原初意图与司法审查》、凯斯. R. 桑斯坦的《就事论事——美国最高法院的司法最低限度主义》和《偏颇的宪法》、亚历山大·M. 比克尔的《最小危险部门——政治法庭上的最高法院》、保罗·布莱斯特等主编的《宪法决策的过程：案例与材料》、布鲁斯·阿克曼的《我们人民：宪法的根基》、约翰·哈特·伊利的《民主与不信任——关于司法审查的理论》、克里斯托弗·沃尔夫的《司法能动主义——自由的保障还是安全的威胁?》、詹姆士·安修的《美国宪法解释与判例》、约瑟夫·斯托里的《美国宪法评注》、哈特的《法律、自由与道德》以及安德雷·马默主编的《法律与解释》，以上著述都已有中译本。其他比较有影响的英文版学术著作有弗里曼(Samuel Freeman)的《原意、民主的解释与宪法》(*Original Meaning*, *Democratic Interpretation and the Constitution*)、布瑞斯特(Brest)的《解释法律和文学——一种解释学解读》(*Interpreting law and literature*：*A Hermeneutic Reader*)、Gregory Bassham 的《原初意图与宪法——一种哲学研究进路》(*Original Intent and the Constitution*：*A Philosophical Study*)、奥尼尔(Johnathan O'Neill)的《美国法律与政治中的原意主义》(*Originalism in American Law and Politics*：*A Constitutional History*)、墨菲(Walter Murphy)等的《美国宪法解释》(*American Constitutional Interpretation*)、费舍(Ronald Edward Fisher)的《司法能动主义的概念：其在美国宪法性法律中的性质及功能》(*The Concept of Judicial Activism*：*Its Nature and Function in United*

States Constitutional Law)、杰克·N. 瑞卡夫(Jack N. Rakove)的《原初含义:宪法创制中的政治及理念》(*Original Meanings*:*Politics and Ideas in the Making of Constitution*)、Leonard W. Levy 的《原初意图与制宪者的宪法》(*Original Intent and the Framer's Constitution*)、基思·E. 惠廷顿(Keith E. Whittington)的《宪法阐释:分立的权力与宪法含义》(*Constitutional Construction*:*Divided Powers and Constitutional Meaning*)、里查德·A. 希里斯本(Richard A. Brisbin)的《安东尼·斯卡里亚大法官与保守主义回归》(*Justice Antonin Scalia and the Conservative Revival*)等。尽管原意主义法律解释方法普遍存在于法律适用中,但国外研究法律原意主义解释方法的学者主要集中于英美国家,其身份多是教授、大法官及政府人员,其研究所涉猎的领域多是围绕宪法法律文本而展开。特别是美国的原意主义解释方法自美国宪法诞生之日就开始了,并因此发展出司法克制主义和司法积极主义,在政治价值上表现为自由主义和保守主义,尤其是 1937 年的新政改革,使法律解释方法走向了创造性的自由激进主义。而自 1980 年之后司法保守的积极主义又开始占了上风,2005 年保守主义的首席大法官罗伯特进入最高法院之后,司法克制主义的原意主义方法论趋于优势。不过,国外的原意主义法律解释方法研究者侧重于从宪制民主理论的角度进行研究,历史的解释方法占据了主要地位,其最大不足在于就原意主义解释方法本身理论归纳与研究仍然薄弱。

选择"法律原意主义解释方法论"进行研究,主要意义在于:

第一,建立科学的法解释方法论的需要。无论宪法还是法律,皆存在解释方法的选择问题,而字意解释与立法目的及意图解释都是法的解释中不可或缺的方法。一般而言,字意解释方法优先,在字意解释出现荒谬或极不合理的情况下则必须选择立法目的与意图的解释。所以在法律解释过程中,如何达到对法律文本的客观性解释,以把握其原意和目的,就成为建立科学的法解释学之首要任务。这正是本书研究所关注的核心问题。任何解释方法皆离不开原意主义方法论,即使非原意主义方法论也不过是从相反的方面来诠释原意主义,所以对原意主义方法论的研究实则是对整个法律解释方法论的反思与建构,这对于法律解释方法论的建设具有重大的理论意义与应用价值。一切法律解释都需以原意主义方法为原点,在此基础上,或尊重,或补充修正。任何解释结论都需从中获得正当性与合法性。

第二,可以为法解释主体提供可遵循的解释限度与客观化的解释标准。只要是对客观化物的文本进行解释,就不可能是一个单纯机械的过程,它需要诉诸理性与自由裁量和判断。而本书就是为解决这一问题而作出的一种努力。因为本书研究之重点"原意主义"涉及两个主要问题:一是法文本的意义与目的;二是立法者之意图与目的,而法的文本与立法者之意图与目的则构成了任何进行法的解释的必要的限度与基本标准。所以,若缺乏科学、合理的解释方法,则解释者就有可能走向主观任意,以己之意取代法律原意或者目的。

第三,通过本书的研究,对原意主义法律解释方法进行分析与系统梳理,并勾勒出一幅法解释学方法论之谱系。在我国法律体系形成之后,需从以立法为重心转向以解释为重心,为此就需要建构中国法律解释方法论,也亟须为此寻找域外资源。本书研究结合英文一手资料,系统、全面地梳理了以英美国家为主的关于原意主义方法论的基本理论观点与方法之运用,借鉴域外方法论之经验,从而为法学学科的成熟与完善尽微薄之力。

二、基本思路和方法

本书的基本思路是：第一，对法律原意主义概念的源起做系统完整的梳理总结与分析，以阐明对这一概念的基本理解。第二，就法律原意主义方法论之要素进行解释，重点分析立法者的概念，区分起草者、通过者、批准者与修正者诸概念，并就意图的基本理论与分类进行分析，重点就具体意图与抽象意图、客观与主观意图、形式意图与实质意图、立法者意图与文本意图、解释者意图以及法律原意主义类型化进行分析。第三，对原意主义方法论的历史演进进行梳理，对其各种理论观点与基础进行论证与评析。第四，就原初理解之原意主义方法论、法律文本主义方法论、德沃金唯一正解的法律原意主义、自由原意主义方法论和非原意主义方法论等进行述评，这也是本书之重点。第五，对探究法律原意的方法进行新的评价。尽管文意解释、体系解释、历史解释和目的解释方法司空见惯，但是每一种方法的背后皆存在不同程度的"吊诡"之处，法律解释学应当对它们作出恰当的评价与分析。最后，对原意主义方法论的历史地位作出初步评价，并在此基础上，分析论证法律解释的制度主义困境及其消解的路径，并得出自己的结论。

本书拟采取的研究方法主要包括比较法方法、历史分析法、语义分析法、哲学解释方法以及价值分析法。比较法方法主要是就中外宪法解释理论与方法进行分析，所以该方法必不可缺。探讨原意主义方法的历史分析时离不开历史分析方法，运用该方法可以使我们更加尊重历史的本来面目。对法律解释主义与非解释主义、法律原意主义与非原意主义、自由主义与保守主义、历史主义与文本主义以及法律文本的字词、语言、句子乃至句型进行分析时，语义分析方法是必备之分析工具。一切法律解释，都必须遵循解释之一般哲学原理与理论。哲学解释方法虽然与法律解释有差异,但也必须遵循解释的客观性,对解释学的客观性探究就需要遵循哲学解释中的历史视域理论与对话理论,故哲学解释方法也是十分必要的,而解释活动又是解释者的主观性活动,因为解释是人在解释,而人之解释就避免不了价值判断与衡量。因此,价值分析方法也是不可或缺的。同时,上述各种方法又是相互影响并相互渗透的。

三、重点与难点、主要观点和创新之处

本书的重点有五:一是原意主义方法的主要观点与差异何在;二是原意主义方法之本质何在,如何科学、客观地看待与评价;三是原意主义方法与司法克制主义和司法积极(能动)主义以及与司法保守主义和司法自由主义的关系如何界分;四是该方法之于法解释学处于何种地位?五是法解释学应当建构怎样的方法论?

当然,本书的重点也是研究之难点。不过,除此之外,研究的难点还在于资料的收集与获取以及对资料的分析、辩解与述评。

本书的主要观点如下:第一,法律原意主义是维护法的确定性的基本尺度与标准,应当维护之,但是不能将其绝对化,毕竟社会始终处于进步之中,社会价值与人的观念一直在发生变化,所以解释必须随社会的变化而有所进步。第二,伯克的法律原意主义主要侧重于探究立法者的原初理解含义,而斯卡里亚的法律原意主义则侧重于法律文本的原初公开理解的含义与意图,他们的原意主义方法皆存在片面性和保守性。第三,原意主义方法不等于司法克制主义,非原意主义也不等于司法自由主义,它们之间有相互包含与交叉、重叠之复杂关系,不能将其简单化。第四,法律原意主义方法在民主与法治价值上更加趋同,尤其是对于阐释

解释的合法性上更具有说服力。第五,法官需要的法解释方法不应当是单一的,必须根据文意与具体案件之适用场景作出方法的选择。

本书创新之处在于:第一,所运用的研究资料具有系统性与相对完整性;第二,客观地对法律原意主义方法论进行了归纳与梳理,对其在法解释中的地位与影响作出评价;第三,对法律原意主义方法论进行了学理评价,尤其是对法律解释的制度主义困境及其消解进行了学术分析,提出了消解的路径就在于解释之中的观点。

第一章　法律原意主义概念起源与含义阐释

“原意主义”或“原旨主义”（Originalism）与“非原意主义”或“非原旨主义”（Nonoriginalism）之学术方法论范畴，最初是由美国学者保罗·布莱斯特在1980年《波士顿大学法律评论》上发表的《对原初理解的误解性探求》中提出来的。其后，“解释主义”“原意主义”“原初意图”之术语经常互用。原意主义的含义界定，是一个貌似简单但实则极其复杂并可能吊诡的概念，但严格说来，原意主义方法论实际上是关于司法审判的理论——一种法院如何审理法律问题的理论。尽管不同的原意主义方法论各有不同，但它们都具有一种共同的核心价值主张，那就是强调在解释法律文本时遵循原初意图。根据学者的分类，原意主义的形式大致包括严格原意主义、温和原意主义、原初意图主义、原初文本主义、新原意主义、自由原意主义等。本章将首先对上述类型化的法律原意主义概念的起源与含义进行厘定与分析。

第一节 “原意主义”概念起源

法律解释是按照立法者在制定颁布法律时的意图进行解释，还是把法律视为具有独立性与客观性的自我发展与富有生命的存在物，从而在解释时依据当下的社会现实赋予法律以新的含义，是一个既古老又常新的命题。[①] 由此引发出欧美法学界关于“文本的法”与“行动的法”或“活法”与“死法”的学术之争。

“原意主义”这一概念术语，即英语世界中的“originalism”一词，虽正式出现于美国20世纪70年代，但它作为将法律解释目标确定为立法者意图或文本意图阐明的法律解释方法的历史，在西方法思想与实践的历史长河中却一直存在，这就如同“解释学”(hermeneutica)概念一词大约在1619年才进入普通用法一样。[②] 可以说，成文法的成长史就是法律原意的探究史和发现史。对法律原意方法论提出解构和颠覆性挑战的是19世纪晚期德国出现的目的法学、自由法学、利益法学以及20世纪30年代美国出现的现实主义法学。即便如此，追求以法律原意为目标的解释方法论在当代各国法律方法论中依然具有其正当性与合法性，并成为司法解释者申明其裁判之客观性的合法理由。针对此种现实境况，法国比较法学家勒内·达维德曾意味深长地指出，“在一切国家，法官为了避免被人指摘为武断，原则上比较喜欢不脱离法律字面

① 参见[德]K.茨威格特、H.克茨:《比较法总论》，潘汉典等译，法律出版社2003年版，第26~27页。

② 参见[加拿大]让·格朗丹:《哲学解释学导论》，何卫平译，商务印书馆2009年版，第35页。

规定,尊重立法者意图的解释”。尽管“解释者事实上是至高无上的”,“但他愿意掩盖他在法的制定中的创造作用而给人一个印象,似乎他的作用只是实施别人确定的规范”。[①] 20 世纪 30 年代美国最高法院大法官卡多佐也指出,当时人们对解释的一般看法,即解释似乎不过是寻找和发现立法者心目中的含义,而不论这种含义是多么含混不清和深藏不露,却还是被当作一种真实并可以确定的已有之物,因为在赋予一个制定法以含义时,确定立法意图也许是法官的最小麻烦。[②] 马克斯·韦伯同样指出:“那些在客观上是最具‘创造性’的法官也会感到他们仅仅是法律规范的喉舌,因为他们只是解释和适用法律规范,而不是创造它们——即使这些法官具有潜在的创造性也是如此。”[③]由此可以看出,原意主义法学虽然遭到了目的法学、自由法学、利益法学与现实主义法学之解构,但其正当性犹存。

笔者欲首先对法律原意方法论之历史演进作出简要的梳理与概括,并进而揭示法律“原意主义”概念的起源,以此对“原意主义法学”(a jurisprudence of origninalism)有一个明确的理解与把握。

一、法律目的原意解释方法

法律原意解释方法具有古老的历史传统。据今可察的文献资料分析,古希腊亚里士多德就主张法律原意解释方法。亚里士多德在其《政治学》中指出:“法律可能规定得并不周详,无法作

---

① [法]勒内·达维德:《当代主要法律体系》,漆竹生译,上海译文出版社 1984 年版,第 110 页、第 117 页。

② 参见[美]本杰明·卡多佐:《司法过程的性质》,苏力译,商务印书馆 1998 年版,第 4~5 页。

③ [德]K. 茨威格特、H. 克茨:《比较法总论》,潘汉典等译,法律出版社 2003 年版,第 193 页。

断……法律训导(教导)执法者根据法意解释并应用一切条例,对于法律所没有周详的地方,让他们遵从法律的原来精神,公正地加以处理和裁决。"①法律之规定不可能周详,这是人类无法克服的事实,也是人类试图摆脱的一个困境。这种窘况的解决办法,在亚里士多德看来,就是遵从法律的"原来精神",即公正。法律的目的在于公正,公正是法律的最终目的。亚里士多德在《尼各马科伦理学》中提出了法律"公正"或"衡平"(equitable)解释方法,他说:"法律必然都是普遍的,然而在某些场合下,法律所持的普遍道理就不能称为正确了。就是在那些必须讲普遍道理的地方,也不见得正确。因为法律是针对大多数,虽然对错误不无所知。因为错误并不在法律,也不在立法者,而在事物的本性之中。……纠正法律普遍性所带来的不足,正是正直的本性。"②从亚里士多德提出的原意解释方法的类型化来看,他注重的是法律原意中的立法原意或立法目的与精神,而非立法者的原意。换言之,法律的目的与精神是公正,由于法律的普遍性,在处理具体个案时不能完全依照法律的字词含义,特殊情况下就需要运用合乎法律原来的公正精神来裁决案件。其实,这其中已经蕴含了美国学者斯考特·杰伯尔(Scott Gerber)于 1995 年提出的"自由原意主义"(liberal originalism)方法之精神内核。③

罗马法时期承继古希腊法律解释方法之思维逻辑,同样反对将法律语词本身作为确定法律内容的唯一的、基础的解释方法论,罗马法倾向于认为,解释法律的主要目的在于确定构成有关

① [古希腊]亚里士多德:《政治学》,吴寿彭译,商务印书馆 1965 年版,第 168 页。

② [古希腊]亚里士多德:《尼各马科伦理学》,苗力田译,中国社会科学出版社 1999 年版,第 117~118 页。

③ See Scott Douglas Gerber, *To Secure These Rights: The Declaration of Independence and Constitutional Interpretation*, New York University Press, 1995.

法律基础的意图或目的。从总体上来看,罗马法并不倾向于"含义清楚的规则",根据这种平义解释方法,只有一条法律的语词似乎是清楚的,那么就必须适用它,而不论该法律的制定者旨在通过它们所要表达的含义为何,也不用诉诸那些有助于阐明它们含义的外部帮助。① 罗马法中的法律解释方法虽然也重视了字义解释方法,但更注重法律的目的原意解释,并反对把法律语词本身作为确定法律内容的唯一基础。

中世纪法学家或思想家普遍继承了亚里士多德的法律原意的公正解释方法,认为一条法律的正确性依据法律的普遍性或一般性是不够充分的,因为他们假定立法者(lawmaker)没有欲以他所制定的法律适用于一切情形。这种法律原意解释方法在阿奎那(Aquinas)那里得到发扬。阿奎那指出,"遵守某项规定,虽然一般来说是与社会有益的,但在其他某些情况下,却是极端有害的。这是因为既然立法者无法预料一切个别的情况,他在制定法律时便力求使它适合一般的情形,以期普遍适用。所以,万一遵守这种法律会损害公共福利,那就不应当加以遵守。"②他举例说明,一个城市在被围期间可能颁布一项法令,命令将各个城门严加锁闭,而这种规定一般来说是有利于公共幸福的。但是,万一敌人正在追击公民,那么如果不开城把他们接进城来,那将是该城极大的不幸。在这种情况下,显然应当打开城门,这虽然违反法律的条文,却照顾到那个立法者所注意的公共幸福。所以,在阿奎那看来,在某些特殊情况下,遵从法律是有害的,这时应当抛弃法律的字面含义,而遵守公正和普遍福利的指令。中世纪的英国,普通法法官关注更多的也是法律之目的。法官普洛登

① 参见[美]E. 博登海默:《法理学:法律哲学与法律方法》,邓正来译,中国政法大学出版社1999年版,第527页。

② 《阿奎那政治著作选》,马清槐译,商务印书馆1963年版,第123~124页。

于其文字,也就是不在于其每一部分的结构如何,而在于其是否符合于立法者的意向。(3)在所有法庭中,实行裁判的是主权者,也就是国家法人,下级法官应当尊重主权者订立这一法律的理由,以便使其判决与之相符。这样,他的判决就成了主权者的判决,否则就是他自己的判决,同时也是不公正的判决。(4)法律的本质不在于其文字而在于其意向或意义,也就是在于权威的解释,即立法者的看法。否则,法律便可能由于解释者的奸诈而带有与主权者原意相违背的意义,利用这种手段,解释者就变成立法者了。(5)任何成文法,不论是写成的字多还是字少,如果对制定该法的最终因没有透彻的理解无法好好了解,而关于这最终因的知识则存在于立法者身上。① 从霍布斯的基本立场与观点来看,他基于人民契约与主权论,认为法律是通过每一个人的同意建立的国家即主权者的意志表达,而解释者则只能是臣民唯一服从的主权者所指派的人。这样,解释者法官的判决就不是他个人的判决,而是他根据主权者的权力所作的判决,从而法官对法律的解释就必须以探究立法者的原意为目的。17 世纪中后期荷兰杰出的唯物主义哲学家和无神论者斯宾诺莎(Benedict De Spinoza)在《神学政治论》中同样提出了圣经解释的作者原意方法论。他指出:"解释《圣经》的第一步要把《圣经》仔细研究一番,然后根据其中根本的原理以推出适当的结论来,作为作者的原意。照这样去做,人人总可以不致弄错。"并认为:"这种方法不但是正确的,而且也是唯一适当的方法。"②斯宾诺莎基于作者原意说,反对变更常用字的意思,因为改变字的意思,同时就不得不把用过这个字的每个作者照他的性情、用意加以说明,否则就得

① 参见[英]霍布斯:《利维坦》,黎思复、黎廷弼译,商务印书馆 1985 年版,第 206 ~ 214 页。

② [荷兰]斯宾诺莎:《神学政治论》,温锡增译,商务印书馆 1963 年版,第 108 页。

用极其狡黠的方法诬罔作者。[1]

17 世纪的法律原意解释理论对 18 世纪欧洲大陆及英国的法律解释产生了深刻的影响。欧洲大陆法国的孟德斯鸠（Montesquieu）及白卡雷（Cesare Beccaria）等启蒙思想家认为法官系一种自动适用法律的机械，判决为法律严格之复印，法官是宣告法律语言之嘴巴，须严格受法律之效力所拘束，法官系无能力或无意志自行左右自己之生物。他们主张法律解释不过是探究立法者明示或可得推知之意思。[2] 这一解释方法受制于当时的人民主权与三权分立理论，认为法官只是人民主权的产物，出于对法律是人民主权意志的维护与权力职能的不同分工，法官解释法律的权力被禁止，法官的职责就是确认或发现法律，而不能创造法律，因此，法官作判决时，不得加入个人的“利益衡量”“目的考量”或“价值判断”，而仅以立法者即人民的意志为判决之唯一依据。18 世纪英美普通法系的法学家，如英国的贝克恩（Bacon）、路瑟福斯（Rutherforth）和布莱克斯通（Blackstone）以及美国建国初期的汉密尔顿（Alexander Hamilton）、杰弗逊（Thomas Jefferson）、麦迪逊（James Madison）、威尔逊（James Wilson）以及首席大法官马歇尔（John Marshall）等也深受法律原意解释方法之影响。18 世纪之前，衡平法理念还植根于深受中世纪晚期大陆法学影响的英国法学家如吉蒙（St. Germain）和普路登（Edmund Plowden）的普通法教义之中。18 世纪的布莱克斯通在其 1763 年出版并对以后整个英美法系产生巨大影响的著作《英国法评论》中就提出了法律原意解释方法理论。布莱克斯通在关于对立法行为的解释考察中已经表述得很明白：那种“把司法权凌驾于立

---

① 参见［荷兰］斯宾诺莎：《神学政治论》，温锡增译，商务印书馆 1963 年版，第 116 页。

② 参见杨仁寿：《法学方法论》，中国政法大学出版社 1999 年版，第 51 ~ 52 页。

法权之上的"观点"将是对整个政府的颠覆"。这实际上被看作法律解释的正当方法。他首先否定了法律的立法解释方法,因为在他看来,立法者自己解释法律的方法必定是一个糟糕的方法,他说:"罗马法的解释出现任何疑问时,都必须书面向皇帝陈述案件,并以皇帝的意见适用于案件之中。这必定是一个糟糕的解释方法。向立法机关询问法律的含义,以便对特殊的纷争作出判决,不仅是无休止的,而且还为其偏袒和压迫提供了巨大的空间。"所以,他认为:"最公平和最合理的解释立法者意志的方法就是探究法律制定时立法者的意图(legislator's intentions),这种探究借助于最自然的和最可能的符号(signs)这些符号包括字词(the words)、上下文(the context)、主题内容(the subject-matters)、效果和后果(the effects and consequences)以及法律的精神和理性(the spirit and reason of law)。"[①]显而易见,布莱克斯通之所以否定法律由立法者自己解释,是因为立法者解释法律始终是在立法,自己制定法律自己解释,就失去了法律的客观性,法律完全成了立法者的任性意志,所以这是一个"糟糕的解释方法"。布莱克斯通的解释标准来自于对立法意图的确定的全部目的。这些标准一直到现代司法权兴起之前都是法律解释的指路明灯,其中最重要的方法是"平义"(plain meaning)或者"字面"(literal)解释规则。

就在布莱克斯通提出原意解释方法近20年后的1782年,功利主义理论代表人物边沁在《法律的一般原理》中在阐释"法律的完整含义"时提出了理解法律"完整性"含义的标准,而这个标准就是立法者的原初意志。他说:"完整性只是一个参照性语词,它

---

① *Commentaries on the laws of England*, Volume 1, edited by Wayne Morrison, Cavendish Publishing Limited, 2001, p. 43.

假设了参照标准的存在,这个标准或者是立法者与所涉事项相关之时所实际持有的意志,或者是根据一定偶然情况被设想成将会是他的意志:就是可以被称为他的实际意志,或者他的推定意志。"①在这里,边沁所说的实际意志或推定意志,其实都是指立法者的原初意志,因为在他看来,法律的严格解释解释所揭示的是立法者在制定法律之时的实际意志,而宽松解释则是将立法者因疏忽而未能将其蕴含的意思归于立法者的意志,也就是推定为立法者意志。为了揭示立法者的意志,边沁提出了从表达(expression)、关联(connection)和规划(design)3 个维度进行考察的方法思维论。

美国法律家们的宪法或法律解释方法几乎皆来源于法学家布莱克斯通在《英国法律评论》中所提出的方法论。在《联邦党人文集》中,汉密尔顿、麦迪逊和杰伊以"普布利乌斯"(Publius)之名一致性地采纳了布莱克斯通的规则,并明确、全面地阐明了宪法的政治哲学。例如,在第八十二篇中,他们解释说,州法院涉及联邦问题的判决将上诉至最高法院,"制宪会议鲜明的目的和打算就是所有具体种类案件无论是初审还是上诉审都应由最高法院决定。把最高法院的上诉审限制于下级联邦法院是歪曲了制宪意图,与每一个合理的解释规则相抵触"。而且在解释宪法含义时,他们经常使用"制宪会议的打算"(plan of the convention)、"文件的意旨"(tenor of the instrument)以及"宪法意图"(intent of the constitution)等概念。在建国早期,联邦法院审判的零散的证据也反映了法律解释的传统观点,首席大法官马歇尔的法学思想就说明了这一点。像其他时代的解释者一样,马歇尔常常运用布

---

① [英]杰里米·边沁:《论一般法律》,毛国权译,上海三联书店 2008 年版,第 202 页。

莱克斯通法律解释的工具,经常借助解读文本而确定原始意图,只会偶尔使用文本以外的资料(主要是《联邦党人文集》)。马歇尔使用布莱克斯通的规则,不是按照机械的或者字典式的风格使用。在1827年的Ogden v. Saunders案中,马歇尔指出,意图的探求虽然不是完全地但主要还是来自于宪法文本,他重申了布莱克斯通的观点,即"文件的意图必须优位。意图必须来自于字词;文件字词的理解是在它们一般被那些赋予了意图的人们所使用的范围内进行;既不将条文限制于无意义上,也不扩展为未包含在内的目标或者立宪者心中未说出的意图上"。① 在1819年的McCulloch v. Maryland案中,马歇尔指出:"解释文件的法官的重大义务就是适合于文件制定者的意图。"②还有学者对他的原意解释方法进行了维护,认为:"语言的目的就是交流说话者的意图,解释文件的法官的主要义务就是发现制宪者的意图。"③马歇尔的观点反映了西方国家数世纪以来主导法律解释方法论的正统理论。同时,杰弗逊也主张:"关于宪法解释的每一个问题,我们都应当返回到宪法通过的那一时刻,重新收集宪法争辩时所显现出来的精神,以便与宪法通过时的适当含义相符合,而不是试图发掘脱离文本的含义或发明含义。"④威尔逊则教导他的法律学生说:"制定法解释首要的具有统治地位的箴言是,发现制定时的法

① Ogden v. Saunders, 12 Wheat. 213, 332(1827).

② Gerald Gunther, ed., *John Marshall's Defense of McCulloch v. Maryland*, Stanford University press, 1969, p. 168.

③ ibid., pp. 168 - 169.

④ "Letter from Jefferson to Jusitice William Johnson", June 12, 1823, *in The Writings of Thomas Jefferson*, ed. by Albert E. Bergh, 20 Vols. Jefferson Memorial Association, 1907, XV, p. 449.

律的含义。”[①]在威尔逊看来，法官的职责不是制定法律，而是解释和适用法律。因此，在19世纪初期的美国，一个被普遍接受的公理就是，成文法律应当依据法律制定者（lawmaker）的意图（intent）解释。19世纪后期大多数论文的作者继续把原初意图作为宪法解释的目标。国家主义阐释者认为内战无疑质疑了契约理论，他们维护作为一个国家政府的宪制联合的原初意图的本质。[②] 托马斯·库利（Thomas M. Cooley）的文章重申了传统原意主义观点，他认为：“宪法通过时，其含义就固定了。它在法院实施的任何时候都不会不同。”他主张：解释的目标是尊重宪法制定者的意图并实施通过时的人民的意图。[③] 美国最高法院承认了这种宪法含义不变的观点，其明确肯定的宪法原初意图法学的表述，由坦尼（Roger B. Taney）首席大法官在1857年的斯科特案（Dred Scott case）中作出了明确阐明，他说：“任何人都不应该使法院按照他们的好恶来实施宪法的文字，他们应接受文件制定和通过时所赋予的意图。如果文件的条文是不正义的，那么有一种文件自身通过被修改的方式而获得改变，但是当它还没有被改变之前，还必须按照它通过时的理解进行当下的解释。不仅文字相同，其含义也相同。只要它仍然以现在的形式出现，那么它不仅以同样的文字说出来，而且以制定者和通过者当时相同的含义和意图说出来，因为它来自制定者之手和美国人民的投票与通过。”所以“本院的职责就是，根据我们的判断，依照宪法被采纳时的真

---

① James Wilson, "Lectures on the Law", in *The Works of James Wilson*, ed. by Robert McCloskey, 2 Vols, Harvard University Press, 1967, I, p. 75.

② See George Ticknor Curtis, *Constitutional History of the United States*, 2 Vols., ed. Joseph Culbertson Clayton, Harper and Brothers, 1896, 2:18.

③ See Thomas M. Cooley, *A Treatise on the Consititutional Limitations Which Test Upon the Legislative Power*, (Boston, 1868, reprinted New York: Do Capo Press, 1972), pp. 54－55.

实意图和含义来实施宪法”。[①] 1887 年大法官密勒尔(Samuel F. Miller)代表法院指出:“我们尽可能地将我们自己置身于制定宪法文件的那些人的境况中。”[②]1905 年大法官比勒维尔(David Brewer)引用了坦尼在斯科特案中的观点,并指出:“由于宪法是成文法,所以它的含义不得改变。它通过时意味着什么含义,现在就意味着什么含义。”[③]即使到 1934 年深受法律现实主义法律观的影响,时任大法官的萨瑟兰德(George Sutherland)在“房屋建筑与贷款协会诉布莱斯戴尔案”(Home Building and Loan Association v. Blaisdell)的异议判决书中还是宣称宪法具有固定的含义,不能一案一改变。他说,解释宪法的全部目的是“发现含义,确定并实施宪法制定者和通过宪法的人民的意图”。[④] 尤其值得强调的是,在本案中,首席大法官休斯(Charles Evans Hughs)代表法院的多数判决提出了自由原意主义的解释方法,他拒绝接受原初含义和理解来限制解释者的方法。他说:主张宪法制定时条款的含义就是我们这个时代的含义,或者宪法在今天意味着由制定者赋予的原初的含义,这一观点试图表明,宪法解释被限定在对制定者的解释上,而这样一种狭窄的解释观念是有害的。他提醒人们记住大法官马歇尔(Marshall)说过的话:“我们必须永远不能忘记它是一部我们正在解释的宪法。”[⑤]休斯承认:法院的判决如同立宪者所期望的一样,假如立宪者能够坐在 1934 年法院的位置上,并看到了条款在当时条件境况下的适用,那么他们也将会作出今天法院同样的判决。休斯的法律解释观点,在美国宪法学者列

---

① Dred Scott v. Sandford,19 Howard 393,426(1857).

② Ex parte Bain,121 U. S. 1,12(1887).

③ South Carolina v. United States,199 U. S. 437,448(1905).

④ Home Building and Loan Association v. Blaisdell,290 U. S. 398,449 - 53.

⑤ McCulloch v. maryland,4 Wheaton 316,497(1819).

维(Leonard W. Levy)看来,就是建立在"原初意图"(original intent)基础上的。列维指出:"在多数意见中,我们有一种原初意图的幻想理论,它召唤立宪者的精神作为幽灵似的证据,从而让他们审理当前的案件。按照原初意图的时间旅行理论,大法官们想象他们自己仿佛回到了过去,以致他们穿着制宪者的鞋子站立,并假装知道他们所知道的制宪者意图,把这种知识加以适用来审理当前的问题。"①这种以"制宪者的精神"(the spirits of the framers)作为"原初意图"的解释方法就是自由原意主义方法论的基本教义。

法律解释的原意说不仅主宰着整个 19 世纪的美国司法界,而且一直持续至 1937 年美国"宪法革命"之前,即使 1937 年之后,原意解释方法论在美国 20 世纪 70 年代又再次复兴,甚至到 20 世纪 80 年代达到高潮。斯托里(Story)在 1833 年出版的《美国宪法评注》中指出:已经快过去的半个世纪中,学者和法官们在宪法解释上经常倾向于强调制定者的意图。② 1874 年斯庄(Strong)大法官代表最高法院指出:宪法每一个条款的解释必须表达宪法制定者的意图。③ 1905 年大法官布鲁尔(Brewer)也代表最高法院说:"宪法是成文文件,因此其含义无法改变。它通过时的含义是什么在今天就是什么。"④美国各个州法院也经常宣称:"宪法解释的主导原则就是实施宪法制定者和通过它的人民的意图。"⑤

19 世纪末期之前的欧洲,法学家关于法律解释方法论普遍趋

---

① Leonard W. Levy, *Original Intent and the Framers' Constitution*, Macmillan Publishing Company, 1988, p. 328.

② See Story, *Commentaries on the Consititution of the United States*(*Boston* 1833), p. 383.

③ See Wooden v. Murduck(1874)89 US 351, 22 L Ed 716, 720.

④ South Carolina v. United States(1905)199 US 437, 50 L Ed 261, 264, 26 S Ct 110.

⑤ Carpio v. Tucson High School Dist(1974)21 Ariz App 241, 517 P 2d 1288, 1291.

向主张原意说而排斥解释者的个人价值判断。我国台湾地区学者杨仁寿概括说:19世纪初期,欧洲大陆法学界,殆认为法律之解释与适用,是一种纯粹理论认识之作用,不仅无须掺杂评价的态度,且严格禁止法律之解释渗入评价之因素在内。此种趋势,演变至19世纪中叶,法、德等国遂为"概念法学"之阴影所笼罩。[①]此言不谬也。德国历史法学派的主要代表人物萨维尼在其早期1802~1803年作品《法学方法论》中就强调:制定法必须排除所有的恣意专断,而且必须是完全客观的,它是独立于所有个人信念之上的东西,它是如此完备,以致应用它的人,完全不需要自己添加任何东西上去。法官唯一的处理工作,只是对它的纯逻辑解释而作出其判决。他认为法官不能做任何修饰法律的工作,即使是改善有缺陷的法律也不行,因为那是立法者的职责。[②] 而后在其巨著《当代罗马法体系》中明确主张原意解释方法论。他主张说:"任何制定法都要确定法律关系的性质,也就是要表达出某一种意图,根据此种意图,上述法律关系的存在没有错误和任意。如果要达成此种目的,那么与法律关系存在关联的人就必须真正和完全理解上述意图,并人为地重复立法者的工作,也就是在他们思考之中重现制定法。这就是解释行为,我们可以将它确定为重建内在于制定法之中的意图。只有通过这种方式,才有可能获得对于制定法内容的可靠和完整的理解,并达成制定法的目的。"为达到揭示立法者的意图,他提出了对后世法律解释方法具有深远影响的4个解释要素,这就是文法、逻辑、历史和体系。他认

① 参见杨仁寿:《法学方法论》,中国政法大学出版社1999年版,第51页。

② 参见林端:《德国历史法学派——兼论其与法律解释学、法律史和法律社会学的关系》,载许章润主编:《萨维尼与历史法学派》,广西师范大学出版社2004年版,第95页。

为,只有通过这4种具体方法,才能完全认识到立法者的意图。[①]德国当代学者奇佩利乌斯解释说,萨维尼的这种观点就其结果而言并没有那么让人感到陌生,如果今天的人们从民主合法性观念出发,就可以将他的观点作如下表述:"解释的目标应当是探究立法者之具有公认力的法观念。"[②]萨维尼之后的温德夏特将立法原意解释说推至极致,其主张遇有法律疑义时,则以探求立法者当时所存在的意思予以解决足矣,一切解释要以立法者当时意思为依归。[③]

自19世纪初始,欧洲各国进入了法典化时期。由于自然法理论、人民主权论以及三权分立论的影响,18~19世纪的欧洲国家普遍排斥法官对法律的解释,而将解释法律的权力赋予了立法机关,即遇到法律解释的问题,法院应当提交给立法机关,由立法机关提供权威性的解释,用以指导引领法官。正如比较法学家梅利曼所指出的:"通过这种方法,矫正法律缺陷,杜绝法官造法,防止司法专横对国家安全造成威胁。对大陆法系的教条者而言,唯有立法者所作的权威性解释才是可以允许的解释。"[④]即使到20世纪初不得不承认法官具有法律解释权的事实之后,各国法典也明确要求法院法官的法律解释目标在于立法者的意图。1906年德国自由主义法学运动的代表人物赫尔曼·康特洛维茨(Hermann Kantorowicz)在他写的《为法学而斗争》中概括了当时欧洲大陆法律解释的基本现状。他说:"在法律人中间流行着这

---

① 参见[德]萨维尼:《当代罗马法体系Ⅰ》,朱虎译,中国法制出版社2010年版,第166~167页。

② [德]奇佩利乌斯:《法学方法论》,金振豹译,法律出版社2009年版,第60页。

③ 参见杨仁寿:《法学方法论》,中国政法大学出版社1999年版,第59页。

④ [美]约翰·亨利·梅利曼:《大陆法系》,顾培东、禄正平译,法律出版社2004年版,第39页。

样一种占统治地位的观念：一位拥有良好学院教育背景的高级政府官员——他只是一台思考机器——坐在自己的办公室里。办公室里唯一的家具是一张绿色的办公桌，桌子上，他的面前搁着一摞国家法典。依照他的职责，假如人们将任意一个案件递交给他，他只要借助于纯粹的逻辑操作程式，以及一种只有他能理解的秘密技艺，就能绝对精确地指明立法者在法典中已预先作出的判断。”[①]1942年《意大利民法典》还规定：“解释法律，必须根据条文之间的联系和立法者的意图，通过探求条文的真实意思以弄清法律的含义而不得附添其他意义。”当然，20世纪欧洲各国法律原意解释方法论遭到耶林（Jhering）的目的法学、埃利希（Eugen Ehrlich）的自由法学以及黑克（Philipp Heck）的利益法学的批判与解构，导致法律解释由独断型向探究型方法过渡。

三、法律原意解释方法的衰落与边缘化

19世纪的最后10年，公理式的原意文本主义方法在美国遭到了来自私法法学倾向的影响，该倾向就是制度化与日益绝对的演绎的形式主义判决方法。这一演变的宽阔背景是新兴工业经济。19世纪后期和20世纪初期的法官们严格地区分了州与联邦权力、法律与政治以及司法理性与立法理性。他们继续把自己的任务理解为是发现和适用已确立的法律，并把它适用到给定的所争论的事实上；同时，也把他们所运用的法律范畴视为先在的，不仅来源于宪法文本，也来自于固有的包含在已有的判决。但是，法律推理在这一阶段也开始获得更大的僵化性与系统性。法律范畴更多的是在判决中产生，一种在法律教育中的案例教学法被

---

① ［德］赫尔曼·康特洛维茨：《为法学而斗争》，雷磊译，中国法制出版社2011年版，第5页。

兰代尔(Christopher Langdell)在哈佛法学院开启。另外,由于形式主义和体系化趋势的发展,法律范畴经常被作为相互排斥又相互依存的一对看待,如州与联邦、直接与间接、事实与法律或制造与商业等。法官判定哪一个范畴是在争执的事实中所发现的,然后从该范畴出发推出解决案件的规则,经常是严格遵循先例中获得的相似的推理情况进行。这种法学带有所谓洛舍纳(Lochner)或经济实质正当程序时代的烙印,它最终让位于新政,并被恰当地表述为"法律形式主义"或"古典法律思想"。

同时,在这一时期,最高法院虽然不可避免地受到了社会达尔文进化主义(Darwinism)的影响,但这种影响止步于更古老和更具根本性的法学存在,该法学的清晰界限存在于法律范畴以及由宪法文本最终确立的部门和各级政府之间。联邦政府只能管理州际间商业,传统国家警察的作用权仅限于维护健康安全之利益,而不是去干涉经济自由;立法机关只得存有真正的公共目的,并中立地对待社会各个阶层。法院通过早期的判例阐明这些宪法中的观念,有时借助自然法进行司法裁量做补充,以创立一种可怕的工具来监督立法机关,而这常常通过来自于宪法第十四修正案的正当程序条款的"合同自由"进行适用。这种经济实质正当程序的法学对财产权与合同权的立法"合理性"或"专断性"进行审查评估。然而要强调的是,这不是一种现代"制衡"方法,而是考察该规定是否包含在已经确立的、原始的意图范畴之中。在洛舍纳时代,文本原意主义在该时期保留了一个确信的又常常是不言而喻的概念。"意图"这一习惯用语经常出现,依赖历史性考察仍然特别有限。的确,这一时期的法官没有把他们自己理解为从事非原意主义或准立法,相反,合理的有限权力、中立原则、确保个人权利被他们理解为植根于建国之父们的共和主义和成文宪法的目的与合法性概念之中。法官认为他们正在引导原初宪法设计的整体性,这种整体性保持在文本中所建立的人民主权这一范畴的界限之间。

19 世纪晚期与 20 世纪初期是以知识革命为特征的。在这一时期,思想家们攻击并抛弃了已确立的、范畴化的、对社会生活(包括法律的性质、宪法和判决)演绎思维方式。美国法律和宪法思想被反基础主义的哲学、实用主义哲学、法律实证主义、达尔文进化论和更多管理和干预政府的进步政治要求所弥漫。经过几十年的知识与宪法斗争,最终结果是文本原意主义被边缘化,而代之以经济实质正当程序与形式主义判决交织出现。这种方法被恰当地称为法律的"实用工具主义"方法(pragmatic instrumentalist)。这一新方法推动了新政福利领域的管理革命,它自身在活宪法、司法自我限制以及日益建立在竞争性社会利益的准立法衡平(weighing and balancing)基础之上的原则性制度的规则下发生效力。

霍姆斯领导了对形式主义的法律背叛与法律现实主义运动,他的思想融入了关于文本原意主义与形式主义秩序的根本批判中。这是因为霍姆斯判决仅是充分的法律推理。实际上,疑难案件表明了两种社会需要的冲突,当不能通过法律规则获得清楚的解决时,"就要求法官自主地行使选择特权"(the sovereign prerogative of choice)。[①] 跟随霍姆斯,学术界发展起了法律现实主义,尤其是在耶鲁、哥伦比亚和约翰·霍布金斯大学,在 20 世纪 20 ~ 30 年代达到鼎盛时期,现实主义是比系统化法学主体更具批判性的根本知识方法的一种反映(Realism was more a critical mood reflective of the fundamental intellectual shift surrounding it

---

① Oliver Wendell Holmes, *Collected Legal Papers*, Harcourt, Brace, and Howe, 1920, p. 239.

than a systematic body of jurisprudence)。因此,尽管他们存在差异,但现实主义者仍团结起来共同反对古典法律思想与劳舍纳时代最高法院那种范畴化的、演绎的形式主义审判方法。现实主义者的"核心诉求"就是在审理案件时,法官主要是对事实作出反应并得出结论,该结论建立在法官认为公平或正当的基础上——审理不受法律推理或宪法文本所影响或限制。法官依靠形式主义的法律推理太抽象因而太不确定,从而导致在一个给定的案件中被迫得出一个个别的判决结果。在现实主义者看来,一般命题无法审理具体案件。从抽象的一般原则到特殊的实际情形的规则适用的演绎推理具有不确定性,而且类推、法律解释和事实自身常常不确定而无法解决案件。如果法律推理太不确定而无法解释判决以及法官对事实的反应,那么什么可以解释他们的反应呢?虽然现实主义者在这里分裂了,但其在一般思维方式上是一致的,即都反映了该时代更加注重出现在社会科学,尤其是心理学和经济学中的行为主义和经验主义特征。一派认为对事实的反应完全是无法预见的,因为它们取决于个别法官的个人习性和个人驱动的"预感"(hunches)。① 更加具有行为主义和社会化倾向的另一派则认为,法官具有共同的特征,如法律教育、职业实践和政治意识形态,允许对某些事实情况的反应具有预见性。对于该派而言,经验的、法官的心理层面的社会科学调查能够与特殊事实类型的案件结果相联系,这样能够建立一种预测性的模式。因此,现实主义实质上是一种对法官是实际如何作出判决的事实真相的揭露,它是一套关于各种非法律影响如何决定司法判决的竞争性解释。它认为法律判决是由非法律的个人习性决定的,正如有的现实主义者所指出的,法官只有通过对经济的或社会的价

① See Frank, *Law and the Modern*, Brentano, 1930, pp. 104, 110 - 11.

值事物进行审理,案件才能更加清晰。因此,学者们正确地把法律现实主义看作美国法学历史发展的分水岭。

"大危机"和新政虽然推动了朝着"活的宪法"和衡平方法发展的趋势,但使形式主义的审判和试图作为判断与适用原初意图的解释观念进一步被边缘化。新政取代了文本原意主义方法,促进了作为司法适应活的文件的宪法观念的重构,形式主义的、绝对的宪法原则的核心部分被司法尊重立法规定和利益司法衡平所代替。罗斯福要求法院"恢复其重新确立宪法作为活法体系的使命"。[①] 20 世纪 30 年代的司法部长荷马·卡明斯(Homer Cummings)也说过,"美国宪法方法是适用与发展的过程",并为那些否认宪法方法的现代条件之适用的法官而叹悲。新政的反对者犯了一个错误,这就是认为解释法律和宪法是一种制衡而不是生活之潮的向导。[②] 在 1943 年 Wickard v. Filbum 案中,大法官罗伯特·杰克逊(Robert Jackson)在代表法院的判决意见中反对法律术语的机械运用,他认为"一个解释的革命已经发生。'活宪法'原则已经在法院中得到了确立"。[③] 从此,宪法文本原初含义的方法衰落,并退居司法解释的幕后。

需要指出的是,原意主义方法论由于对美国宪政秩序具有根本性,所以即使现代司法权出现以后,该方法也没有完全失去其应有的价值,它为后来原意方法论的复苏奠定了基础。在这一时期,还有许多法官和学者主张原意主义方法论。1905 年大卫·布

---

① David E. Kyvig, *Explicit and Authentic Acts: Amending the U. S Constitution*, 1776 – 1995, University Press of Kansas, 1996, p. 306.

② See Homer Cummings, *Selected Papers of Homer Cummings*, ed. Carl Brent Swisher, DaCapo, 1972, pp. 131 – 140.

③ Johnathan O'Neill, *Originalism in American Law and Politics*, Johns Hopkins University Press, 2005, p. 35.

鲁尔(David Brewer)大法官表达了原意主义思想,并将其发展同形式主义的绝对审判方法联系起来,在他看来,"由于宪法是成文的文件,因此它的含义不会改变……它包括了所授予权力范围内的全部新条件。换言之,宪法所赋予的权力没有变化,它们一代又一代地适用于所有的事物"。[①] 1934 年大法官乔治·萨瑟兰(George Sutherland)在"布莱斯德尔(Blaisdell)案"中认为:"作为宪法条文的适用,解释的全部目的就是发现宪法制定者和批准它的人民的含义,判断并实施意图。"他坚持认为:"宪法条文……不意味着在某一时刻是一回事,在另一时刻又具有完全不同的内涵。"由于萨瑟兰大法官表述得很清楚,所以文本原意主义原则在进步时期和新政时期常常反对现代法学。然而,原意主义并不只是保守政治的借口,即使现代法学与活宪法出现后,进步的法律评论学者和历史学家攻击旧法院时,其主张就是以原初意图和历史探求为基础的。例如,路易斯·布丹(Louis Boudin)就坚持主张国家的缔造者没有打算设计司法审查,因此,法院篡夺了这一权力并变成了财产利益的缺乏抑制的工具。[②] 杰出的进步历史学家查尔斯·比尔德(Charles Beard)认为:马伯里案和"司法至上"是费城制宪会议上财产占有者们共谋之一部分,因为他们害怕民主政府,所以为了保护他们的利益而设计了一个无声妙计。其实,即使当原意主义思想被边缘化时,其影响力亦依然存在。经过考察,雅可布·坦布鲁克(Jacobus TenBroek)得出结论说:最高法院总是坚持认为宪法解释的目标和目的就是发现那些起草文件的人或批准它的人民的意图。他对学术著作和最高法院判决意见研究之后证实了这一推论:"美国宪法制定者实际意图的合

---

① South Carolina v. United States, 199 U. S. 437, 448 – 49 (1905).

② See Louis Boudin, "Government by Judiciary", *Political Science Quarterly* 26 (1911): 238 – 70.

法地发现，是来自于起源而不是宪法文件本身。”[①]新政实施者似乎也意识到了对立足于原初意图之上的宪法解释的现代放弃将会危及法院自身权威的根基。随着原意主义思想的式微和被边缘化，限制现代司法权的是法律程序和“自我约束”的法学。

四、法律原意解释方法的恢复

20 世纪 70 年代，大法官伯格（Warren Burger）一直把原意主义的宪法解释视为揭示宪法缔造者们基于法治和全部政府权力限制的继续。因此，他把宪法看作根本法。宪法法律文本的解释像其他解释一样，都是通过长期确立的方法和普通法判例对制定者意图的探究和适用，面对社会发展，要么忽视，要么误解，但文本的含义不会改变。伯格的历史观表明：原初意图（含义或理解，他对此未作界分）通常是可以恢复的，因而有利于限制那些以宪法之名进行阐释的人。基于美国 20 世纪法学的考虑，伯格的原意主义描述了进步的程序限制方法的法律实证主义多数主张。作为一个法律实证主义者，伯格一直坚持把书面的经验性证据作为宪法的合法性源泉。他认为自然权利和自然法是不确定的，而不变的原初意图一旦被确认，就建立起了演绎或逻辑推理的前提。虽然过去的法院也采用法律推理这一形式主义的风格，但是伯格却避免与法学之任何联系。这种实证主义和形式主义的观点立场导致伯格得出这样一种结论：沃伦法院和伯格法院像新政前的法院一样，用他们自己对自然权利或真正道德的确信克服宪制的限制。沃伦法院和伯格法院的最大区别就是新司法权支持自由政治目标。伯格始终将自己定位为一个民主的支持者，但他

---

① Jacobus TenBroek，“Admissibility and Use by the United States Supreme Court of Extrinsic Adis in Constitutional Construction”，pt. 1，*California Law Review* 26（1938）：287.

不赞成法律自由主义的观点，即激烈的由法院引导的社会变革取代程序限制的方法。因而他维护的是原意主义，这一方法虽然被忽视，但却仍然是基本解释方法。伯格不能忘记从 20 世纪 30 年代获得的一个教训就是司法权几乎永远地忽视了宪法的原初意图，从而构成了对有限政府的威胁。伯格通常是提出了业已确立的盎格鲁－美国思想，即立法者的意图就是法律，历史证据能够有助于揭示意图，宪法中传统普通法术语是制宪者欲以保持它们的传统含义。伯格的原意主义从来不是简单地反司法。

20 世纪 60 年代末期和 70 年代早期，随着美国政治气候的日趋保守，原意主义解释成为法院解释法律的一种趋势。伯格敏锐地意识到大众对法院关于堕胎、学校祈祷、肯定性行动、色情和死刑等判决的不满。这些判决清楚地表明：政府中相当一部分反对法院这种新法律自由的角色。伯格认为法院借助对州和联邦立法机关特权的侵害而毁坏了宪法。他攻击现代司法权，在伯格看来，20 世纪 60 年代法院关于布朗案和重新分配案，都是法院在宪法解释的幌子下篡夺国会的最高修正权的产物。无论前新政的法院还是沃伦法院皆忽视或滥用了宪法条款的原初意图。按照伯格的观点，第二次世界大战之后，美国宪制发展的分水岭是对传统程序限制的怀疑，导致了法律自由的抛弃。原意主义方法给了伯格批评沃伦法院的勇气，在他看来，沃伦法院关于种族隔离和重新分配选举名额的判决直接与第十四修正案关于平等保护的条款相冲突，他认为第 39 届国会被种族偏见而非奴隶解放所支配，所以它明确地否认修正案在种族隔离或分配方面给予了联邦政府任何权力，更不必说司法权了。伯格把原初意图作为宪法解释的基础观点在 20 世纪 70 年代末期和 80 年代在宪法争论上引起了巨大影响。伯格关于在宪法审判中坚持原初意图的观念特别地遭到了批评，法律现实主义者指责说原初意图具有不确定性,因而在解释活动中是一种政策选择。罗纳德·德沃金批评伯格说,试图概括一个多元主体共享的意图或者使制宪者的意图服从于批准者的意图是不明智的,而且尽力去证明宪法文本作者使人明白的意图之抽象程度是困难的。他指出:“如果假定制宪者意图存在的话,那么它也是一个复杂的心理学事实,隐藏于历史之中,等待人们从各种古老的手册、信件和会议记录中把它们挖掘出来。这是一个严重普遍的错误,因为根本就没有像制宪者意图之类的东西去发现,有的只能是有待发明的东西。”[①]但在伯格看来,原初宪法的制定者把宪法视为一种特殊的法律或合同,人民一旦批准了它,就使它具有了合法性,起草者和批准者认为应按照其意图解释宪法。因此,这种意图的有效性就是解释的目标。在以后的争论中,伯格强调的一点是:解释只有以原初意图为基础,才能使司法判决获得最终合法性源泉。因为他将法治理解为法律原则和标准的公开宣布,宪法的设计是用以限制政府的,宪法的批准就是赋予了有限含义的文本以合法性,它不是一个无限开放的、模糊的或无限解释的文本。这种争论一直持续到20世纪80年代,原意主义成为了美国宪法理论中争鸣的核心话题。这种争论是与美国政治保守主义的气候有密切关联的。由于原意主义不仅是在宪法审判中对保守结果的要求,而且它还诉诸有限政府和以同意为基础的政治的原则,宪法解释本质的传统理解长期以来一直是美国宪政的突出特征。这种原意主义的法学理念迎合了20世纪80年代美国保守的政治气候。尤其是1980年罗纳德·里根当选美国总统,到1984年顺利连任的绝对性胜利,都表明20世纪60年代开始的保守政治势力已经取代了新政联盟成为现代美国自由主义的分裂的力量。1968年作为总

---

① Ronald Dworkin, *A Matter of Principle*, Harvard University Press, 1985, p. 39.

统候选人的尼克松(Richard Nixon)就发誓:如果他当选,就将那些"严格解释主义者"(strict constructionist)的法官任命为最高法院的大法官,这些法官将解释法律而非制定法律作为他们的义务,①他们将严格地、公平地和客观地解释宪法,而不是歪曲或曲解宪法的含义以实施他们自己个人的、政治的和社会的观点。②尼克松当选总统之后,就提名了伦奎斯特(William Rehnquist)做大法官,并任命了博克(Robert Bork)为美国副检察长。他们二人都是以复活的原初意图的代言人出现的。原意主义在20世纪80年代逐渐成为了更加制度化和正当化的法学理念。

五、"原意主义"概念的出现

不管怎样,"原意主义"(originalism)作为一个高度凝练、抽象与概括的方法论范畴概念还没有正式出现。我们从原意主义方法论发展的历史演进史中可以看到,这一方法论历经两千年历史而不衰,乃至今日还在使用并被学者争论,的确充满着无限的生命力。20世纪70年代中期之前,原意解释方法论所使用的术语主要是"原初意图"(original intent)和"原初理解"(original understanding),前者之代表人物是哈佛历史学者拉沃尔·伯格(Raoul Berger),在1977年出版的《司法统治:第十四修正案的变迁》(*Government by Judiciary: the Transformation of the Fourteen Amendment*)一书中,③他主要就是试图对第十四修正案的"原初

---

① See"A New Chief Justice: A New Court Era", *Congressional Quarterly Weekly Report* 27(May 23,1969),p. 789.

② See Sue Davis, *Justice Rehnquist and the Constitution*, Princeton, NJ.: Ponceton University Press,1989,pp. 3 -4.

③ See Raoul Berger, *Government by Judiciary: the Transformation of the Fourteen Amendment*(1977).

意图”(original intent)或“原初含义”(original meaning)作探究;伯格在20世纪70年代晚期和80年代对传统思想的重申接受了“原意主义者”(interpretivist)这一术语,但他使用更多的术语还是“原初意图”。后者代表人物是罗伯特·博克(Rober H. Bork),他于1971年发表在《印第安纳法律杂志》上的论文《中立原则与第一修正案若干问题》(“Neutral Principles and Some First Amendment Problems”)中则对第一修正案做了“原初理解”(original understanding)。① 1991年罗伯特·博克在他出版的著作《美国的诱惑:法律的政治诱奸》(*The Tempting of America: the Political Seduction of the law*)第七章就使用了“原初理解”(The original understanding)为标题,对“原初理解”方法论做了专门阐述。②

从20世纪70年代中期到80年代中期,学术界关于司法审查的争论中双方所使用的术语是“解释主义”(interpretivism)与“非解释主义”(noninterpretivism),而这一概括最早源起于托马斯·格雷于1975年发表在《斯坦福法律评论》上一篇影响极大的文章——《我们有不成文宪法吗?》(“Do We Have an Unwritten Constitution?”)。③ 格雷在该文中创造了“解释模式”(the inperpretive model)与“纯粹解释模式”(the pure inperpretive

---

① See Rober H. Bork, “Neutral Principles and Some First Amendment Problems”, *Indiana law Journal* v. 47, 1971.

② See Robert H. Bork, *The Tempting of America: the Political Seduction of the Law*, by Simon & Schuster, 1990. 详细分析参见范进学:《美国宪法解释方法论》第四章“罗伯特·博克的原意主义方法论及评析”,法律出版社2010年版,第四章“罗伯特·博克的原意主义方法论及评析”,第112~140页。

③ See Thomas Grey, “Do We Have an Unwritten Constitution?” *Stanford Law Review* 27(1975): 703 - 718.

model)概念。[①] 1978年时为斯坦福大学法律教授的约翰·哈特·伊利(John Hart Ely)则在格雷"解释模式"的基础上,在《印第安纳法律杂志》上发表的一篇颇具影响的文章——《宪法解释主义:诱惑与不可能性》("The Constitutional Interpretivism: its Allure and Impossibility")中首先提出了"宪法解释主义"(Constitutional Interpretivism)的概念,作为宪法理论的二分法新理论。[②] 两年后的1980年,伊利在《民主与不信任:一种司法审查的理论》(*Democracy and Distrust: A Theory of Judicial Review*)一书中继续沿用了这一术语,从而使该术语影响更加广泛。伊利在其论文和书中所界定的"解释主义"与"非解释主义"指的就是"法官在判决宪法案件时应当把他们自己限制于成文宪法所规定的或者明确指示的效力规范之中;而非解释主义则与之相反,法院应当超越宪法文件,借助于文献资料,在宪法文本之外去发现所适用的规范"。[③] 伊利承认:"解释主义"与"非解释主义"这些术语可能

① 格雷指出:在"解释模式"下的解释者必定认为法院审查模糊文本背后所蕴藏的目的以确定宪法规范。规范性证据可能来自于制先者的沉默与忽视、文本结构和上下联系,也可能来自于不明确的命令。而"纯粹解释模式"的解释者不同之处就在于,他坚持认为宪法审判中使用的唯一规范必须是从文本中推断出来的,宪法必须不得被视为允许法院解释和适用的现代规范,而这些现代规范没有被制宪者明显表达出来,甚或隐含其中。参见 Thomas Grey, "Do We Have an Unwritten Constitution?", *Stanford Law Review* 27(1975):706。

② See John Hart Ely, "The Constitutional Interpretivism: its Allure and Impossibility", *Indiana Law Journal* 53(1978), pp. 399-448. 这一看法还可以从布莱斯特的肯定中得到证明,布莱斯特1980年在文章《对原初理解的误解性探求》("The Misconceived Quest of Original Understanding")的注释1中指出,"约翰·伊利在'民主与不信任:一种司法审查的理论'中使用了'解释主义'(Interpretivism)的术语"。See Paul Brest, "The Misconceived Quest for Original Understanding", *Boston University Law Review* 60(1980), p. 253, n 1.

③ John Hart Ely, *Democracy and Distrust: A Theory of Judicial Review*, Harvard University Press, 1980, p. 1.

是新的,但是问题却贯穿于我们的历史之中。[①] 这至少说明,格雷提出的"解释主义"与"非解释主义"的概念在当时还是"新"术语。不过,其对于"解释主义"与"非解释主义"方法论范畴的划分遭到了德沃金(Ronald Dworkin)的否定性批评。德沃金认为"解释主义"或"非解释主义"的标签"具有极大的误导性"。[②] 因为在一个解释主义者看来,他是遵从或忠诚于宪法的,而非解释主义者则是漠视宪法的,这种把法官非此即彼的简单化的分类法,是"一种不成熟的、普遍错误的学术形式"。因为他只把所谓尊重宪法文本含义的宪法解释称为"解释主义",而将不按照该标准作出的解释排斥于"解释主义"之外,往往使人误解为凡是按照道德、自然法、价值与利益衡量、理性、传统或中立原则等标准进行的宪法解释就不属于解释。但事实是,无论法官的解释是否把自己限制于宪法文本,其都是对宪法含义和意图的解释。德沃金遂明确得出了这样的结论,他说:"在最广泛的意义上,每一个有良知的法官,无论他属于哪一个被假定的阵营,他都是一个解释主义者,他们每一个人在考虑了所有的情况下,以他们所具有的最佳见识,试图对宪法结构和实践作出最好的解释。"[③]

保罗·布莱斯特(Paul Brest)于1980年在《波士顿大学法律评论》上发表的《对原初理解的误解性探求》("The Misconceived Quest of Original Understanding")一文中,首次提出了一对新的宪法解释方法范畴,即原意主义或原旨主义(Originalism)与非原意

---

① See John Hart Ely, "The Constitutional Interpretivism: its Allure and Impossibility", *Indiana Law Journal* 53(1978), p. 399, n 2.

② Ronald Dworkin, *Law's Empire*, Harvard University Press 1986, p. 359.

③ Ibid., p. 360.

主义或非原旨主义(nonoriginalism)。[①] 布莱斯特自己解释说:“我使用‘原意主义’这一术语所描述的是文本解释与原初历史的解释,以便有别于判例与社会价值的解释。”[②]具体说,布莱斯特所概括的“原意主义”最早是基于一种宪法审判方法论而提出的,他希图把解释者的权力限制于宪法文本或通过者的意图。按照原意主义方法,解释者的任务就是确定通过宪法时的“人民”之意图。与此同时,布莱斯特按照广义、狭义把原意主义划分为两种,即最极端形式的“严格文本主义或字面主义”(strict textualism or literalism)与“严格意图主义”(strict intentionalism),以及为大多数人赞同的“折中原意主义”(moderate originalism)。而将除此以外的宪法解释,一律称为“非原意主义”(nonoriginalism)。[③]

笔者认为,布莱斯特对宪法解释方法流派的范畴划分,与“解释主义”与“非解释主义”范畴相比而言,更能够反映法律原意方法论发展的悠久传统和历史积淀,是对历史上一直存在的原意方法理论的升华与凝结,是历史主义的继承、发展与创新。“原意主义”的概括不仅不易造成误解,而且整个法律解释方法论就是在是否尊重立法者原意的基础上展开的。

在布莱斯特之后,“解释主义”“原意主义”“原初意图”等术语经常互用。但是自司法部长艾德文·米瑟(Edwin Meese Ⅲ)在1985年7月在美国律师协会(the American Bar Associaion)上做

① 1987年麦勒兹(Earl. Maltz)教授在“Foreword:The Appeal of Originalism”一文的注释1中指出,“术语‘Originalism’是鲍尔·布莱斯特在‘*The Misconceived Quest of Original Understanding*’中撰造的(Coined)”。参见Earl. Maltz,“Foreword:The Appeal of Originalism”,*Utah Law Review* 4(1987),p.773,n1。

② *Interpreting the Constitution*:*the debate over original intent*, edited by Jack N. Rakove, by Northeastern University Press, 1990, p.253.

③ Paul Brest, “The Misconceived Quest for Original Understanding”, *Boston University Law Review* 60(1980):204-38.

了一个具有广泛影响的讲演，即《正在解释的宪法》（“Interpreting the Constitution”）之后，“原初意图”则成为人们普遍使用的术语。他在演讲中将试图忠诚于美国宪法的法学归结为“原初意图的法学”（a jurisprudence of original intention）。[①] “原初意图”或“原意主义”逐渐取代了“解释主义”而成为反对现代司法权的方法论。那些试图寻求正当性和扩展现代司法权的理论家经常被称作“非解释主义者”或“非原意主义者”，布莱斯特将其描述为“目的是脱离文本和原初理解”。对“非解释主义者”更早的一个称谓是“司法积极主义”（judicial activist）。“原意主义”提出了一个更基本的问题，即法院是否能够或者应当受到文本和宪法历史的限制还是可以自由地取舍它。

值得说明的是，尽管“原意主义”的概念是布莱斯特在20世纪80年代首先作为宪法解释的方法论而提出来的，但随后就被学者们作为一种一般法律解释方法论范畴而广泛使用。换言之，法律解释被理解为一个统一体，所有法律文件，无论是制定法、条约、合同、遗嘱，还是成文宪法，都是确定意义并进行适用的过程。也就是说，无论是在制定法解释、条约解释、合同解释、遗嘱解释还是在宪法解释上，都还是运用原意主义方法的基本理论。只不过，为数众多的学者认为在狭义上原意主义方法是合同或遗嘱解释的适当方法，而对宪法或法律以及所有那些具有混合意义的文本解释来说则是不恰当的，因为无论宪法还是法律之类的文件，都是“混合”（mix）主体即众多人混合意志或意思的产物，不像合同或遗嘱是单个人的意志，所以其原初意图无法确定。只是在广义上才将原意主义看作一种确定一切作者意图表达的方法

---

① *Interpreting the Constitution: the Debate over Original Intent*, edited by Jack N. Rakove, Northeastern University Press, 1990, p. 17.

论。在传统法律解释中，学者们也一直强调尊重和探求立法者的意图，原初意图的解释方法就是法律文本解释的合理的方法，而“原意主义”概念就恰当地表达了历史上一直存在的原意解释方法的基本内涵与特征，从而成为了一般法律解释方法的理论。

第二节　“原意主义”含义阐释

关于原意主义的含义界定，是一个貌似简单但实则极其复杂并可能吊诡的概念。如“原初意图”（original intent）、“原初含义”（original meaning）、“原初理解”（original understanding）、“原初文本含义”（original texual meaning）、“解释主义”（interprtivism）、“意图主义”（intentionalism）、“实证主义”（positivism）、“文本主义”（tetualism）、“历史主义”（historicism）、①“自我克制”（self-restraint）等，不一而足。上述概念术语似乎都指向同一个主题，但它们表达的内涵、意义以及强调的重点是不同的。因此，到目前为止，还没有一个为大家所共同认可的统一含义。尽管存在一些理解与表述上的差异，但笔者还是试图通过以下关于原意主义的不同界定，厘定原意主义的基本含义。

（1）布莱斯特认为，他所理解的“原意主义”是一种将法官的

---

① 德沃金在批评伊利把宪法解释方法划分为解释主义与非解释主义具有误导性时提出的一种宪法解释方法。德沃金说：我们可以用“历史主义者”指称那些叫作解释主义者的人，而一个历史主义者的宪法审判风格就是把合理的宪法解释限制于表达起草者（framers）的历史意图这一原则之内。参见 Ronald Dworkin, *Law's Empire*, Harvard University Press, 1986, p. 360。关于历史主义的判断，参见范进学：《美国宪法解释方法论》，法律出版社 2010 年版，第 30～33 页。

权力限制于宪法文本或制宪者(adopters)意图的宪法审判方法。他说:“我使用‘原意主义’术语是表达文本解释与原初历史,以与判例和社会价值的解释相区别。”①

(2)易斯科雷格(William N. Eskridge)认为,法律解释的原意主义方法要么是寻求立法机关原初对所要解释的问题打算如何解决,要么是探求当立法机关通过法律时其对相关问题如何考虑解决,要么就是解释者运用法律的原初意图取代立法者的原初意图,尤其是当法律处于不确定时。②

(3)卡罗拉多大学法律教授史密斯(Steven D. Smith)认为,“原意主义的实质内容在于,在解释法律和宪法条文时,法官应当努力确定法律制定时的意蕴或者法律意图之意蕴”。③

(4)科梅尔因斯克(Erwin Chemerinsky)指出,原意主义者或解释主义者都主张:宪法条款的含义是制宪者意图的表达。原意主义声称宪法的含义被限定在清楚表述或明确的意图上。④

(5)纳特(Note)认为,宪法解释的原意主义者的理论坚持认为,法院宣布一项具有质疑的州法律违宪,其依据的原则只能来自于文本的普通语言或是那些起草者的意图。⑤ 另一学者费隆(Fallon)也持同样的观点,他认为,“解释主义者声称:法院认为政府行为违宪的依据,只能建立在以下一个或两个特殊的因素之基

---

① Paul Brest, “The Misconceived Quest for Original Understanding”, *Boston University Law Review* 60, 1980, p. 227.

② See William N. Eskridge, “Dynamic Statutory Interpretation”, *University of Pennsylvania Law Review* 135, 1987, pp. 1479 – 80; Cf. Nicholas S. Zeppos, “Judicial Candor and Statutory Interpretation”, *Georgetown Law Journal* 78, 1989, p. 357.

③ Steven D. Smith, “Law Without Mind”, *Michigan Law Review* 88, 1989, p. 105.

④ Erwin Chemerinsky, “The Consititution Is Not ‘Hard Law’: The Bork Rejection and the Future of Constitutional Jurisprudence”, *Constitutional Commentary* 6, 1989, p. 31.

⑤ See Note, “In Defense of the framers' Intent: Civic Virtue, the Bill of Rights, and the framers' Science of Politics”, *Virginia Law Review* 75, 1989, p. 1312.

础上，一是来自文本；二是来自制宪者的意图”。[①]

（6）麦勒兹（Earl. Maltz）认为，“原意主义是关于法官在宪法审判中应当受制于制宪者意图（the intent of the Framers）指导的理论”。[②]

（7）韦卢里（John Valauri）原意主义的观点是主张宪法解释者应当受文本的平义或制宪者意图的限制。[③]

（8）约翰森·奥内尔（Johnathan O'Neill）认为，原意主义最好理解为关于美国宪法性法律权威来源具有密切联系的话题，即它意味着解释宪法以及解释者依据什么才可能合法地发现宪法含义。其一，原意主义认为批准具有正式性、公开性、主权性以及妥协性，由它才诞生了宪法及其以后的修正案。其二，原意主义坚持认为，宪法的解释是试图发现那些使宪法成为法律的人在批准宪法时的公开含义。其三，原意主义坚持认为，尽管解释开始于文本（包括文本的结构以及制度关系），但文本的含义通过外部的渊源材料能够得到进一步阐明，这包括来自那些在制宪会议上批准文本的材料，也包括来自围绕宪法文本批准时公开的辩论和评论材料。在20世纪之前求助于这样的材料是很少的，但现代原意主义者越来越多地运用这些材料与他们的对手进行论辩。其四，因为原意主义视来自立法权威的最高行为为宪法“固定”的含义，借助通常的法律方法即可解释，所以外部资料对于宪法在成为法律时的文本公开含义的揭示而言一般是有限的。任何欲以运用一种特殊的哲学或者道德理论作为宪法的解释都遭拒绝。

---

① See Callon, *A Constructivists Coherence Theory of Constitutional Interpretation*, p. 1209.

② Maltz, “Foreword: The Appeal of Originalism”, *Utah Law Review* 4, 1987, p. 773.

③ John Valauri, “The Varieties of Constitutional Theory: A Comment on Perry and Hoy”, *Northern Kentucky Law Review* 15, 1988, p. 500.

例如，虽然宪法是以近代自然权利理论为其普遍内容而出现的，但大多数原意主义者否认司法权及于那些宪法文件中未明确规定的权利，因此能够合法地诉诸产生文件明确规定的权利的自然法。总之，宪法权威的原意主义的观念目的在于实现在官员的权力行使之前就达到限定的宪政目的。它始终认为：解释者必须受到那些赋予宪法以法律权威者所制定的文件含义的限制。①

上述这些学者关于“原意主义”概念的理解与界定明显地反映出他们对“原意主义”性质的认识差异，在某些情况下几乎是不同的阐释。当时，如果仔细地注意他们之间的不同之处，就会更清楚地看到其奥妙所在。大致说来，有些学者将原意主义看作一种宪法解释理论，而有些学者则不限于此，而是将它在更宽泛的意义上使用，即它是制定法解释或者法律解释，抑或文本解释的方法。另外，原意主义所涉及的来源是立法者的原意抑或文本的原初含义。

第一，原意主义可以表达不同的理论或方法。布莱斯特、科梅尔因斯克、麦勒兹、韦卢里以及约翰森·奥内尔都认为，“原意主义”是一种宪法审判方法论，纳特与费隆（Fallon）则从司法审查的角度来界定原意主义方法论，而易斯科雷格与史密斯则在一般法律解释的层面定义原意主义。无论从什么角度来界定原意主义，其都是作为法官的审判方法或解释法律的方法论提出的。

第二，原意主义的含义基本有两类：一类是立法者的原初意图，如制宪者意图、立法者原初意图等；另一类是文本的原初含义，如宪法文本的含义、法律制定时的意蕴、文本的普通语言或者文本的平义等。因此，就有了两种原意主义——原初意图主义

---

① See Johnathan O'Neill, *Originalism in American Law and Politics*, The Johns Hopkins University Press, 2005, p. 2.

(original intentionalism)与原初文本主义(original textualism),布莱斯特将上述两种原意主义称为严格原意主义(strict originalism),即严格意图主义(strict intentionalism)和严格文本主义(strict textualism)或字义主义(literalism)。①

第三,涉及原意主义的具体运用方法,即按照不同原意主义的方法论,原意主义者探求立法者的原初意图或文本原初理解都需要运用各自不同的方法。譬如,严格意图主义运用的方法就是历史解释或心理解释,而严格文本主义则运用字义解释、语法解释、上下文解释或语境解释方法。

就上述关于原意主义的定义来看,仔细分析似乎都存在一些问题:

首先,将原意主义简单地视为宪法的含义理论,其问题在于一些原意主义者所清楚主张宪法语言原初含义对现代人们的限制远不如原初意图或起草者与批准者的理解对现代人们的限制。② 除非含义表达在文本中至少具有某些共同基础,否则将某些东西视作文本"含义"的组成部分是一种误导。譬如,正如美国原意主义者经常声称的那样:制宪者欲让法官在国家政治秩序的政策制定中扮演微不足道的角色,这或许是事实,但是,由于宪法文本对此是完全沉默的,因此把这种宣称具有约束力但完全是超越文本的意图说成是宪法原初的"含义"似乎是一种曲解。当具有约束力的"原初含义"事实上是一种与实际相违背的判断时,这种曲解就越发明显。因此,不要将原意主义简单视为宪法含义的理论似乎最妙。

其次,相同的问题出现在把原意主义简单视为司法审查理论

---

① See *Interpreting the Constitution: the Debate over Original Intent*, edited by Jack N. Rakove, Northeastern University Press, 1990, p. 226.

② See Kay, *Adherence to the Original Intentions*, pp. 230 – 236.

上。毫无疑问,所有原意主义者都主张:法院不得将政府行为无效的决定建立在宪法文本或制定者原初理解中既无明确也无隐含的原则基础上。事实上,为数不少的原意主义者声称:宪法解释者不能简单地理解为审理宪法案件的法官,像下级法院、政府官员、普通公民一般说来都负有像立法者原初所想的那样去理解宪法、解释宪法的义务。① 所以,将原意主义简单等同于司法审查理论似乎过窄。

最后,上述学者无论怎样对原意主义下定义,基本上都是把原意主义视为一种客观正确或有效的法律解释理论。按照这种观点,原意主义的基本含义是说:(P1)对所有解释者 I 和法律制定者 F 与法律条款 P 来说,I 在案件中,要依据 F 的原初意图,或者 P 的原初含义,正确地解释 P。然而,以这种方式来了解原意主义的话,将会误解法律的规范效力。因为原意主义者声称:原意主义的法律解读不仅是唯一正确的,而且解释者即法官还必须按照法律语言的原初含义或立法者的原初意图解释。换言之,其他解释者即使遵从了法律的一般意图并服从了法律,但只要不是按照原初意图或含义,就意味着对法律规范效力的背叛,从而认定其解释是主观的个人价值判断。这就将法律规范本身的效力与解释者是否遵从原初意图等同了起来,其实所有人包括解释者都必须服从宪法和法律,即便没有按照原初意图解释法律的人,也是在遵从法律规范的效力,也是在"解释"法律,只不过是在按照非原意主义的方法进行解释。

所以,严格说来,原意主义方法论实际上是关于司法审判的理论,即一种法院如何审理法律问题的理论。在审判中,方法论

---

① See Raoul Berger, "Originalist Theories of Constitutional Interpretation", *Cornell Law Review* 73, 1988, p. 353.

的选择与法律规范效力是两码事，无论哪一个解释者，都是在承认法律规范具有效力的前提下所作的对有效力规范的解释。尽管不同的原意主义方法论各有不同，但它们都具有一种共同的核心价值主张，那就是强调在解释法律文本时遵从原初意图。笔者主张，原意主义方法论是重要的法律解释方法理论，作为一种法律审判的方法具有重要的价值，这种价值就在于它为当下案件的解决提供了一种思路，法官最终还是在遵从法律的前提下选择合适的解决方案。

第三节 原意主义类型化比较

上文分析过，原意主义貌似是一个简单的概念，但实际上是一个内涵复杂并充满诡谲的概念。除了分析其概念自身外，还可以通过其类型化的各种具体表现形式以观其差异，从而揭示原意主义的实质，更好地把握其丰富的内涵。根据学者的分类与认知，原意主义的形式大致包括严格原意主义、折中原意主义、原初意图主义、原初文本主义、新原意主义、自由原意主义。前四种划分是由布莱斯特(Paul Brest)提出来的；[①]新原意主义是由肯斯·威廷顿(Keith E. Whittington)提出来的；[②]自由原意主义则是由杰比尔(Scott Dougles Gerber)提出来的。[③] 笔者将对上述类型化之

---

① See Paul Brest, "The Misconceived Quest for Original Understanding", *Boston University Law Review* 60,1980.

② See Keith E. Wittington, "The New Originalism", *Georgetown Journal of Law & Public Policy*,2004.

③ See Scott Douglas Gerber, *To Secure These Rights: The Declaration of Independence and Consititutional Interpretation*,New York University Press,1995.

原意主义做一个基本的厘定。

一、严格原意主义

严格原意主义(strict originalism)主要包括严格意图主义(strict intentionalism)和严格文本主义(strict textualism)两种。严格意图主义者主张:解释的全部目的就是确认和实施立法者的意图及通过法律时的人民的意图。[①] 换言之,严格原意主义是将法律制定与通过颁布时立法者的意图当作法律解释的目标,或者"探求历史上的立法者事实上的意思,即立法者的看法、企图和价值观"。[②] 这种以探求历史上立法者的心理意愿为解释法律的目标,又被视为"主观论"或"意志论"。[③] 严格意图主义是要求解释者确定当初立法者的意图是什么,并将该意图适用于新情况、新问题的解决上。但是,这种做法是建立在一个值得质问的假定之上,即立法者的意图就是让解释者去适用。然而,即便这种推论与假定正确的,解释者也面临着历史证据收集问题以及如何充分证明这一意图与目的的难题。

严格文本主义者则主张严格按照文本中的字词和句子的含义解释,即使其含义不合理或属于荒谬也应当遵守,故严格文本主义也被称作"字义主义"(literalism)。因此,严格文本主义除了考虑文字与句子的含义外,不再对社会的变迁或文本文字字词语境的变化进行考量。如此一来,它难以应对诸如自然语言自身带

---

① Home Bldg. & Loan Assoc. v. Blaisdell, 290 U. S. 398, 453 (1934), (Sutherland, dissenting).

② Meier-Hayoz im Berner Kommentar, Einleitungsband N. 168 zn Art. 1 ZGB. 转引自黄茂荣:《法学方法与现代民法》,中国政法大学出版社 2001 年版,第 265 页。

③ [德]卡尔·拉伦茨:《法学方法论》,陈爱娥译,商务印书馆 2003 年版,第 197 页。

来的模糊性、模棱两可、含糊不清等问题。严格文本主义在18～19世纪法律解释理论中一直处于统治地位。18世纪意大利刑事古典学派的创始人切萨雷·贝卡里亚(Cesare Baccaria)在其名著《论犯罪与惩罚》中指出:"当一部法典业已厘定,就应逐字遵守,法官唯一的使命就是判定公民的行为是否符合成文法律。"[①]严格文本主义已经为大多数人所抛弃,因为过度的字义解释就是对正义的毁坏,就是对不法的承认。

严格意图主义与严格文本主义虽皆属严格原意主义,但它们之间并非是相补关系而几乎是一种对立关系。前英国民事上诉法院院长、担任过38年高等法院法官的丹宁勋爵指出:"严格的解释者(strict constructionists)坚持文件的字句,宗旨的探求者(intention seekers)坚持文件制定者的目的和意图。"而严格解释者与宗旨探求者之间"存在重大意见分歧"。[②] 换言之,一个坚持字句原意,一个坚持作者原意,看似同为"原意",但字句原意与作者原意是不能等同的,甚至可能是完全对立的。

二、温和原意主义

无论是严格文本主义还是严格意图主义,都遭到了大多数人的怀疑,其自身的合法性或正当性受到现实精神的严重挑战。因此,更多的人还是舍弃了严格原意主义而赞成一种更温和的原意主义,这就是温和原意主义(moderate originalism),其中包括温和意图主义(moderate intentionalism)和温和文本主义(moderate

---

① [意]切萨雷·贝卡里亚:《论犯罪与惩罚》,黄风译,北京大学出版社2008年版,第13页。

② [英]丹宁勋爵:《法律的训诫》,杨百揆等译,法律出版社1999年版,第1页。

textualism)两种。[①] 按照温和意图主义,立法者原初意图是重要的,但法官关注立法者的一般目的比关注其意图则更多,也就是更多地考虑其判决结果与“条款的目的”(purpose of provision)相符合,温和意图主义者试图理解立法者的目的性意图。所以,严格意图主义与温和意图主义之区别就在于:严格意图主义力图确定立法者的实际主观目的(actual subjective purposes),而温和意图主义则试图理解并把握立法者可能表达出来的意图。温和文本主义者也把法律文本视为权威性文本,但是它并不把其中的许多条款看作固定、静止不变的,而视为开放性文本,它承认语言具有开放性结构(open-textured),从而把法律条款语言置于社会与语言学的语境中加以理解与解读。语言的开放性获得了现代语言哲学和现代分析法学的肯定与承认。[②] 超越文本或立法者意图与目的的解释就是非原意主义(nonoriginalism)。

相对于温和原意主义,非原意主义虽给予文本和原初历史以假定意义,但却不把它们看作具有权威性或受制于它。布莱斯特

---

① 这里的“moderate”既可翻译为“温和”,也可以翻译为“折中”,笔者将采用“中庸”。其实无论是“温和”、“折中”或“中庸”都是不强调事物的极端性,而取中间路线,“温和”侧重于“态度”,“折中”侧重于“中间”,而“中庸”侧重于“哲学观”。笔者认为,原意主义作为一种司法方法论,更多强调的是一种司法哲学观,严格的司法解释哲学与中庸的司法解释哲学之称谓可能会更准确。

② “开放性结构”术语是法律理论中标准概念,它意味着含义的“中心”区域是确定的,而在“半阴影”(penumbra)或“外围”(periphery)区域的意义是不确定的或有歧义。哈特引进了“空缺结构”(the open texture of law)来讨论这样一种情况。哈特认为,在所有的经验领域,包括规则领域,都有一个语言性质所固有的、一般语言所提供的指引上的限制。除非在人们所熟知的、普遍无法质疑的案件中,否则,一般术语作为交流的媒介对我们而言是无用的。因为规则本身不会自动地去适用特定的具体案件。哈特指出:“对于行为之标准的信息工具的任何选择,是判例或是立法,无论它们怎样顺利地适用于绝大多数普通案件,但是它们将会在适用的某一点上发生问题,证明有其不确定性。它们将会存有被人们所称的‘空缺结构’,迄今我们就立法而言把它提了出来,以此作为人类语言的一般特征。”参见 H. L. A. Hart, *The Concept of Law*, Oxford University Press, 1961, pp. 123 – 124。

本人所维护的是非原意主义解释方法，因为在他看来，某些美国宪法的核心原则不能由温和原意主义解释方法中得出，因为原初意义的假定会随着时间的流变与社会情境的变迁而失去。按照布莱斯特的观点，温和原意主义与非原意主义的唯一区别在于对文本与原初理解的态度不同：在温和原意主义看来，那些产生法律原则的原始渊源（original source），如习惯、社会实践、制宪时的道德观以及判例等是具有终极性和决定性的；而在非原意主义看来，这些渊源固然重要，但它们是不确定的。①

然而，布莱斯特也意识到了严格界分温和原意主义与非原意主义的困难，因为它们经常产生相同的结果，它们的实践也常常看起来是一样的。但是布莱斯特仍然重申说："温和原意主义承认文本和原初历史经常是确定的，宪法原则的阐释经常必须通过建立在判例和公共价值等基础上的判决进行，但是在缺乏来自某些原始渊源的权威时，审理就可能进行不下去；当文本或原初历史说得清楚时，它是一种限制。非原意主义虽然把文本和原初历史作为一种假定的束缚与限制，但是它们对宪法审判而言既非必要条件又非充分条件。"②

三、原初意图主义

原初意图主义（original intertionalism）其实无非包括严格原初意图主义和温和意图主义两种，除此之外，都是非原意主义的方法论。我在此着重对严格原初意图主义和温和意图主义两种方法之间的差异作出分析与阐释。

最根本的一点就是，严格意图主义者相信法官将实施立法者

---

① See *Interpreting the Constitution*: *the Debate over Original Intent*, edited by Jack N. Rakove, Northeastern University Press, 1990, p. 246.

② Ibid., pp. 252 – 253.

的信念,无论这种信念是真实的还是不真实的,因为他们坚信这样做就总是与立法者自己的语义学意图或其解释意图相一致。另外一个原因是,他们相信规范政治的基石是法官在实施立法者意图时应当自我克制,即使这样做有可能在具体特殊的案件中或在一般意义上与立法者的语义学或解释意图不一致。相反,温和意图主义者则相信立法者的信念的实施只能达到与立法者的语义学的意图不发生矛盾冲突的程度。因此,温和意图主义者有义务去确定法律条款的意图意义是具体的或抽象的、丰富的或贫乏的,还是永久固定的或是可以变化的,同时,还有义务去确定奠定法律条款基础的原理问题(underlying propositional form of law provisions)。例如,美国《宪法》第十四修正案关于平等保护的规定如下:“任何州都不得否认任何人法律上平等保护的法律权利。”对一个意图主义者来说,就是一条法律(a law)的制定者意图在文字范围内多大程度上与法律(the law)的意图相符合;或者一条法律(a law)的文字如果不在立法者的意图范围之内,就不在法律(the law)的意图之内。① 我们首先看第十四修正案制定者的意图,即一条法律的制定者的意图与法律的意图是什么。法律的意图是任何人的公民基本权利都应当受到平等保护,而第十四修正案的制定者的意图是指各州政府对本州公民的平等保护,如果第十四修正案制定者的意图与法律的意图不相符合,按照严格意图主义观点,该条款的解释只能解释为各州政府对本州公民的平等保护。然而按照中庸意图主义观点,第十四修正案制定者的意图应当与法律的意图相一致,如果不一致,就需要探究法律的意图,即确定奠定法律条款基础的原理问题。

---

① Riggs v. Palmer, 115 N. Y. 506 - 07, 22 N. E. 188 - 89 (1889).

四、原初文本主义

原初文本主义(original textualism)的基本观点是认为:法律语言的含义是原初"文本"含义,该含义是在法律文本最初通过时由固定的语言惯例所确定的含义。原初文本主义包括严格文本主义和温和文本主义。上文曾分析过,严格文本主义是19世纪欧洲概念法学或教义法学的基本主张,在20世纪二三十年代美国法律现实主义法学出现之前的法律形式主义中也普遍存在。例如,1870年的Hepburn v. Griswold案中,美国最高法院推翻了国会在政治经济方面所做出的决定,其中涉及的关键问题是国会有无发行纸币的权力。因为根据1787年《宪法》第1条第8款规定,国会有权"铸造货币(coin money),规定本国货币和外国货币的价值,并确定度量衡的标准"。蔡斯首席大法官解释说:"授予国会的权力是铸造货币的权力,而这些词必须按照宪法通过时的语义来加以理解。没有证据能告诉我们当时是以锻造或冲压金属制成钱币之外的其他方式界定'铸造',或者以铸造用于商业目的的金属以外的其他方式界定货币。"对"铸造"一词解释的精确性得到了当时一本字典的检验,该字典对"铸造"的定义是"锻造或冲压金属制成钱币",而"货币"是指"用于商业目的而铸造的金属"。1787年制宪会议没有赋予国会发行纸币的权力得到了当时参加制宪会议的卢瑟·马丁的印证,他说:"制宪会议的多数人,无论如何明智而愿意冒任何政治风险,都没有承认发行纸币的这一想法,而是拒绝把该权力授予联邦政府。"①所以,在该案中蔡斯法官的解释是完全符合文本最初含义的,因此依照原初文本主义

---

① Bernard Schwartz, *A History of Supreme Court*, Oxford University Press, 1993, p. 157.

方法,宣布国会通过的《法定货币法》无效。

温和文本主义像严格文本主义一样,也将法律语言的明确表达出来的约定俗成的含义视为根本原则,其不同之处在于它承认对原初含义的适当背离(modest departures),即为了避免法律文本含义的矛盾、明显的荒谬结果或达到与法律的明显意图或公众普遍接受的含义尽可能趋近而适度地违背原初含义。在该意义上,温和文本主义不得与"平义规则"(plair meaning rule)相混淆。平义规则的基本观点是指只要法律具有明确、确定的含义,就必须在这一含义上适用,至于法官在很多案件中没有"平义"时将如何适用,却没有提到。

原初文本主义即使是严格文本主义也不应与法律解释的"纯粹文本"(pure text)方法所混淆。所谓"纯粹文本"方法,是指法官必须实施法律语言原初语句含义(original sentence meaning),而该含义是最初脱离于一切特殊语境或适用的情况而表达的。[①]然而,法律文件几乎与其他文件一样存在同音同形异义字,或一字多义或一义多词的模糊性与不确定性。而这种不确定的语义学难题在法律语言中随处可见,结果,句子或字词的含义为解释法律语言提供了没有确定的标准。

原初文本主义与原初意图主义的区别何在?按照原初文本主义的观点,法官在适用法律规则或宪法规范时,要设身处地地把自己假想为一个当时法律颁布时的读者去理解法律,并按照当时人们的理解去解释法律。这种看法就难以与较宽泛的意图主义的形式区别开来,因为根据原初意图主义的基本教义,法律规则的适用必须按照当时享有主权的人民原初所赋予的意图或理

---

① 关于语词含义的讨论,参见 Rober M. Martin, *The Meaning Of Language*, The MIT Press, 1987, p. 92; Stephen C. Levinson, *Pragmatics*, Cambridge University Press, 1983, p. 17。

解去实施,因为是他们通过了法律。这样看来,原初文本主义与原初意图主义在原则上似乎没有本质的差别,都是要求按照当时的人民的意思理解法律并加以实施。但是,仔细推敲就会发现,原初公共理解(the original public understanding)与文本字词的平义(the plain textual meaning)还是有差异的,因为字词的平义是随着时代的变化而变化的,如“人”的概念,原初的“人”是不包括公司之类的“法人”或胎儿的,而现在对“人”的解释就包含“法人”和胎儿。不过,最终将原初文本主义与原初意图主义区别开来的一点是:文本主义者坚持法律“字词”(letter)而避开诸如“精神”(spirit)、“公平”(equity)等条款的解释,因为这些条款的含义更宽泛或更狭窄,因此,原初文本主义才被称作“严格解释主义”(strict constructionist)。而意图主义则倾向于脱离法律语言字词的原初含义的理解,只要这种原初理解能够与立法者的意图或语言的精神相符合。

五、新原意主义

“新原意主义”(the new originalism)是威廷顿(Keith E. Whittington)于2004年在《新原意主义》一文提出来的。[①] 他提出的“新原意主义”是相对于“旧原意主义”(old originalism)而言的,他认为“旧原意主义”盛行于20世纪60年代至80年代,而“新原意主义”则自20世纪90年代开始兴盛起来。什么是威廷顿所说的“新原意主义”呢?他指出:新原意主义不同于旧原意主义就在于它基本上不再批评沃伦法院的权利法学了。新原意主义比旧原意主义更加趋于综合独立,它更加关注积极宪法原则的

---

① See Keith E. Wittington, “The New Originalism”, *Georgetown Journal Of Law & Public Policy*, 2004.

基础而不是削弱这一原则的基础。

旧原意主义在20世纪80年代,随着司法部长爱德温·米瑟(Edwin Meese)对原初法学的维护和1987年罗伯特·博克(Robert Bork)被里根提名为最高法院大法官为标志而发展至最鼎盛时期。无论政治还是学术关于原意主义的争论都是在该时期引发的。由于20世纪60年代末期沃伦法院的权利革命日益趋于富有争议,沃伦法院的批评者们重新回到了原初意图(original intent)去寻求他们反对沃伦法院"活"的规则的基础。这种紧张关系在1967年关于大法官任命的听证会上暴露无遗。由于不满意马歇尔(Thurgood Marshall)最初的回答,参议院爱文(Sam Ervin)重复问道:"最高法院的角色难道不是确定和实施制宪者的意图并批准宪法的人民的意图吗?"马歇尔回答说:"是的,参议员,理解宪法就意味着它是一部活的文件。"[①]尼克松的严格解释主义思想虽然难以定义,但很明显他所期待的法官必须是反对沃伦法院对个人权利,尤其是犯罪嫌疑人权利扩张的法官。尼克松提名伦奎斯特(Rehnquist)作为大法官,就是因为他知道伦奎斯特是"解释宪法而不是歪曲宪法以实施他自己个人道德政治与社会价值"的人。1971年伦奎斯特在任命听证会上向参议员们承认:他不愿意"置宪法制定者的意图而不顾,改变它以达到你为了社会的欲意而要的结果"。[②] 在这一年,罗伯特·博克发表了《中立原则与有关第一修正案的问题》,猛烈抨击任何背离原意主义的做法都是非法的。在该文章中,他把对司法积极主义的批评立足

---

① Gregory Bassham, *Original Intent and the Constitution*, Rowman & Littlefield, 1992, p. 181.

② Senate Judiciary Committee, Nominations of William H. Rehnquist and Lewis F. Powell, Jr. : Hearings Before the Committee on the Judiciary, 92nd Cong. , 1st sess, 1971, p. 19.

于道德怀疑论上，价值选择由立国的制宪者进行，而不是由法院做出。[①] 所以，这一时期的原意主义所关注的重心就是阐明沃伦法院以及伯格法院（The Warren and Burger Courts）的做法是错误的，批评他们以权利演进为名推翻政府的法律。这时的原意主义作为宪法理论主要围绕最高法院的判决行为而进行，关注的焦点集中在公民权利与自由上。而原意主义者批评法院的一个核心主题就是从洛舍纳案（Lochner）到格瑞斯沃德案（Griswold）。所以，伦奎斯特汲取了洛克纳以来的经验，承认法院不能维护在宪法文本和历史上缺乏坚实基础的存在争议的权利主张，并于1976年发表了反对“活的宪法的思想”的著名讲演，“价值的选择应当源自于制宪者的语言和意图”。[②] 伦奎斯特还引用了大法官霍姆斯（Olivcr Wendell Holmes）在洛舍纳案中异议判决的观点来支持他的一般结论。法院必须始终避免将“超宪法的原则”（extraconstitutional principles）强加于人民。对罗伯特·博克来说，从洛舍纳案到格瑞斯沃德案的唯一变化在于保护的价值选择以及经常性地推翻法律。[③]

原意主义的宪法解释方法被理解为作为达到目的的手段，在此意义上原意主义之于目的具有两方面的意义：一方面，限制法官的自由裁量。对于原意主义者而言，宪法法律理论中的一个核心问题是如何防止法官以立法者的身份从事司法活动以及以他们自己的政治偏好和价值取代人民与人民选举的代表的选择。

---

① See Robert H. Bork, “Neutral Principles and Some First Amendment Problems”, *Indiana Law Journal* 47, 1971, p. 4.

② William H. Rehnquist, “The Notion of a Living Constitution”, *Texas Law Review* 54, 1976, p. 695.

③ See Robert H. Bork, “Neutral Principles and Some First Amendment Problems”, *Indiana Law Journal* 47, 1971, p. 11.

将法官的判断建立在文本、历史和已经被接受的历史传统之坚实基础上，原意主义者试图约束住法官行为。博克指出："政治对法律的诱奸"在拥有司法审查之强大武器的法官制度中始终是一个威胁，对这一威胁最好的防御就是将法官牢牢地捆绑在历史这一坚实的桅杆上。[①] 另一方面，原意主义能够将司法价值考量与立法机关多数意志嫁接起来。正如原意主义者所理解的："活的宪法"是法院干预政治过程最好的实现。[②] 在某种程度上，问题的主要症结在于由法院宣布的新发现的权利如隐私权、妇女堕胎权等没有历史基础，所以原意主义者认为法院打破了"麦迪逊式"(Madisonian)的平衡，即成为"反多数"的问题。

威廷顿认为，到20世纪90年代初期，"旧原意主义"成为过去而被"新原意主义"所取代，主要在于政治与学术上的原因。如果原意主义以现代形式出现是作为对沃伦法院和伯格法院权力滥用的回应，那么伦奎斯特法院的出现在很大程度上与之不相关。20世纪80年代末期，里根已经改变了最高法院的人员结构，而旧原意主义还在某种程度上存在。由于伦奎斯特和斯卡里亚(Scalia)发现他们的意见已属于法院多数派的意见了，所以这时的保守主义宪法理论或者说原意主义需要新的哲学去指导多数意见，而不仅是填写异议。换言之，控制司法多数产生了一种证明法院在政治制度中应当有什么的正当性的需要，而旧原意主义实际上从来没有做过。它要求保守法律家超越对沃伦时代权利的批评，从而需要保守原意主义不得不改变形式。这种超越需要面对运用原意主义作为对司法性宪法判决全部指导的难题。无

---

① See Robert H. Bork, *The Tempting of America: The Political Seduction of the Law*, Simon & Schuster, 1990.

② See Lino A. Graglia, "Interpreting the Constitution: Posner on Bork", *Stanford Law Review* 44, 1992, p. 1031.

论原意主义方法能否使布朗案的判决结果合法化，其都是有限的。同时，在一定程度上诉诸原意主义对发展法院的批评主义还是有益的，因而能够期望法院的保守性控制鼓励自由的原意主义批评的发展。这样，原意主义的观点日益与“自由的和进步的理论”具有共识。[①] 以上是从政治上所分析的转型原因。

新旧原意主义转型的学术原因是，理论上对原意主义的一些反对抓住了原意主义的要害。原意主义在论证制宪者的具体意图时具有方法论的问题，尤其是所谓的“总括问题”（summing problem），即如何论证从单个制宪者的各种意图概括出一个单一的、共同的、有意图的问题。还有一些关于原初意图可能是模糊的，而且存在对一些宪法抽象原则的理解问题。另外，还存在“死人”问题，即那些早已死去的制宪者们的权威对现在政治活动而言，为何仍然具有约束力。

新原意主义相对于旧原意主义而言，其不同之处在于：其一，似乎不太强调原意主义对法官的司法裁量权的限制。新原意主义尽管也重视宪法判决制定过程中法官角色的适当性，但它不可能主张只有原意主义方法能够防止司法滥用或能够消解司法判断。原意主义的正当性基础更清楚、更坚实，主张法官的工作是解释法律而不是更好地限制司法自由裁量。其二，对尊重立法机关多数的原意主义与司法造法之间的关系有所松动。新原意主义不要求法官说出立法者的话，它要求法官坚持原初宪法。其三，新原意主义强调宪法文本通过时的文本公开的含义多于强调宪法文本起草者的个人具体意图。

---

① See James E. Fleming, “Fidelity to Our Imperfect Constitution”, *Fordham Law Review* 65, 1997, p. 1344.

六、自由原意主义

如何解释法律以及法院在其中的角色是什么，一直是法律家、法学家、法学学者、历史学家、政治家或公众关注的永恒的主题。法律是什么，在终极的意义上往往是解释者说了算，曾任美国最高法院首席大法官的休斯（Hughes）说过，“宪法就是大法官说什么就是什么”。这种解释法律的模式就是：“字词的含义意味着按照我们这个时代的含义而赋予”（what do the words mean in our time）。然而，这种观点遭到了原意主义的强烈质疑与批评，其被认为是反民主和法治的，因此造成了原意主义与非原意主义或者解释主义与非解释主义的之间的分裂与对立。

斯克特·道格拉斯·杰比尔（Scott Dougles Gerber）既不赞同原意主义的观点，也反对非原意主义的观点，而是在《拯救权利：独立宣言与宪法解释》一书中提出了“自由原意主义”（liberal originalism）的方法论观点。他反对现代自由主义的解释方法，认为这种方法无非是赋予法官立法者的身份，允许法官造法；他同样反对现代保守主义的原意主义方法，认为这种方法可能对法律到底意味着什么是一种误解。杰比尔通过对历史、政治哲学与法律的深刻分析，认为美国宪法最重要的意图就是要保护个人的自然权利，这才是真正的宪法原意主义。所以，他的“新原意主义”的方法论实际上是整合了传统的原意主义方法论与非原意主义方法论在历史、政治哲学与法律之间的鸿沟，从而使他的方法论既非现代自由主义又非现代保守主义，而带有综合与折中的意味。关于杰比尔的新原意主义方法论，笔者将会在本书的第五章展开讨论与分析。

第二章　法律意图论

第一节　何谓立法者

法律家与法学家们虽然在法律解释的目标问题上彼此争执不休，但司法实践中解释者往往还是要打着探求立法者意图或目的的旗号，以寻求其解释结论的正当性，由此足见立法者意图与目的之重要性。既然立法者意图或目的如此重要，那么就有探究立法者是谁的必要，只有对“立法者”(framers)有一个正确的认识，才能正确理解和把握其意图或目的何在。如果单从字面意义上而言，立法者就是法律的制定者，就是创作法律文本的作者。然而，倘若再追问谁是法律的制定者或文本的作者，则是不太容易回答的问题。黄茂荣认为，到底谁是所称的立法者，即使在宪法国家，也不是一个容易回答的问题，人民、国会、国会内之法案的审查委员会，甚或政府机关内之起草者都曾经拿来做答案。[①]

法律的制定，首先要起草法律草案，而起草者要起草法律，就必须将制定该法律的意图、目的、缘由，以通用的语言文字形式并以书面的方式表达出来，这就是最初的法律文本，从而使法律草案具备了原初的意图与目的。由于这是法律文本的最初形态，所以起草者(drafters)应当是原初法律的制定者。法律草案起草结束后，需要由代议机关的代表议论、讨论、修改。从法律的制定机关而言，只有代议机关才享有立法权，因此，讨论、议论和修改的代表也是法律文本意图的再次确认者与赋予者，其中有些重要法律文本草案还需要向全社会公布，征求全社会公民的意见和建议，这些对法律草案提出意见与建议的公民同样也是法律意图与目的的赋予者。法律文本草案的最终通过，还需提交立法机关的全体代表讨论并在此基础上予以批准，方可通过。因此，法律草案的批准者(ratifiers)是法律的制定者。在我国，法律的正式颁布实施还需国家主席的签署，理论上说，缺乏国家主席的签署，法律文本还不能具有强制约束的效力，因此，法律草案的签署者也是法律制定的重要参与者。

如果我们把上述提到的"立法者"梳理一下就会发现，立法者至少包括了法律草案的起草者、讨论修改者、批准者、签署通过者四大组成者，其中，法律的起草者或为数人或为多人，讨论修改者则为多数人或为全体社会成员，批准者则属众人，签署者为一人。倘若把所有参与法律制定的人都称为"立法者"，那么这个所谓的"立法者"或法律文本的"作者"绝非一人或数人，而是众人或一个群体、一个整体。从一部法律文本的起草，到法律草案的最后签

---

① 参见黄茂荣：《法学方法与现代民法》，中国政法大学出版社2001年版，第265页。

署通过与颁布实施，是由众多环节组成，由众人分工负责，集众人之智慧与公共意志完成的，所以法律文本的作者与一部作品的作者（往往仅仅为一人或数人）是完全不同的。

人们常常以美国宪法的起草者为例来解读“立法者”之难题。1787 年美国《宪法》与 1791 年宪法修正案共同构成了“美国宪法”的全部内容。对美国的许多人来说，《权利法案》就是他们的宪法。而 1787 年《宪法》与 1791 年《权利法案》的起草、讨论则不是同一批人，前者是由出席费城制宪会议并提出原初宪法草案的 55 名代表以及最后签署的 33 名代表，而后者的起草则主要是由麦迪逊（James Madison）负责的。最终的批准者是当时 13 个州的议会代表，而实质上则是美国人民批准通过的。所以，美国宪法的制定者既包括参加并出席费城会议的代表，也包括权利法案的起草者、各州议会的批准者，最终包括 13 个州的美国人民。

当然，今天所谓的“立法者”与历史上存在过的专制社会中的立法者是不同的，而专制社会中的立法者也有差异。民主共和社会的法律是人民意志的体现，需要人民的代表以人民的名义进行立法，所以立法者名义上是人民，而实际上是人民代议机构的代表。专制社会中的法律制定者名义上是皇帝或国王，而实际上则是代表皇权或王权利益的官吏，所谓“皇帝的话就是法律”仅仅就偶然性而言是对的，但就普遍的、成文的法律而言，皇帝只是一个名义上的立法者，而真正的立法者在于官吏。从秦律到明清律，哪一个是皇帝亲自制定起草的？在古罗马的优士丁尼时期，法学家通过对法律的解释而成了立法者，至中世纪，欧洲的君主尚未有立法权。法国比较法学家勒内·达维德认为，在欧洲的中世纪，君主既没有名义资格创造法律，也没有资格修改法律，他的作用纯粹是治安性质的，只是为了组织和便利案件的受理，他才插手帮助提出法而不是创制法，严格来讲，君主不制定法。[①] 因此，无论是传统社会还是现代社会，法律的制定者往往不是一个人或数人，而是一群人、一批人，抑或全体社会成员。卡尔·拉伦茨指出："现代国家中，立法者通常不是个人，毋宁是一个集会(国会)，在有些国家还由两院构成立法团体，甚至可能是有投票权的国民全体。"[②]

上述这些仅是指在静态与抽象规范意义上所说的"立法者"。在法律含义适用与解释层面，由于对法律含义的解释往往带有解释者本人的前见，所以法律的意图与目的的阐明需要解释者的解释，尤其是在法律文字模糊或出现漏洞的情形下，解释者还需以立法者的身份进行创造法律的活动，从而使解释者也在某种意义上成了"立法者"。法官作为立法者的角色得到了立法者与法学理论的承认。1907 年的《瑞士民法典》和 1942 年《意大利民法典》均规定，当法官判案既无法律规定，又无惯例可遵循时，法官可依据自己作为立法者所提出的规则或根据国家法律秩序的一般原则进行裁判。美国学者博登海默指出：由边沁首创并由格雷达致激进结论的一个较新的理论则宣称，法官像立法者一样也可"造法"。在我们这个时代，在对司法过程的认识中，法律创造说必须被认为是一种最普遍的共识。[③] 现代法律解释的创造性趋势也为宪法解释的创造性提供了契机。法官是解决纷争的最后裁判者，他必须找出裁判的规范。没有规范时，就需要他像一个立

---

① 参见[法]勒内·达维德：《当代主要法律体系》，漆竹生译，上海译文出版社 1984 年版，第 57 页。

② [德]卡尔·拉伦茨：《法学方法论》，陈爱娥译，商务印书馆 2003 年版，第 201 页。

③ 参见[美]E. 博登海默：《法理学——法律哲学与法律方法》，邓正来译，中国政法大学出版社 1999 年版，第 554 页。

法者那样创造规范，这种对法官的要求正是现代法律解释的趋势和特点。法官的立法者角色在现实主义法学与新分析法学那里找到了理论依据。

现实主义法学代表人物霍姆斯就认为，法律是法官将作出什么预测，他在《法律的道路》一文中建议采用坏人的视角看待法律，他说："如果你真想知道法律究竟是什么，你就必须像一个坏人那样看待法律，坏人只关心那些实质性后果，这种后果是他运用法律知识就能预见到的；而不像一个好人那样，他先为自己的行为寻找到良心之类的模糊的理由，不管是法律之内的还是之外的。"所以，"如果我们采取这位坏蛋朋友的视角，我们就会发现，他不关心公理与推理之类的无用的东西，而只想知道法院事实上到底将作出怎样的判决。我十分同意他的这种想法。毫不掩饰地说，对法院事实上将做出什么样的预测，正是我所认为的法律。"[①]格雷在《法律的属性与渊源》(*Nature and Sources of Law*)中主张：无论习惯是何等坚实地确立下来了，但如果不为法院所采用，它都不是法律，甚至制定法也不是法律，因为必须由法院来确定其含义。因此他认为：立法机关所说的只是语词而已，正是法院来确定这些语词的含义，法律是由两部分组成的，这就是制定法和法官造的法，而真实的情况是，所有的法律都是法官所造的。他还引用了大主教霍尔德里的话说："无论是谁，只要享有解释任何书面的或口头的法律的绝对权威，那么，实际上是他而不是最早起草或讲述这些法律的人，才是真正的立法者。"[②]

哈特在1957年哈佛大学法学院做《英国人视野中的美国法学：噩梦与高贵之梦》("American Jurisprudence through English

---

① O. W. Holmes, *The Path of Law.*

② ［美］约翰·奇普曼·格雷：《法律的性质与渊源》，马驰译，中国政法大学出版社2012年版，第147页。

Eyes:The Nightmare and the Noble Dream")演讲时就美国要么法官从来就不制定法律,要么就总是制定法律两种极端的法学观点进行了批评,他把美国法律解释法学所存在的这两种极端的理论描绘为"噩梦"(the nightmare)和"高贵之梦"(the noble dream),"一种观点认为法官永远在造法,适用于诉讼者的法从来不是发现的;另一种截然相反的观点则认为法官从未造法"。按照哈特的看法,这两种观点就像任何"噩梦"和"高贵之梦"一样,都是幻想,他得出的结论就是:事实真相是,有时候法官不创造法律,有时候则创造法律。他认为,这虽然是不同的问题,但是他们什么时候创造与如何创造法律却是至关重要的问题。[①]以后,哈特基于法律是规则的理论学说以及法律语言的开放性特征而主张法官在法律缺乏"规则"时可以行使自由裁量权,可以站在立法者的角度创造法律。哈特认为,法律的空缺结构(the open texture of law)意味着确实存在这样的行为领域,在那里,多数行为必须留给法院或官员去解决,由他们根据具体情形,在竞争性利益之间进行平衡。但是,无论怎样,法律的生命在很大程度上在于通过确定的规则对官员和私人个人以指导。同时,针对具体案件的规则适用存在的不确定性也是一个事实,所以,法院在规则存有空缺结构的领域发挥着其创制规则的功能(a rule-producing function)[②]。

不过,作为享有法定立法权的立法者与作为法律解释者的立法者,其立法的限制是完全不同的。作为立法机关的立法者,其立法范围几乎没有什么限制,它只根据社会发展与人民福祉之要

---

① See H. L. A. Hart, *American Jurisprudence through English Eyes: The Nightmare and the Noble Dream*, Essays in Jurisprudence and Philosophy, Clarendon Press . Oxford, 1983, p. 144. (it was originally published in 11 *Georgia law Review*).

② See H. L. A. Hart, *The Concept of Law*, Oxford University Press, 1961, p. 132.

求而制定法律。然而,作为解释者的法官所拥有的“立法权”是非常有限的,他只能在法律的空隙内充当“立法者”的角色,起到拾漏补阙的作用。所谓解释的创造性,无非是指法律解释具有的造法的作用。[①] 霍姆斯法官也“毫不犹豫地承认,法官的确而且必须立法,但是他们只能在原有法律的隙缝间进行立法;他们仅限于从克分子到分子的运动”。[②] 美国当代卡多佐法官在比较了法官与立法者在法形成上的作用之后说道:“实际上,每个法官都在他的能力限度内进行立法。对法官来说,这些限度都比较局促。他只是在空白处立法,他填补着法律的空缺地带。”[③]卡多佐特别强调,“我们一定不能为了个别而牺牲了一般。我们一定不能为了个别案件中实现正义而完全不顾法律的前后一致性。我们必须保持在普通法的空隙界限之内来进行法律实施的创新,这些界限是多少世纪以来的先例、习惯和法官长期的、默默的以及几乎是无法界定的实践所确定下来的”。[④] 因此,“在这些空缺地带的限制内,在先例和传统的诸多限制之内,会有一些自由选择,使这种选择活动打上了创造性的印记”。[⑤] 我非常赞同卡多佐关于法官有限造法的观点,法官与议会或国会等立法机关的立法者是完全不同的,毕竟法官是解释“法律”而不是创造法律的人,他的职责就是在真正的立法者制定出法律之后进行阐明性适用。我在此仍然引用卡多佐的话说明之:“即使法官在自由的时候,他也仍然不是完全自由的,他不得随意创新。他不是一位随意漫游、追逐

① 参见梁慧星:《民法解释学》,中国政法大学出版社1995年版,第194页。

② [美]E. 博登海默:《法理学——法律哲学与法律方法》,邓正来译,中国政法大学出版社1999年版,第557页。

③ [美]本杰明·卡多佐:《司法过程的性质》,苏力译,商务印书馆2000年版,第70页。

④ 同上书,第63页。

⑤ 同上书,第71页。

他自己的美善理想的游侠。他应从一些经过考验并受到尊重的原则中汲取他的启示。他不得屈从于容易激动的情感,屈从于含混不清且未加规制的仁爱之心。他应当运用一种以传统为知识根据的裁量,以类比为方法,受到制度的纪律约束,并服从社会生活中对秩序的基本需要。在所有的良知之中,那里还留下了一个相当宽阔的裁量领域。"①

法律解释者眼中的"立法者"是排除了解释者法官的立法者,换言之,法律原意主义方法论的"立法者"是享有立法权的立法者,原意的探求就是探求该意义上的立法者的意图与目的。

第二节　含义(意义)、意图与理解

所有法律解释几乎都涉及法律字词的含义、法律意图与法律文本或字词的理解。杰克·雷科弗(Jack N. Rakove)指出,含义或意义(meaning)、②意图(intention)和理解(understanding)3 个术语是历史学家、政治理论家和法律学者探究宪法原初含义分析时常常使用的关键词。它们经常被宽松地作为同义词使用,然而,事实上,这 3 个词并非可以完全互换,或者说至少没有必要互换,

---

① [美]本杰明·卡多佐:《司法过程的性质》,苏力译,商务印书馆 2000 年版,第 88 页。

② 其实,含义与意义有别,郑永流解释说:含义是语词本身的意思,而意义则是语词以外的东西,它与使用者的目的、使用场合相关。例如,住宅的含义是人日常休养生息的封闭场所;其意义是在人权视角之下是风雨能进、国王不能进的个人堡垒,而在受父母虐待的孩子看来无异于牢笼。参见郑永流:《法律方法阶梯》,北京大学出版社 2008 年版,第 142 页。

因此仔细区别它们将有助于我们发现一些概念上的陷阱。①

作为成文的法律皆是以字词组成的话语文本的形式出现的，字词与语词的含义或意义包括词汇意义、语法意义和修辞意义，其中修辞意义与概念存在一定的联系。而词汇意义揭示的是语言符号与客观世界之间的关系。所以，意义是人们对客观世界的反映，词汇与语法意义分别表示符号与客体、符号与符号间的关系，修辞意义则包含上下文意义、社会文化意义等。② 而要揭示语言符号的含义或意义则需要解释者去发现。由于语言是意义或含义的载体，并为人们所使用，因此，如果词汇意义、语法意义或修辞意义具有客观性，那么语言的使用者与解释者在进行语言运用时，必然带有主观评价与感情等价值意义，从而使之具有一定的主观性。即语言字词一旦进入使用领域，含义或意义就会变得活跃与复杂。这主要是因为语言字词除了字面含义之外，还具有寓意含义，即在字面的背后，隐藏着别的、更深刻、更多的东西。所以，寓意解释者对字面的直接意义难以理解时，就会超越它们，以便正确地理解它。法律解释中的常见术语是"原初含义"(original meaning)，它常常运用于对法律条款的字面含义的理解上，也就是对法律条文语言的理解。因为所有的法律解释者差不多都是从理解立法者当初所使用的语言文字开始的，即所谓"文义是法律解释的开始"。③ 而法律字词的含义或意义需从语言的惯用习惯中得到，德沃金曾将这种惯常习惯即社会成员普通遵守

① See Jack N. Rakove, *Original Meaning: Politics and Ideas in the Making of Constitution*, Alfred A. Knopf, Inc., New York, 1997, p. 7.

② 参见林玫：《意义、释义与词典释义研究》，法律出版社2009年版，第23～24页。

③ 王泽鉴：《法律思维与民法实例》，中国政法大学出版社2001年版，第220页。

的一套规则称为“礼节性规则”,[①]人们既然试图赋予这种制度一种意义,那么法律规则中的字词也就需要依据这种“礼节性规则”进行理解与适用。因此,正是基于此原因,原初意图与理解的相互明确的表达才变得日益具有关联性。当下坚持原意主义(originalism)方法论的大多数人实际上已经发生了变化,即从原初意图(original intention)转向了对原初含义(original meaning)的维护上。[②]

而“意图”的含义则较为复杂,“意图”往往被理解为一种自我感觉的心理状态,这种心理活动既包括动机,也含有目的。按照美国学者雷科弗的观点,“意图”(intention)涵括目的(purpose)与筹划(forethought)之含义。[③] 从哲学意义上来说,“目的是指向性存在,它既是我自由意志的现实内容,又是自我行为的具体规定”。[④] 换言之,目的是人主观故意的产物,因此,目的或者故意(purpose)与意图(intention)常常通用。而意图中的“筹划”首先是意图人自己事先的谋略与谋划,其次还包括了解释者对“意图”理解的筹划。加达默尔指出:“谁想理解某个本文,谁总是在完成一种筹划,一当某个最初的意义在本文中出现了,那么解释者就为整个本文筹划了某种意义。”[⑤]所以,就立法者的意图而言,它既包括着动机、目的,也包括着意义、目的、期望等主观价值的客观

---

① [美]德沃金:《法律帝国》,李常青译,中国大百科全书出版社 1996 年版,第 44 页。

② See Randy E. Barnett, *Restoring the Lost Constitution: the Presumption of Liberty*, Princeton University press, 2004, p. 92.

③ See Jack N. Rakove, *Original Meaning: Politics and Ideas in the Making of Constitution*, Alfred A. Knopf, Inc., New York, 1997, p. 8.

④ 高兆明:《黑格尔法哲学原理导读》,商务印书馆 2010 年版,第 235 页。

⑤ [德]汉斯-格奥尔格·加达默尔:《真理与方法》(上卷),洪汉鼎译,上海译文出版社 1999 年版,第 343 页。

筹划。在一般意义层面上,立法者意图就常常被适用于那些判决导致法律语言的含义处于争执的情况之中,那些参加立法会议的人的意图就成为问题的焦点。因为如果人们能够知道立法者为什么选择某个字词而不使用另外的字词,就能确切地发现法律的原初含义了。换言之,立法者语言选择的运用就包含着目的意图的筹划,这种筹划就是解释者所要揭示与发现的东西。因而,立法者的原初意图就被用来解释法律的字词含义或意义的正当性来源。法律解释中,立法者的原初意图往往成为证成解释结论正当性的唯一的或主要的依据。

与之相对应的是,“理解”(understanding)可能被更广泛地用以揭示法律形成当初的读者对法律的印象与解释,这些读者包括公民、评论家和以这样或那样的方式参加起草法律的代表。他们与立法者所不同的是,对法律的内容含义理解没有权威性,最终允许他们行使的权利无非在于他们对整体法律的确认或反对。一般而言,解释者必须先理解,而后才能解释,这种观点遭到了加达默尔的扬弃,他认为这种观点是解释的浪漫主义。在他看来,“解释不是一种在理解之后的偶尔附加的行为,正相反,理解总是在解释,因而解释是理解的表现形式”。[①] 按照现代哲学解释学的观点,“如果我们一般有所解释,那么我们总是以不同的方式在理解,这就够了”。[②] 然而,在法律解释中,这却远远不够,因为理解不是针对一般文学或哲学文本的理解,而是具有法律权威的解释者对具有法律效力的法律文本语言的理解,这种理解因人而异,并且唯有法定的解释者的理解才具有权威性,其他人的理解需以解释者——法官的理解为依据。然而,后来的解释者的理解则需

① [德]汉斯-格奥尔格·加达默尔:《真理与方法》(上卷),洪汉鼎译,上海译文出版社1999年版,第395页。

② 同上书,第381页。

以当初民众对法律字词的一般理解为前提。这就是所谓的原初理解。

由此出现了法律字词含义、立法者意图与原初理解的概念范畴。区别它们之间的差异虽然有些费力或过于谨慎,但是这对于理解原意主义的各种要素之间的联系和区别,并进而把握原意主义的价值是具有重要价值的。如果读者要了解某一项法律术语的含义或法律的某一条款何以被通过,那么就有必要参考法律条款的原初材料,并把法律通过实施时人们的理解作为合理的具有权威的含义来理解。然而,随着时间的不断推移和社会的变迁,人们对当初法律制定、批准和实施时的原初解释就日趋淡漠。

问题在于法律的含义是否一定是立法者的原初意图或法律制定、通过、实施时人们对文本语词的惯常使用与理解层面上的含义?法律原初含义一旦被发现,就应当对解释者的解释以及法制产生普遍的约束力?这其中就包含着原初意图主义的原意主义(original intent originalism)与原初含义的原意主义(original meaning originalism)两种方法论解释。人们对法律含义的理解,不得不承认法律的原初含义、立法者意图与当时人们对法律的理解皆具有历史性,它们既具有历史的合理性,也具有历史的无法预测性,因此也允许后来的解释者依据法律的目的与精神做出合理的解释。西方法谚中有这样一句话:“如果只是考虑了法律文件的字面意思,那么对此就只是获得了肤浅的理解。”[①]因为法律的含义与法律某一条款的含义是不尽相同的,通常认为法律的含义是组成法律各条款含义的总和,所以,人们在理解某一具体条款时往往联系整个法律文本来理解,即进行整体或体系解释。而

---

① 孙笑侠编译:《西方法谚精选》,法律出版社2005年版,第93页。

在法律实践中,由于法律没有对条款中的关键术语给出解释与定义,因而人们在解释法律时常需要对此进行分析、理解。而这种理解与解释实际上已经完全脱离了法律原初制定时的背景与话语体系,试图通过心理解释或历史解释重现立法者意图与原初理解的内涵是不可能的。所以,法律的含义就有历史含义与现在含义之分。最终法律的含义往往是在参照了历史含义(包括立法者原初意图和原初理解),并以当下人们对法律语词的理解而被赋予的。拉伦茨对此也指出:“法律解释的最终目标只能是探求法律在今日法秩序的标准意义,而只有同时考虑历史上的立法者的规定意向以及具体的规范想法,而不是完全忽视它,如此才能确定法律在法秩序上的标准意义。”①因此,这对于法律解释者而言,既需要具有仁爱慈怀之心,又需具备语言掌握的能力,还需具有历史学家的眼光与视野。奥古斯丁曾针对《圣经》解释说过:“一个敬畏上帝的人在《圣经》中坚持不懈地探求上帝的意旨,他需要温顺、虔诚,以避免沉溺于争辩。他需要具有语言知识,以免受到不理解的词语和表达的妨碍。他也得准备熟悉某些必要的东西,以免当它们用于比喻时,不知其力量和性质。”②

第三节 法律意图、立法者意图与文本意图

法律解释是通过阐明法律的含义来适用法律,找到最终解决

① [德]卡尔·拉伦茨:《法学方法论》,陈爱娥译,商务印书馆2003年版,第199页。

② M. Heidegger, *On Christian Doctrine*, Translated in English by D. W. Robertson, Indianapolis, 1958, p. 78.

纠纷之争的办法。任何法律解释都是寻找法律的含义,而解释者则均面临一个相当困惑的问题,即是通过探求立法者意图,还是探求法律文本的意图来阐明法律的含义?也就是法律解释学或法学方法论中的基本理论问题——解释的目标何在?置换为一个意图问题,就是法律意图、立法者意图与文本意图三者之间的关系问题。解释者要获得法律意图,或以立法者意图为根据,或以文本意图为依据,或以解释者所处的法律秩序为标准。以立法者意图为目标的解释被称为主观说,以文本意图为目标的解释被称为客观说。依主观说,法律意图就是立法者意图;依客观说,法律意图则是文本意图。那么,我们如何认识法律意图、立法者意图与文本意图之间具有内在彼此相联的范畴呢?笔者在此再分析之。①

就法律意图来说,看似简单,实则颇为复杂。其是法律的意图,还是某一条文的意图?某一条款的意图就一定等同于法律的意图吗?其是法律的字面意图还是字面背后的意图?一般而言,法律的文字表达了立法者的意图,但是,立法者的意图、文本的意图与法律意图不完全是一回事。法律意图也不同于法律含义。意图包含着目的,法律的意图或法律的目的与法律某一条款的具体含义并不完全一致,譬如,法律的目的是寻求公正,而某一具体的条款含义可能与之相违背。

一般来说,法律文本是立法者制定的,法律文字的含义、意图、目的等是由立法者赋予的,既然立法行为是立法者的意思行为,立法者是借助语言文字来表达其意图与目的的,并以达到某种法律秩序为其目的,因此,按照常理,法律的意图只有立法者最

① 参见范进学:《宪法解释的理论建构》,山东人民出版社 2004 年版,第 114 ~ 181 页。第三章“宪法解释目标论”,其中详尽地讨论了作者意图说、文本意图说以及解释者意图说 3 种学说。

清楚。既然如此,解释者在解释法律时当然得探究立法者在法律文字中所表达的意图或含义是什么。这是以追求立法者意图为解释目标的主观说最具有说服力的理由。法律的含义是什么,只有探求立法者的意图,便可知晓。这是主观说的正理,其反理有二:一是解释者的职责是解释法律,而非创造法律;二是一旦脱离该目标,解释者就会以自己的意图取代立法者意图,法律意图就成了解释者个人价值的宣泄。因此,法律意图就是立法者意图的主观说长期以来主导着法律解释学。主观说强调的是解释者以追求历史的客观性、重构历史情境和作者原意为目标,但是这在实践中是无法完全做到的,甚至在某种意义上说是不可能的。假如把有些不可能的事情说成可能的,则其本身必然存在无法超越的缺陷,黑格尔曾说:“没有人能够替别人思考,正如没有人能够替别人饮食一样。”[①]所以,主观说的这种内在缺陷就不可避免地会招致以下诘问或质疑。

其一,何谓立法者意图?由于立法者是一个集合性群体,解释者依据起草者的意图来确定立法者意图,还是依据讨论、修改者的发言来确定,以及依据批准者或通过者、签署者的意图确定,抑或依据民众讨论的众意确定?一个集体性的意志往往是一个妥协的意志。因此,“人们就无法确定谁的意图是在最终意义上相关的,也难以说清楚什么意图是复数的立法者共同拥有的意图”。[②] 再者,立法者意图由谁来判断?譬如,解释者说他的解释是完全合乎立法者意图的,但是由谁、用什么客观程度给予验证和衡量?鉴于主观说缺乏客观的检验和衡量标准,则使每一个解释者都言必合乎立法者意图,而实际上谁都无法予以证成,所以,

① [德]黑格尔:《小逻辑》,贺麟译,商务印书馆1950年版,第78页。

② 张志铭:《法律解释操作分析》,中国政法大学出版社1998年版,第40页。

人人自以为得立法者意图,反倒生出了许多立法者意图,这或许就是主观说之弊。

其二,文字文本是一个语言符号体系,它一经出现,即使与作者个人也保持了一定的时空性,但其自身仍具有一定的独立性,文字语言的意义不以作者的意志为转移。一般而言,书面语言比口头语言容易使人产生误解,波斯纳指出:"文件起草并非总是从容不迫的,并非总是特别注意意思明确。如果文件作者已经死亡,或者作者是一个委员会(其全体成员也许也全都过世了),或者文件是以外文写的,写于几百年前,那么无论写作得如何精心,误解的可能也还是很大。……因为作者们也许没有预见到或者没有讨论,或者预见到了但决定不讨论现在出现的语词含义和语词运用问题。"①语言符号的意义和整体的结构意义,具有历时性,一旦时间愈久,间隔时日愈久,语词的含义就愈易发生变迁,原有的或许死亡,未有的或许生成。即便作者还活着,解释者也可以询问作者的原意是什么,这也并不妥当,因为这种做法的危险在于作者是"此时"的作者而非"彼时"的作者,"此时"的作者也许会提出一种新解释来变更"彼时"的文本内容。作为立法者的这种解释也许早在文本诞生前就已经被多数立法者否定了。同时,随着语词的变迁,从而有可能使后来的语词所表达的意义范围逾越作者最初想要表达的意图。

其三,主观说旨在要求解释者通过设身处地置身于作者的历史情境之中以实现作者原意的重构,实际上是一厢情愿的,是一种浪漫的想法,这种浪漫在于它试图冲破个体之间的障碍。波斯纳认为,这种观点对现代法官来说用处有限,特别是在宪法解

---

① [美]波斯纳:《法理学问题》,苏力译,中国政法大学出版社1994年版,第131~132页。

释上。他指出：一个现代法官与宪法的起草者们几乎没有什么共同之处，要让现代法官站在宪法起草者的位置上想象出他们是否会否决禁止人工流产、鸡奸行为、反企业兼并法规、积极补偿行为等是枉费心机的。我们同宪法的制定者没有相关的共同实践，他们没有我们所具有的经验，他们不了解我们所了解的（他们所了解的，我们也已经忘记了许多）。此外，对于他们会怎样从他们的价值来判断我们的经验，我们一点提示也没有。所以，将这种想象中的解释者和作者恰好重合的浪漫理想状态运用到法律解释中来，不仅费力不讨好，而且也无必要。波斯纳认为：要想理解并遵循立法法律的命令也许没有必要"进入"立法者的"心智"。① 因为任何解释者都受制于其所处的社会经济、政治、文化和思想观念等现时视域的制约，他无法把其已经存在的先见或前见完全扔掉，他或多或少总会受到其先见或前见之限制。他所探究的原意必定有自己的影子。尼采说过：每个人都是一个创造个体，创造构成了一个人的本质。如果是这样，那么解释者的创造不也在其解释之中吗？

在客观说看来，法律文本一旦被制定出来，就具有了独立的意蕴。也就是说，法律文本的含义或意图独立于立法者意图，具有客观性，是两个不能完全等同的意图，而法律意图的探究应该是法律文本的客观意图，而非立法者之主观意图。客观说主要理由在于："法律是一种精神上的实在，它是理性且普遍的。"②不但法律文本如此，其实任何文本皆具有这一特点。意大利批评家桑克梯斯第一次明确提出了文本意图说，他认为，作品文本具有独立性，与作者的意图无关，读解应该以作品文本为准，而不必考虑

① 参见［美］波斯纳：《法理学问题》，苏力译，中国政法大学出版社 1994 年版，第 133～134 页。

② 黄茂荣：《法学方法与现代民法》，中国政法大学出版社 2001 年版，第 265 页。

作者的意图。他指出,“作者意图中的世界和作品实现出来的世界,或者说作者的愿望与作者的实践,是有区分的”。[①] 因而桑克梯斯宣告了作品文本理论的诞生。20 世纪 20 年代,在美国,以南方梵得比尔大学的兰色姆为代表的文本理论学派认为文本是一个自主的艺术世界,他们不仅排斥作者,也排斥读者参与能动地理解文本。到 20 世纪四五十年代,西方新批评文本理论则排除作品的非文学成分,切断了文本读解与作者、读者的联系,直接指向作品本身,只通过文本读解就可以达到对世界本体的把握,只要专注于作品本身就能够找到存在的意义,无须他求。维姆萨特更强调作品本身,并认为艺术作品是一个单独存在的,并就某种意义上说是自足的或自有目的的实体。从而切断了文本与作者的纽带,也割断了与读者的联系,文本成为有独立意义的存在体。[②]这样,文本被创作出来之后,就与作者失去了联系的纽带而获得独立,文本的独立性即生。按照语言结构主义观点,文本的产生受制于文学形式和文化模式,常常独立于作者和读者之外,按照传统的理解,要理解文本的含义,通常需要探求作者的意图,这就是所谓的作者意图说。但在结构主义看来,这一切都无济于事,因为文本一旦产生,就获得了独立的生命。后现代主义者与结构主义者一样,他们首先想做的就是突出文本的重要性,让文本享有特权(privileging the text)。德理达即认为作者所写的东西一般说来不是他意指的东西,解读文本同作者没有必然关系。作者与其说是某文本的作者,不如说是某文本的解释者、复制者、转述者。福柯考察过“作者”的谱系,在原始人中根本不存在作者,原始文学是以口头传诵和集体复合为特征的,这时候诞生的神话

① 伍蠡甫主编:《西方文论选》(下卷),上海译文出版社 1986 年版,第 32 页。

② 参见蒋成禹:《读解学引论》,上海文艺出版社 1998 年版,第 112 页。

传说,在原型理论那里,就是文学艺术的"原型"。而今天的写作已经变成了一种语言符号,它们更多地由能指(声音符号,是符具)的性质支配,而不是由表示的内容即概念意义支配,实际上,它主要关心的是创造一个开局,在开局之后,写作的主体便不断消失。福柯还认为,凡是作品有责任创造不朽性的地方,作品就获得了杀死作者的权利或者说变成了作者的谋杀者。[①] 所以,文本一旦产生,便失去了作者所赋予的生命力,剩下的只是一个结构框架,其意义得由读者自己依据独立文本所获得的独立性去重塑。从这一点来说,正是语言产生了一部作品的意义,此时,纯粹的作者意图已不复存在。从文本作者的立场来看,他的目的或者文本的意图性,并不是为了表达或表现什么(what),而是如何表达(how),从而把作品文本纳入语言系统之中,把人们的注意力引向了语言符号自身。一般理解的语言是意义传达的代码,是用来指称外部世界的符号系统。语言学将语言分为书面语言和口头语言。前者就是"文本",后者就是"逻各斯"(logos)。解构主义用"文本中心论"取代了"逻各斯中心论",故而,"文本中心论"的含义是解释者的解释不再注重作者的原意,而强调文本自身的独立性意义。16 世纪宗教改革时期的路德关于解释学曾有一句名言:圣经自己解释自己,其基本教义是——字义本身包含它自己的恰当的精神意义,它来自于对产生圣经精神的语词本身的正确理解,精神并不要在字义的背后去发现。[②] 这是非常典型的文本意图观。

文本意图的客观说的合法性在于:第一,文本一经创制,便与作者相脱离而成为独立的客观存在,有其独立的生命和意义。宪

---

① 参见张国清:《中心与边缘》,中国社会科学出版社 1998 年版,第 153 页。

② 参见[加拿大]让·格朗丹:《哲学解释学导论》,何卫平译,商务印书馆 2009 年版,第 69 页。

法法律是一种人的行动的符号,它的含义是由语言和文字确定下来的,这正是法律文本意义之所在。[①] 霍布斯说:“人类运用语言把自己的思想记录下来,当思想已成过去时便用语言来加以回忆;并用语言来互相宣布自己的思想,以便互相为用并互相交谈。”[②]人类的思想是以语言作为表达的载体,语言一旦把人的思想记录下来,作为文本的语言就成为独立的对象,人们就可以仅凭语言文本相互理解和交谈而不必再通过说话人本身,从而说明了语言文本的独立性。作为作者的立法者在立法之初即使赋予了文本以意义、愿望和利益期待,其仍不具有拘束力,具有拘束力的是作为独立存在的法律文本的合理的意思。也就是说,文本的意图是以语言文字之含义为其意义的,而语言文字则是确定的,故文本意图即为确定。在亚里士多德看来,“言语是心境的符号,文字是言语的符号”,而“由符号直接表达的心境,在所有人那里都是相同的。同样,我们的心境所反映的那些事物在所有人那里也是相同的”。[③] 照此看来,文本是语言文字的集合体,由语言文字所组成的文本所表达的立法者的心境自然会被读者所理解,而不必再探究立法者之意图,因为文本是用文字“写下的存在”,“好的文字始终为人所理解,被理解为必须被理解的状态:不管在自然之内还是在自然律之内,不管是否出于(上帝的)创造,我们首先要把它放在永恒的长河中加以思考”。[④]

第二,法律文本与立法者的意思并非一体,即使法律文本的

---

① 参见谢晖:《法律的意义追问——诠释学视野中的法哲学》,商务印书馆2003年版,第94页。

② [英]霍布斯:《利维坦》,黎思复、黎廷弼译,商务印书馆1985年版,第18页。

③ [法]雅克·德里达:《论文字学》,汪堂家译,上海译文出版社1999年版,第14页。

④ 同上书,第23页。

创制者，一旦文本诞生并发生法律效力之后，也同样受到法律文本的制约和拘束。换言之，这种拘束力不是来自于文本的创制者而是来自于文本自身业已生成的独立意思。如果法律效力不是源自已经存在的客观文本之规则，仍然是文本规则之外的因素，那么法治何以存在？法治的基本内涵就是法律文本规则的统治而非人的统治，而文本规则的统治也就是依据文本意图来进行。只要文本语言文字不修改，就应当遵循文本所表达的意图，哪怕可能会带来不合理的结果也在所不惜。如果具有法律效力的不是依据法律文本所体现的表达于外部的意图，而是法律创制者的内心意思，那么这还是法律之治吗？这与人治又有何区别？即便根据创制者的意图来理解，但由于创制者是一个复数集合体，其意图难以确立，法律文本之草拟、讨论、制定、通过、批准等，历经不同的机关，何人为立法者殊难确定，当意图不一致时，又应以哪一方为准？所以，一个具有确定的、清楚的意图的创制者并不存在，假若不是以文本意图为客观准则，难道解释者还要去询问创制文本的立法者是什么意图？这不仅没有必要，而且也是不可能的。所以，立足于法治，必须以已经通过颁布生效的法律文本自身的意图为适法的唯一标准，只要这样才能维系宪法法律之权威与尊严，否则，即易生立法者的恣意或任性，在此情况下，如何对立法权加以束缚和制约呢？

第三，能够提高法的安定性。法的安定性应以文义解释作为保障，如果法律解释以立法者的意图为基准，那么人们就必须求助于那一堆一般人所接触不到的庞杂烦琐的立法资料，从而使在事实上受法律规范拘束的公民将无法认知法律规范的存在。所以法律必须以人人都能够知道的，明确的法律文本的意图为意图，这样公民方可根据已公布的法律而知道自己应履行的法定义务，依照法律文本的意图行使法定的权利，并形成自己具体的法律关系。[①] 而正是这种安定性，才使“我们在面临纷繁复杂的社会关系时能大致保持一种和谐稳定的秩序，也使我们对法律的理解和解释能够通向客观性保持应有的信心”。[②]

客观说是有其历史价值和现实意义的，其意义就在于它确认了文本意图的独立性，法律首先应该成为文本并以固定的语言文字表达出来，然后才有其目的可言。文本的语言文字是保障人们行为的基本生活方式安定性的工具，只有通过法律语言文字所告知的意义，我们才能读懂立法者所要表达的意图，诚如川岛武宜所说，它“最大地排除了解释者的任意性，充分地表现出它对市民社会各种制度的忠诚”；其弊端在于它“只努力从各种概念和命题——为作为解释的逻辑前提而构筑去进行形式逻辑的推论，完全忽视了法律解释是对现实中社会现象所做的实践性的决断这一事实”。[③] 文本是抽象的，但它所适用的社会现实却是具体的，不是现实去适应法律文本，按照文本之意图去构筑社会结构，而是法律文本去适应社会现实。按照社会生活去发现文本内在意图，只有这样，文本的“死文字”才能成为活着的文字。因而客观说也受到了以下质疑：

第一，语言文字存在“空缺结构”，即语言的有限性，从而可能使文本语词之语义模糊不清影响了意图的明晰性。麦迪逊曾说：“词汇的用途是用以表达思想的。因此，语言的清楚明晰，不仅要求形成明确的思想，而且必须用完全符合这种思想的明确词汇来

---

① 参见黄茂荣：《法学方法与现代民法》，中国政法大学出版社2001年版，第268页。

② 谢晖：《法律的意义追问——诠释学视野中的法哲学》，商务印书馆2003年版，第94页。

③ [日]川岛武宜：《现代化与法》，王志安、渠涛译，中国政法大学出版社2001年版，第296页。

表达。但是，没有一种语言是如此丰富，以致能为每一种复杂的思想提供词汇和成语。因此必然发生这样的现象：不管事物本身可能有多么精确的区别，也不管这种区别被认为是多么正确，由于用以表达的词汇不正确，就有可能使它们的定义不正确。……当上帝本人用人类的语言对他们说话时，他的意思虽然一定是明确的，但通过传达的朦胧媒介，也会给他的意思弄得含糊不清，疑问多端。”[①]英国的哈特也认为，任何语言包括法律语言都不是精密的表意工具，都具有“空缺结构”特征。[②] 每一个字、词组和命题在其“核心范围”内具有明确的含义。但随着由核心向边缘的扩展，语言会变得愈益模糊不定。何况法律语言还可能存在像波斯纳所说的“内在模糊”与“外在模糊”的情形，波斯纳说，内在模糊出现在这样的情况下，一个人读了一句话，他懂得所写的语言，但对语言所写的环境毫无了解，因此感到不清楚。这种模糊或者是有一种内在的矛盾，或者是某词或某短语具有多种含义而句子的语法和句法没有排除其含糊性。外在含糊表现为尽管对不了解句子背景的普通英语说话者来说句子是清楚的，但对一个确实知道背景的人来说，这个句子就不清楚、歪曲或者含义不同于普通英语说话者所理解的含义。例如，美国《宪法》第一修正案中的“新闻出版界”这一词，它对普通英语说话者来说只是指印刷媒体，但考虑到现代新闻和意见的传播方法，这种有限的理解就不恰当了。[③] 所以，在语言不清晰的模糊地方，法律文本的意图就是

---

① ［美］汉密尔顿、杰伊、麦迪逊：《联邦党人文集》，程逢如等译，商务印书馆 1980 年版，第 182 页。

② 参见［英］哈特：《法律的概念》，张文显等译，中国大百科全书出版社 1996 年版，第 124 页以下。

③ 参见［美］波斯纳：《法理学问题》，苏力译，中国政法大学出版社 1994 年版，第 332～334 页。

不确定的，而不确定的意图就必然需要法官对其加以解释，以使其意图明确起来。

第二，文字本身的缺陷性。文字的缺陷首先在于它的歧义性和流变性，文字往往有一词多义、一义多词、一字多音或一音多字的情况，文字本身的歧义性是语言所固有的无法克服的弊端。这种弊端只有经过解释才能消除，而这种解释就不可能是法律文本意图所能决定得了的，它需要解释者的智慧与解释的技术方法才可消弭。文字还具有流变性，苏力认为：语言的意义是人赋予的，这就意味着语言的意义会流变。一个语词在一个历史时期中被普遍认可的意义在另一个历史时期会消失或变更。[①] 这种文字意义的变迁主要是内容的扩大或缩小，例如，在近代宪政史上宪法中的"人"就不包括妇女和有色人种等。这种变化不是文字本身发生了变化，而是人们赋予它的内涵发生了变化，其实文字本身的变化和人们看法的变化是一回事，文字的变是由于人的观念在变，而人的观念变则必然导致文字内涵意义的变，但无论是文字的变还是人的观念变，最终是由于社会历史在变，社会历史的变迁便带来了人的观念的进步，从而便带来了人所创造的文字的含义的变化。文字既然有其固有的缺陷，法律文本的意图就随着文字的不确定性而失去确定性。所以正如苏力所指出的那样："如果意义真就隐含在语言之中，我们就应当假定，只要懂得语言，就应当了解法律。"[②]而这在事实上是不可能的，不是仅仅懂得语言或识别文字就可以明了法律文本意图的，诚如中世纪英国法官科克对詹姆士国王所说的：法律是一门技艺，没有经过长期的法律训练的人是不能胜任的。

---

① 参见苏力：《解释的难题：对几种法律文本解释方法的追问》，载梁治平编：《法律解释问题》，法律出版社1998年版，第34页。

② 同上书，第33页。

第三,文本意图受制于解释者之"前见"影响。传统解释学都否定解释者的前见或先见,只有抛弃,才有理解的客观性。但是,每个人都是他那个历史时代的产儿,个人隶属于他那个时代、那段历史,因而不可能摆脱其历史所设定的"视域",因此,解释者不可能超越于历史,在其理解和解释活动中总是渗透着由他那个时代所赋予给他的价值、观念、情感、道德、概念等因素去评介、思考、权衡、判断文本的历史性的意图,从而对文本意图做出"解释"。这种解释性意图是解释者的视域和文本作者的视域的"融合"的产物,是一种综合性创造。"人不能两次踏进同一条河流",即使是文本的作者所面临的立法时的视域,其与解释时的视域也是不同的,何况不同时代或不同时期的解释者,所以对文本的解释必定包含了解释者的主观判断,正如加达默尔所说:"实际上前见就是一种判断,它是在一切对于事情具有决定性作用的要素被最后考察之前赋予的。"所以"一切理解都必然包含某种前见",他说,"尽管历史主义对唯理论和自然权利学说进行了批判,但历史主义却立于现代启蒙运动的基础上,并不自觉地分享了它的前见。也就是说,它的本质里包含了并被规定了一种启蒙运动的前见:启蒙运动的基本前见就是反对前见本身的前见,因而就是对流传物的剥夺"。① 海德格尔也指出:"把某某东西作为某某东西加以解释,这在本质上是通过先有、先见、先知来起作用的。解释从来不是对先行给定的东西所做的无前提的把握。"②这些哲理性的思想都揭示了一个道理:只要有理解和解释,理解就是不同的理解,解释也是不同的解释,因为不包含前见的理解和解释是不

---

① [德]汉斯-格奥尔格·加达默尔:《真理与方法——哲学诠释学的基本特征》(上卷),洪汉鼎译,上海译文出版社1999年版,第347页。

② [德]海德格尔:《存在与时间》,陈嘉映、王庆节译,生活·读书·新知三联书店1987年版,第184页。

存在的。所以，法律文本的意图是无法摆脱解释者之前见影响的，既然如此，文本的意图还是固定不易的吗？

因此，法律意图既非纯粹为立法者意图，也非纯粹为法律文本意图。法律意图的解释可能需要超越这种非此即彼的观点，而走向一种整体性的解释方法。

第四节　法律目的意图、文本意图与解释意图

解释者探究法律的含义时往往遭遇到法律目的、文本含义与解释意图的冲突问题，尤其是在遇到文本字面含义与常人的一般理解或合理性理解出现矛盾时，法律的含义究竟为何常常令人困惑。因而，有必要进行阐明。

法律的含义通常存在着两种意义的可能性：一是字面意义；二是目的与精神意义。而对法律目的与精神意义的探究就属于寓意解释。一般来说，法律目的与法律文字含义应当是一致的，因为目的的表达必须以文字为载体，可以说目的与文字是一种实与虚、体与形的关系，文字具有表意的功能，而文字的背后必定隐藏着目的与精神。被称为寓意之父的古希腊学者斐洛（Philo）将字义和寓意的关系比作肉体与灵魂的关系，他说："神经的解释要依据寓意中传达的更深刻的意义，因为对这些人（注释者）来说，整部律法将一个带有文字戒律的生命存在类比为它的肉体，而将隐匿在它文字中的看不见的意义比作灵魂。正是在后者中，理性的灵魂尤其开始将事情按照它自身来思考，从而通过话语的明镜看到概念的特殊美，展露和揭示符号的意义，并为那些只需稍微

启发就能通过可见的东西看到不可见的人敞开赤裸的思想。”[①]所以，寓意解释就是揭示文本背后的目的或精神与灵魂的意义。譬如，上帝耶和华创造的两棵树——生命之树和智慧之树就不同于我们所理解的概念，从而使字面的解释难以置信。公元2～3世纪的奥利金(Origen)在此基础上提出了著名的“圣经三重意义说”，即字面意义、灵魂意义与精神意义，通过这三重意义，上帝能使基督徒从可见的意义进入不可见的意义，从物质的意义进入精神的意义。[②]

法律之于宗教而言同样具有神圣性。法律除了字面意义之外，还具有目的或精神意义，即法律具有隐喻性，字面意义只是告诉人们发生了什么以及怎样去做，而目的与精神意义则告诉人们应当做什么，人们去做的(字面意义)应该是应当去做的(目的与精神意义)，不应当去做的，即不合乎法律的目的与精神意义的，即使合乎字面的意义，也不能去做。按照耶林(Jhering)的观点，“目的是全部法律的创造者。每条法律规则的产生都源于一种目的，即一种事实上的动机”。[③] 而事实上，我国制定的每一部法律法规几乎都标有目的性条款。譬如，《民法总则》第1条规定：“为保护民事主体的合法权益，调整民事关系，维护社会和经济秩序，适应中国特色社会主义发展要求，根据宪法，制定本法。”《侵权责任法》第1条规定：“为保护民事主体的合法权益，明确侵权责任，预防并制裁侵权行为，促进社会和谐稳定，制定本法。”《物权法》第1条规定：“为了维护国家基本经济制度，维护社会主义市场经

---

① [加拿大]让·格朗丹：《哲学解释学导论》，何卫平译，商务印书馆2009年版，第45页。

② 同上书，第50页。

③ 参见[美]E.博登海默：《法理学——法哲学与方法论》，邓正来译，中国政法大学出版社1999年版，第109页。

济秩序，明确物的归属，发挥物的效用，保护权利人的物权，根据宪法，制定本法。”《消费者权益保护法》第1条规定：“为保护消费者的合法权益，维护社会经济秩序，促进社会主义市场经济健康发展，制定本法。”《合同法》第1条规定：“为了保护合同当事人的合法权益，维护社会经济秩序，促进社会主义现代化建设，制定本法。”《商标法》第1条规定：“为了加强商标管理，保护商标专用权，促使生产、经营者保证商品和服务质量，维护商标信誉，以保障消费者和生产、经营者的利益，促进社会主义市场经济的发展，特制定本法。”《治安管理处罚条例》第1条规定：“为加强治安管理，维护社会秩序和公共安全，保护公民的合法权益，保障社会主义现代化建设的顺利进行，制定本条例。”诸如此类的立法目的之规定数不胜数。无论哪一部法律，尽管其目的表述不尽一致，但无非是“保障公民、法人的合法的民事权益”“保护民事主体的合法权益”“保护权利人的物权”“保护合同当事人的合法权益”“保护消费者的合法权益”“障消费者和生产、经营者的利益”“保护公民的合法权益”等。总之，保护公民的合法、正当的权利与利益，就是法律的一般目的，因此，“在法律规定的字义明确包括事实但违背法律的客观目的时，不仅字义解释而且体系解释和历史解释都不适用，这便发生客观目的的探究”。[①]

也许会有人反对说，法律的目的或精神意义是抽象的、看不见的，因而法律的目的与精神也是难以把握的。其实，法律的目的与精神，一言以蔽之，就是公平与正义。何谓公平正义？“公平是指处理事情合情合理，不偏袒哪一方；正义是指公正，公平正直，没有偏私。公平正义朴素的含义包括惩恶扬善、是非分明、办

---

① 郑永流：《法律方法阶梯》，北京大学出版社2008年版，第171页。

事公道、态度公允、利益平衡、多寡相均等内容。"①公平与正义的基本含义是相通的,公平是正义的基础和核心。一般认为公正或正义的经典定义来源于古罗马的乌尔比安提出,并被查士丁尼(Justinian)的《法学阶梯》所采纳的表述,这一表述是:"正义是给予每一个人他应得部分的持久永恒的愿望。(Justice is constant and perpetual desire of giving to every man that which is his due)"其中还规定"法律的格言是:诚实生活,不伤害任何人,给予每个人应得部分。(the precepts of law are these:to live honestly,not to hurt any man,and to give to everyone that which is his due)"②西塞罗(Cicero)也认为,正义是"使每个人获得其应得的东西的人类精神趋向"。③ 这种"应得"的正义在中世纪、近现代都得到了认同。中世纪的阿奎纳(Aquinas)认为,正义是"一种习惯,依据这种习惯,一个人以一种永恒不变的意志使每个人获得其应得的东西"。19世纪的穆勒(Mill)说:"每个人得到他应得的东西为公道,也公认每个人得到他不应得的福利或遭受他不应得的祸害为不公道。"④当代伦理学家麦金太尔认为:"正义是给每个人——包括给予者本人——应得的部分。"⑤他指责罗尔斯(John Rawls)和诺齐克(R. Nozick),因为在他们的正义和非正义的主张里,"应得赏罚

---

① 中共中央政法委员会编:《社会主义法治理念读本》,中国长安出版社2009年版,第84页。

② D. G. Cracknell, C. H. Wilson, *Origins and Influence of Roman Law*, The HLT Group,1990,p.44.

③ [美]博登海默:《法理学——法哲学与法律方法》,邓正来译,中国政法大学出版社1999年版,第265页。

④ [美]穆勒:《实用主义》,陈羽纶、孙瑞禾译,商务印书馆1957年版,第48页。

⑤ [美]麦金太尔:《谁之正义? 何种合理性?》,万俊人等译,当代中国出版社1996年版,第56页。

都没有占据这样的中心位置,或根本就没占任何位置”。[①] 可见,公平正义的基本含义是“应得”,即应该得到的部分,在该意义上的正义,可称为“应得的正义”。应得正义之判断标准既可能是道德,也可能是法律,如果按照道德得到应得部分,就是“道德的正义”,或道德权利的正义;如果按照法律得到应得部分,就是法律的正义,或法律权利的正义。用亚里士多德(Aristotle)的话说,公正就是中道,就是东西的中间。[②] 只要每个人都能够平等地获得他应该应得的权益,公正就会实现。因此,公正之法律目的并非难以探求,它就在一个人的良知之中。法律是公平正义的化身,法律的目的与精神就在于公正。尽管人们对公正的理解会随时代的变化而变化,但对法律的公正性目的的认同却超越时空距离而具有一致性。从古希腊的安提戈涅的审判,到 16 世纪莎士比亚创作的《威尼斯商人》对夏洛克的审判,再到 20 世纪纽伦堡国际法庭对纳粹战犯的审判以及美国辛普森的审判,法律的公正之目的始终照耀着历史的天空,法律的公正精神就像太阳一样,照亮了漫漫的历史长夜,给人们期许和寄托、希望和力量。

法律文本的字面意义与目的或精神意义之于法律意图的解释形成了文义解释与寓意或目的解释两种方法。字面解释与寓意或目的解释最终都是为揭示法律意图含义服务的,但是,法律的目的意图与文本意图往往会出现冲突。因为法律不可能预见所有的细节,在处理某一个具体问题时,就会机械和僵化,如果严格依照法律,就会出现不公平的结果,从而背离法律的寓意性目的意义。“法律,由于其自身的逻辑—机械性质,可能实际上导致

① [美]麦金太尔:《德性之后》,龚群、戴扬毅译,中国社会科学出版社 1995 年版,第 314 页。

② 参见[古希腊]亚里士多德:《尼各马科伦理学》,苗力田译,中国社会科学出版社 1999 年版,第 95 页。

作恶。”[①]所以,因法律文本意义与寓意目的意义所引发的冲突,其解决的唯一希望就寄托于高尚公平的法官身上。古希腊雅典陪审员在投票判决前的誓言就是,“有法可据者,当依法投票;法律所未详者,尽我诚心,作合乎正义的投票。”[②]雅典娜对俄瑞斯忒斯弑母犯罪的审判就给人们深刻的启示。

希腊联军统帅阿迦门农没有死在特洛伊的战场上,却死在了自己的妻子克吕泰涅斯特拉的手里。起因是阿迦门农出征特洛伊时,为求顺利,杀了自己的女儿伊菲革涅亚作为祭品。克吕泰涅斯特拉因此深恨阿迦门农,于是等待凯旋而归的阿迦门农的不是庆功的美酒,而是被自己的妻子杀死在自己的宫殿浴室之内。这一切让阿迦门农和克吕泰涅斯特拉所生的儿子俄瑞斯忒斯陷入了困境之中,一方面,他爱自己的母亲,另一方面,他基于荣誉,为父报仇,必须杀死自己的母亲。因为为父报仇是儿子天经地义的神圣义务,而且还出于太阳神阿波罗的指示,这样,母亲就被自己的儿子俄瑞斯忒斯所杀。然而,毕竟是自己的母亲,他弑母违反了自然法,从而成为复仇女神的牺牲品。因为子杀其母,罪不可赦。复仇女神欧墨尼得斯在他谋杀生母之后,就立即使他发疯,亡命他乡。后来,俄瑞斯忒斯向智慧女神雅典娜求救。为了平息阿波罗与复仇女神的争执,雅典娜进行了一场审判。她从城中选出了最睿智和最纯良的人担任法官,以投石子的方式决定俄瑞斯忒斯是否有罪,结果是无罪的白石子和表示有罪的黑石子数目相等。于是,雅典娜不得不自作决定,投出了一颗白石子,然后庄严地宣告:根据多数票决定,俄瑞斯忒斯无罪。雅典娜的裁判

① [德]弗里德里希·包尔生:《伦理学体系》,何怀宏、廖申白译,中国社会科学出版社1988年版,第547页。

② [古希腊]亚里士多德:《政治学》,吴寿彭译,商务印书馆1965年版,第168页注释3。

给人们最重要的启示就是：当法律与道德相互冲突时，作为行为的参与者都无力解决这一两难，唯有将评判的权力交给睿智、仁慈并具有良知的法官，才能化解道德与法律的冲突。法官是公平正义的化身，“唯愿公平如大水滚滚，使公义如江河滔滔”。这就需要法官具有高超的智慧，并深谙道德法律之道，法官是修补法律之缝的巨匠，他要把不公的法律熨平。西方法谚说：“一个好的法官根据正义和公平判案，他宁愿选择衡平法而不是严法。”①所以，古罗马时期，具有“五大法学家”之称的乌尔比安就把法律职业者看作应当知晓何为善、何为公正的技艺的人，他说：“我们耕耘正义，而知晓善与公道是什么，划分正当与不正当，区分合法的与非法的；希望通过惩罚的威胁，但也希望借助奖赏使人向善，追求一种真正的而不是僭称的哲学。”②

当上述法律的目的意义与文本意义发生矛盾时，能够化解的只有解释者——法官，在这里，法官合乎法律目的寓意的解释，实际上重构或恢复了法律的目的，而这种由法官理解和解释的意图就是解释意图（interpretive intention）。丹宁勋爵结合自己的长期司法审判实践经验认为：从字面上解释法律的方法现在完全过时了，在解释法律时，应采用促使立法总目的实现的方法，而立法的总目的是构成法律条文的基础。③ 由于立法目的构成了法律条款背后之寓意价值基础，所以作为解释者就应找出立法者赋予法律的正义观、公平观等目的意义，并将立法者关于法律目的的意图

---

① 孙笑侠：《西方法谚精选》，法律出版社2005年版，第67页。

② ［德］海因里希·罗门：《自然法的观念史和哲学》，姚中秋译，上海三联书店2007年版，第192页。

③ 参见［英］丹宁勋爵：《法律的训诫》，杨百揆等译，法律出版社1999年版，第18～19页。

称为解释意图。① 实际上，解释意图名义上始终是以立法者的目的意图或法律目的为鹄的的。也就是说，立法者一旦把法律制定出来之后，其目的意图应当有一个唯一正确意图，但是文本进入解释视域之后，其解释意图可能会因解释者不同而有所不同，也许在解释过程中，面临着解释法律真实意图的困难，甚至会出现数个可能的意图。那么到底哪一个才是所需要的解释意图，立法者自己无法回答，其他任何一个解释者也不能回答，唯一能够找出的解释意图就是解释者法官。所以，法官是真正建构解释意图的主体，在法律解释领域，没有人能够代替法官说话。这里的问题是法官应怎样说话？以什么方式说话？即采取什么方法理解与解释法律的语言含义与目的意义。应该说，法官总是以自己的方式说话，而采取哪一种解释方法，往往由法官自己裁决，其最后的解释结论就是所谓的"解释意图"。这种解释意图必然会带着解释者的"前见"。因此，法官作为解释者，他无论运用文义解释还是目的寓意解释以及综合性解释，其解释结果都是对立法者意图、文本意图、目的意图等整合的产物，所以，解释意图就其本质而言，属于解释者的意图或读者意图。

海德格尔和加达默尔的本体论解释学为解释者之意图说提供了更充分的哲学支撑。海德格尔针对传统本体论中的"存在是什么"的问题指出：这个存在只能是人，人询问他自己和世界上其他存在者之存在，他始终理解他自己的存在。海德格尔在这个意义上来谈论人这个存在者，并把他称为此在。② 而解释就是此在的解释方式，此在就是存在的理解。只要理解存在，才有此在，才有此在的认识活动。他指出："领会的筹划活动本身具有使自身

① See Ronald Dworkin, *A Matter of Principle*, Harvard University Press, 1985, p. 52.

② 参见张汝伦：《意义的探究——当代西方释义学》，辽宁人民出版社 1987 年版，第 128 页。

成形的可能性。我们把领会使自己成形的活动称为解释。领会在解释中有所领会地占有它所领会的东西。领会在解释中并不成为别的东西,而是成为它自身。在生存论上,解释植根于领会,而不是领会生自解释。解释并非要对被领会的东西有所认知,而是把领会中所筹划的可能性整理出来。"[①]这就是说,理解是解释的基础和依据,解释则为理解的发展,换言之,理解不是认识的方式,而是人存在的方式,人在理解中存在,并获得自身与存在的意义。这就从存在本身肯定了解释者阅读的主体地位。他说:"此在在它的存在中无论以任何一种方式、任何一种表述都领会着自身。"[②]就是说,此在的人是在领会中存在的,一切客观存在物,如果没有人的介入,就不能作为对象存在,只有进入"此在",存在才能得以存在,是人参与了存在意义的建构。宪法法律文本的意义则是解释者参与解释的结果,没有解释者的参与解释活动,文本意义也就无从建构。按照加达默尔的观点,解释学不仅是方法论问题,而且也是知识与真理问题,特别是法学诠释学更是一个具体应用的问题,他说:"法律学家是从现存的情况出发,并且是为了这种现存的情况而理解法律的意义。……法律的意义只有在所有这些应用中才能成为具体的。"[③]他指出:"为了正确地认识这种(法律)规范内容,他们(法律学家)必须对原本的意义有历史性的认识,并且正是为了这一点,法律解释者才关注法律通过法律实践而具有的历史价值。但是,他不能使自己束缚于诸如国会记录告诉他的当时制定法律的意图。他必须承认以后所发生的情

---

① [德]海德格尔:《存在与时间》,陈嘉映等译,生活·读书·新知三联书店1999年版,第173页。

② 同上书,第16页。

③ [德]汉斯-格奥尔格·加达默尔:《真理与方法——哲学诠释学的基本特征》(上卷),洪汉鼎译,上海译文出版社1999年版,第418页。

况变化,并因而必须重新规定法律的规范作用。"[①]所以,解释的任务就是使法律具体化于每一种特殊情况,即应用的任务,"这里所包含的创造性的法律补充行为无疑是保留给法官的任务"。[②] 加达默尔不仅承认解释者的主体地位,而且还承认法律的意义其实就在于解释者在应用中的创造中赋予,至少他认为法律的意义不只在于立法者,或者说法律的意义在立法者那里是抽象、模糊的,法律的意义只有解释者在法律的具体应用中才能成为具体的,所以加氏特别强调立法者与解释者的历史视域的融合。

解释意图遭到的质疑是:如果法律意图是由解释者主观建构的,那么会不会导致法官之治或人治?有人就曾质疑道:"这样一种法律定义实际上否认了法律存在的可能性,它否认了一些普遍运作的规则的可能性,这样一个定义本身必定蕴含了荒谬和错误的种子。如果一种分析毁灭了其意图解释的东西,这种分析就毫无用处。法律和服从法律是为我们每一天的生活经验所肯定的事实,如果一个定义的结果只是使法律看上去是一种虚幻,那么这个定义就太糟糕了。"[③]因为这样一来,就可能使法官在脱离立法者原意和法律本身意图的情况下解释法律被斥责为法律的"篡权者"而彻底破坏法律的确定性和预测性,导致法治价值的殆尽丧失。这样的担忧或许具有其合理性,但其实并无深虑之必要。因为任何解释意图的建构正如像艾柯所批评的一样"可以像水流一样毫无约束地任意蔓延",而是有一个客观的对象。[④] 这个对象

① [德]汉斯-格奥尔格·加达默尔:《真理与方法——哲学诠释学的基本特征》(上卷),洪汉鼎译,上海译文出版社1999年版,第420页。

② 同上书,第421页。

③ [美]本杰明·卡多佐:《司法过程的性质》,苏力译,商务印书馆2000年版,第79页。

④ 参见[意]艾柯等:《诠释与过度诠释》,王宇根译,生活·读书·新知三联书店1997年版,第28页。

就是法律文本、法律规范或法律条文。它们一同构成了法律解释的“四角”之框架，总是会受到法律目的的制约。如果解释者的解释属于随意的任性解释，与法律的目的相背离，那么其结论就不具有可接受性，从而丧失法律解释的客观性。

第三章　原初意图主义方法论

第一节　原初意图主义的性质

在法律解释理论尤其是宪法解释理论中，学者们争论的核心是“原意主义”（originalism）与“非原意主义”（non-originalism）。无论是以探求立法者原初意图为目标的原初意图主义（original intentionalism）或“原初意图裁判”（original intentions adjudication），[①]还是以探求法律

① “原初意图裁判”（original intentions adjudication）这一概念是康乃狄格大学法律学院教授理查德·克（Richard S. Kay）于1988年发表在《西北大学法律评论》上的文章《忠于原初意图的宪法裁判：三个拒绝的理由与回应》中提出的。他认为，关于宪法裁判方法论被贴上了各种不同的标签，譬如，“解释主义”（interpretivist）、“文本主义”（textualist）、“原意主义”（originalist）以及“意图主义”（intentionalist）等，但每一个都面临着被贴上“不是”或“非”（non-）的反对的危险，而且每一个可能划分为“严格”（strict）与“中庸”（moderate）。理查德·克主张，作为一个制宪术语，他选择使用“原初意图裁判”（original intentions adjudication）的术语。参见Richard S. kay，“Adherence to the Original Intentions in Constitutional Adjudication：Three Objections and Responses”，82 *Northwestern University Law Review* 1988，p. 229，n15。

文本原初含义为目标的原初文本主义(original textualism),均被归结为"原意主义"(originalism),即把法官的权力限制于法律的文本或立法者的意图之上。[①] 他们皆要求法官在适用成文法律的规则时遵照实施法律的人民(the people)所理解的意义。问题是,从两种原意主义表面上来看,似乎都具有相同之处,但实际上,它们之间则存在较大差异。因为原初意图主义探究的意图注重的是立法者的主观意图,即立法者当初制定法律时是如何想的以及欲以何为之心理主观想法;而原初文本主义探究的文本含义注重的则是立法者的客观意图,即立法者将其意图以文字的形式客观文本化了。因之,原初意图主义与原初文本主义虽有相似与共同之处,但其差异大于一致。

1934 年美国最高法院大法官苏瑟兰德(Sutherland)在判决异议中曾指出"解释的目的是发现含义",也就是"确认和实施制宪者的意图与通过宪法的人民的意图"。[②] 苏瑟兰德大法官把法律文本的客观含义与立法者的主观意图等同起来了,在他看来,文本的含义就是立法者的意图。同时,这还意味着他反对那种将司法忠诚仅是对宪法字词含义的忠诚,也就是对文本主义的忠诚。然而,意图主义者之所以选择坚持立法者的意图而不是文本含义,就是因为文本主义本身具有一定的局限性。因为文本自身

---

① 对这一问题的各种表述和研讨,参见 C. Miller, *The Supreme Court and The Uses of History*, pp. 153 - 55(1969); Bennett, "Objiectivity in Constitutional law", 132 *U. PA. L. Rev.*, pp. 445, 459 - 60; Harris, "Bonding Word and Policy: The Logic of American Constitutionalism", 76 *AM. POL. SCI. Rev.*, pp. 34, 43 - 44(1982); Moore, "The Semantics of Judging", 54 *S. CAL. L. Rev.*, pp. 151, 186 - 87(1981); Powell, "Rules for Originalists", 73 *VA. L. Rev.*, pp. 659, 668(1987); Schauer, "An Essay on Constitutional Language", 29 *UCLA. L. Rev.*, pp. 797, 809 - 12(1982).

② Home Building & Loan Ass'n v. Blaisdell, 290 U. S. 398, 453(1934)(Sutherland, dissenting).

(text-by-self)不能解释人们实际所想的问题或处理各种形式的文本,尤其对法官对待法律文本而言不合适。有些学者认为,一个字词语言独立于人的真实意图或预设的意图而没有任何联系是不可能的。除非人们在选择与安排字词时赋予其假定的意义,否则字词仅仅是写在纸上的毫无意义的符号或空气中的随意性的声音。[①] 人们赋予字词以含义,是借助于赋予者的意图表达,通常说来,这种意图或意志产生于文本的作者意图中欲表达的含义。但是,如果允许在所有的情况下都适用文本的含义而不是文本作者所欲表达的意图,那么在解释法律文本时就有可能用假设的语言含义取代实际的立法者意图,何况人们常常认为赋予法律规则以权威的效力是立法者事先存在的权力。如果立法者制定的宪法或法律文本没有表达他们的意图而是表达了其他什么人的意图,那么它们为什么被称作宪法或法律呢?[②] 因此,在法律解释中,我们不是对字词的某些抽象含义感兴趣,而是关注特定场合下这些字词所表达的含义。所以,当问及"什么是法律规范的语词含义"时,"当首问立法者的原意"。[③]

试举一例说明立法者意图的重要性。1947 年在舍奴斯克斯诉费莱施尔案(Cernauskas v. Fletcher)[④]中,阿肯色州最高法院解释州的法律,该法律宣布了一个条件,即授权市政府实施搬迁街道和巷子的工作。法院特别关注的是该法律是否废除了由一部更早的法律所授予的市政府的自由裁量权。新法律的最后一部分规定:"所有的法律和部分法律,特别是 1941 年的第 311 号法

---

① See Knapp & Michaels, "Against theory", 8 *Critical Inquiry*, pp. 723, 727 – 29 (1982).

② See Michaels, "The Fate of the Constitution", 61 *Tex. L. Rev.* 765, p. 775 (1982).

③ 郑永流:《法学方法论》,北京大学出版社 2008 年版,第 142 页。

④ 21 Ark. 680, 201 S. W. 2d 1000 (1947).

令因此被废止。”根据法律字词的普通用法,文本本身给予该条款巨大的权力,然而法院轻松地作出了更加狭窄的解释,即“无疑立法机关欲以废止所有与该法律相冲突的法律,由于立法者的错误或打字员的错误,遗漏掉了普遍的字词,即‘与……相冲突’(inconflict with)的字样,我们从必要的解释中获得了暗示。”这是因为人们相信,法律义务不仅来自于法律条款的字词,而且还来自于立法机关的意图,而立法机关并没有意图要废止以前所有的法律,只是意图废除与新法律相冲突的法律。换言之,新法律要废止的是“与之相冲突”的旧法律,然而,新法律中却没有出现这样的字词,所以法院的解释在尊重立法者意图的前提下,对该法律作出了更狭窄的解释,从而使之更符合立法者意图。毕竟,法律的效力来自于立法者的权威。

即使在英国,法官在解释议会的法律时似乎不去寻求立法材料,但是英国法院从未主张立法者的意图在法律解释中不是探求的关键目标。英国法官依然坚守这样的信条,即法官要按照立法者认为正确的意图解释法律。在对特殊条款进行解释的过程中,无论出现任何难题,立法者的意图都是我们案件行动中的指南。慎思下的法律解释在作出之前,要探查普通法没有提供的而与之相冲突的损害和错误是什么?像国会立法者那样矫正公共利益的治疗措施是什么,以及什么是修正的正确理由?这一切都是基于法律制定者的真实意图而进行的。这些解释原则至今还为衡平法院所采纳。① 所以,在英国,法官解释法律的目标就是确认和发现立法者的意图。加拿大法院在宪法解释中最初采纳了英国规则,因为他们的宪法法令(1867 年被称为《不列颠北美法令》)

---

① Warburton v. Loveland, 2 Dow & Clark 480, 490, 496 – 97, [1831 – 32] E. R. 806, 810, 812.

就是英国国会的法令，所以法院通常都以法律解释的普通规则解释宪法，以后在经验探索中，逐渐在宪法案件审判中转向对立法历史的探查。

作为一个实践问题，依赖于普通含义的解释方法通常会遵从原初意图，因为法律是面对普通民众的，而立法者所使用的语言应当按照法律制定实施时普通人所能够理解的普通含义。因此，立法者意图能够为解释者或民众所理解并遵从。因而，原初意图主义依然是判决正当性的重要依据，而且这种尊重立法者意图的解释，往往不容易被人指责为主观武断。

第二节　“严格”意图主义与“温和”意图主义

把原意主义区分为“严格”(strict)与“温和”(moderate)是布莱斯特(Pall Brest)的学术贡献。[①] 严格意图主义的基本观点是：法院在进行法律问题的判断时，或实施立法者的具体意图，即关于法律语言适当范围的实际意图；或实施立法者具体意图与非实际意图，即立法意图一旦与事实相违背，他们将考虑该规定是否仍适用于既定的目标或情形。而温和意图主义则主张法院在解释法律条款时，应当寻求确认和实施那些由立法者自己原本所相信的作为基本法律而提出或批准的原则或建议。[②] 因此，严格意图主义关注涉及法律语言的内涵或外延，而温和意图主义则注重法律语言的意图含义或意义，即客观化的文本意图。

---

① See Paul Brest, “The Misconceived Quest for Original Understanding”, *Boston University Law Review* 60(1980).

② See Gregory Bassham, *Original Intent and the Constitution*: *A Philosophical Study*, Rowman & Littlefield Publishers, Inc. 1992, p. 51.

无论严格意图主义还是温和意图主义,其区别往往是不清晰的,它们都要求法院把立法者实际意图或非实际意图作为解释的限度,立法者的原初解释意图时至今日还在约束法院。当然,也存在一些其他不把立法者的解释意图视为具有效力的正当理由。但不管怎样,严格意图主义或温和意图主义各自皆有其正当性的理由。严格意图主义具有的正当性理由如下:第一,认为严格意图主义比温和意图主义更具优越性,因为只有严格意图主义方能与民主政治相符合,即法院应当是法律忠实的代言人,按照严格意图主义观点,它要求法官像立法者自己审理案件一样进行法律案件的审理,这清楚地表明它要求法官在立法者的授权范围内合乎宪法地实施而不是歪曲人民的意志。与之相反,温和意图主义不是政治民主忠实的代言人,因为它强调的是文本语言本身的意图,它是把立法者将其意图表现出来的文字语言作为法律解释的基石而非立法者的主观意图。第二,严格意图主义比温和意图主义具有优越的方面在于它能够更好地确定那些稳定、清楚且确定的价值,并通过把法官限制于单一的价值中立的角色,即发现和实施立法者的具体意图或观念来服务于这些价值。而温和意图主义却可能做不到,因为在某些情况下,它允许法官使用他们自己的政治判断去执行立法者的抽象或进化的语义意图。第三,只有法院实施立法者的实际意图才能使立法者的意志得到适当的尊重,然而温和意图主义却不能接受这样的观点。

然而,温和意图主义同样具有两大优势:一是它意识到在价值的稳定性与灵活性之间平衡的重要性,因为指责原意主义的一个最普遍的理由是认为该理论过于静止,它不能适应法律原则应当面对各种问题解决的需要以及社会不断变化的需求,而温和意图主义则能够回应这种指责,原意主义的传统观念是关注法律确定的、稳定的价值以及司法克制，而温和意图主义则比严格意图主义更具灵活性，它多少承认了解释者法官的价值判断。二是温和意图主义认识到法律条款可以表达超越于立法者原初限定的条款之上观念的期望与价值。像原意主义的批评者巴伯尔(Sotirios Barber)和莫勒(Michael Moore)等人都主张宪法本身比仅表达过去一代人的具有历史限定的价值更具灵活性，更能反映宪法的目的，在此意义上将宪法原则视为期望能够使宪法成为社会正义和人类尊严的期望表达的"北极星"。[①] 而温和意图主义同样允许解释者避免出现与当代意识有深刻冲突或不相符的判决结果，特别值得指出的是，在里根(Reagan)政府的后期，许多杰出的原意主义者从严格意图主义转向了温和意图主义。[②] 因为这些理论家们逐步认识到像布朗诉教育委员会案(Brown v. Board of Education)之类的政治性案件虽不能建立在严格意图主义的前提之上，但也能诉诸于原初主义的基础而加以维护，当然这需要原初意图的观念从强调立法者的具体意见中松开。温和意图主义者适用法律的条款有时也主张与条款的目的相一致，而非严格地适用立法者的意图。笔者前文分析过，法律的目的与原初意图并非完全等同，原初意图应当服务于法律的目的。因此，温和意图主义似乎是处于两种不能通约的极端之间，一端强调原初立法者的偏见，另一端注重解释者的司法政策的制定。总之，采用温和意图主义，既能够满足原意主义的基本诉求，也能满足非原意主义关于"活法"的进步诉愿。

总之，严格意图主义因"严格"而使解释者的结论趋向极端，

---

① See William J. Brennan, "The Constitution of the United States: Contemporary Ratification", *South Texas Law Review* 27(1986), p. 433.

② See William Bradford Reynolds, "The Burger Years: A Critical Look at the Critics' Intent", *Northwestern University law Review* 82(1988), p. 821.

因而带有极大的保守性，由于过于注重历史，一旦认定法律的含义在制定时刻就被立法者意图所赋予，这样往往会缺乏历史的进步性，从而不被大多数人所认同。1987年时任美国总统的里根提名美国哥伦比亚特区联邦上诉法院的法官罗伯特·博克(Robert H. Bork)为最高法院的大法官人选，但最终没有通过参议院组织的司法委员会的听证会议而遭失败，他失败的主要原因就是他个人坚持其严格的意图主义方法论，他在听证会上公开表达了这样的观点，他说："法官应当如何去发现法律呢？在我看来，唯一的合法方式就是努力探求那些制定法律的人的意图是什么。""如果法官放弃意图为他的指引，那么就没有任何合适的法律适用，他开始为美国人民的社会议程制定法律。那无疑会超越他合法的权限。"而"当法官逾越其合法的角色，完全将新的价值解读宪法，那么立法者和批准者的价值就不复存在，他由此剥夺了人民的自由"。① 社会是不断进步发展的，如果一味强调历史的静止性则会抱残守缺，反而不利于社会的发展，阻碍自由的进程。庞德指出："法律必须稳定，但又不能静止不变。因此，所有法律思想都力图使有关对稳定性的需要和对变化的需要方面这种相互冲突的要求协调起来。"②但是，同样不能走向其反面，认为既然是社会日益发展的就采取非原意主义的方法论，抛弃法律文本之"四边"，而任其无限制地像水流一样蔓延，则也会陷入过度诠释的极端之中。因而，温和意图主义之所以受到大多数人的支持，是因为它在一定程度上承认社会的变化，从而在解释中可以折中地采用法律的目的解释，以弥补严格解释之不足。所以，更多的人抛弃了

---

① Robert H. Bork, *The Temptiing of America: The Political Seduction of the Law*, Simon & Schuster, 1990, p. 500.

② [美]罗斯科·庞德：《法律史解释》，曹玉堂、杨知译，华夏出版社1989年版，第1页。

严格意图主义而选择了温和意图主义，以适应社会的不断发展变化。

第三节 布莱斯特关于意图主义关键术语诠释

布莱斯特(Paul Brest)于1980年发表在《波士顿大学法律评论》上的《原初理解的误导性探求》①中就意图主义涉及的关键术语做了阐释。笔者在本部分中主要就他提出的基本概念和宪法解释中的几种意图进行梳理，以期对意图主义做前置性理解。他提出的意图主义中的基本概念是法律通过者的观察(The Adopter's Perspective)、解释者的观察与规则适用(The Interpreter's Perspective and the Application of Rules)、通过者的解释意图(The Adopter's Interpretive Intent)、个人与团体意图(Individual and Institutional Intent)等。

(一)通过者的观察

布莱斯特首先假定了一个实例。假设你是一个小城的市长，并且你具有单独制定法令的权力。该城镇有一个公园，其中一条泥土路穿越公园。该泥土路一直作为一条近道，由公共汽车穿梭于邻近的居民区。同时，一些长跑者也在泥土路上锻炼。上个星期，一辆蓝色的1973年产的福特汽车撞伤了一位长跑者。于是你立即颁布了一条法令，规定："公园内禁止任何车辆通行。"当你第二天早晨迈进办公室时，就会面临着市民们提出这样的问题：你是否意图在公园内禁止各种车辆与活动？法令是否禁止1975

① See Paul Brest, "The Misconceived Quest for the Original Understanding", *Boston University Law Review v.* 60, 1980; *Interpretation the Constitution: the debate over original intent*, edited by Jack N. Rakove, Northeastern University Press, 1990, pp. 231 – 37.

年产的雪佛兰、一辆摩托车,或婴儿推车?是否禁止当地经销商把防撞车从一架作为宣传噱头的直升机上投放到公园内?

这些疑问都含有几个共同的特征:一是每一个禁止的事项都是基于法令的字面解释;二是每一个基于消遣活动的目的使用公园都可能打扰或威胁到人们;三是当你制定规则时,你没有谈到任何上述事例。无论如何,几乎可以确定的是:你的意图与所有提出的事项都是不同的。你如何知道你的意图是什么,对我们的目的来说不重要。然而,这对于人们了解或记忆某人的意图的过程却是有帮助的。你有三个有利的来源:第一,你能回忆规则适用的任何情况,在规则通过的过程中规则的适用情形已经在你的思想中确立;布莱斯特将这些称为规则的主观适用。第二,你可以查看你起草规则使用的语言,它蕴含着惯常使用,即你的语言将对你所处的社会的成员的建议。第三,你可以回想起那些在制定规则时你希望避免的不利结果。从抽象的规则到个案的适用,你可能希望保护公园内的行人免于伤害,或免于来自于车辆的侵害,或免于正在驶入公园的汽车的伤害。

在重新解释你的意图时,你会把惯常地适用和你希望避免的结果的主观意图进行比较。一般公认的适用越不同于这些适用,它们就越不在你的意图之中。假设福特公司既造婴儿车,也造机动车,那么造出的福特跑车更像婴儿车还是更像雪佛兰轿车?当然,这种关注其显著不同,这种显著性是由你希望避免的结果所决定的。然而过程可能是循环的,这常常将我们引导到某一方面。例如,你确定你的意图是打算禁止1975年的雪佛兰车而不禁止婴儿车吗?禁止用直升机将车辆投放到公园时,如何理解“宣传噱头”?当然,现在已逐渐接近你的意图,即你希望禁止它。但是,当你制定法令时,它与你主观想象的例子和社会的惯习都过于遥远,从而不在你的意图之内。你制定法令的意图不是禁止这种结果。另外,何谓摩托车?假定你的意图不是禁止两轮车,因为你把它们视为受法令保护的能在公园中合法使用的车辆。那么摩托车就有可能处于既被保护又被禁止的边缘地带,这在某种程度上既符合你的意图也不符合你的意图。即使你谈到该问题,你也不可能有了确定的结论。你关于买摩托车的意图还是不确定的。

(二)解释者的观察与规则适用

该市法院的法官是一个原意主义者,因而在解释法令时要求必须考虑市长的意图,那么他该如何根据各种不同的诉求而作出合理的意见呢?在各种情况中,雪佛兰轿车和婴儿车是清楚的,即雪佛兰轿车不允许穿越公园,而婴儿车就可以在公园漫步。假定"任何车辆"的规定仅是书面的相关法律,汽车可以从直升机上降落。再设想一下,相邻的市镇没有任何涉及车辆是否在它们的公园的法令,汽车商希望在公园里进行车辆表演。那一市镇的市长也制定了一条禁止在公园娱乐的法令,除非他参加——当然他没有参加。该市镇的法律和我们市镇的法律的唯一差别就在于我们的法律是可以凭想象而适用的书面语言。但是,从一个原意主义者的视角观察,二者是不同的,因为我们的市长意图中从未想要处理该情形。所以,一个意图主义的法官可能不再禁止立法者意图中希望做的娱乐活动,而文本主义者则可能以立法者有书面写的法令为由而禁止这类娱乐活动。

法官将如何审理公园内机械脚踏车的合法性问题呢?假设市长的意图是不确定的,法官会将这种不确定的意图等同于没有任何意图因而坚持说法令不禁止机械脚踏车吗?意图主义理论不会赋予这种结论以正当性,即使法官主张一种赞成"政策"判决的制度性理论,市长也不会倾向于一种或另一种结果,因为判决在某种程度上说等同于政策的判决。因此,法官的判决必须有其他的基础,或者以政府规定的字面不同意为基础,或者以环境保护主义者反对气体作动力的车辆为基础。即便这些价值是共同体普遍认同的,法官的判决也不为意图主义解释所决定。

(三)通过者的解释意图

假设市长不仅有权力通过实质的法令,而且还有权制定法官解释法令的标准;再假定当法官探求市长关于他的法令时如何解释的意图即市长的解释意图时,他发现市长是一个字面主义者或是一个中庸意图主义者,或者假定他欲以他的法令实施遵照以下两种标准进行解释,即“严格按照我的语言文字解释而不管我的意图”,或者“把我的语言和你对我的目的的理解作为一般准绳,但不要试图理解我将如何决定任何个案”。如果按照这些条件,法官继续致力于严格的意图主义解释,那么他就不得不依附通过者的某些其他价值的意图。作为一个意图主义的解释者,其首要的任务就是必须确定法律通过者的解释意图是什么,即由通过者欲使制定的条款解释所需要的标准。从18世纪到至少19世纪中期的法律解释实践表明:通过者主张的解释方法是文本主义胜于意图主义。平义解释规则(the plain meaning rule)常常被采用,司法求助于立法争论实际上是无知的,并且一般被认为是不适当的。甚至在外在的资料来源变得普遍之后,法院和评论者也经常主张文本的平义是通过者意图的最确定的指引。这就为一个意图主义者提出了显见的难题,因为意图主义的使命就是建立在忠诚于原初理解的前提之上的。

(四)个人与团体意图

假设法令的制定不是市长一个人而是由5人组织的市政委员会,尽管委员会一直同意制定“任何车辆都不得通过公园”的法令,但是其成员之间关于法令的适用存在冲突。在此情况下,规则的意图是什么?是市政委员会的团体意图吗?考虑意图主义的立法者将如何面对令人不安的预言，即他们的法律将依照纯粹的文本主义标准进行解释。他们将试图在条款文本中区分他们的意图，理想的情况是文本包含全体的意图，但是多数情况下仅仅体现了多数投票者的意图。譬如，5 人组成的市政委员会虽然通过了禁止车辆通行的法律，但是其中 2 人反对任何的规制，另外 2 人同意禁止助力车的法律规制。第五个成员原则上同意机动车的禁令，但助力车除外。在这种情况下，为了确保至少其他一些机动车被禁止，另两位提议者可能赞成明确不把脚踏车纳入禁止范围的规定。当然，意图主义解释者也关注通过者的意图是否在文本中能够得以体现。实际上，解释者会考虑到每一个投票人的意图，并计算这些投票对条款通过的影响。如果“公园里禁止任何车辆”的规定包含禁止脚踏车，则其不会因一人反对而使该法律无效；无论文本语言是怎样规定的，只要法律规定缺乏必要的禁止脚踏车的意图，则意图主义解释者可能不会禁止它。

布莱斯特通过分析市长所制定的法令的各种意图对意图主义方法论所涉及的关键术语进行了具体的阐释。这种分析使人们对意图主义方法论会有一个更深刻的理解，其实看似简单的作者的意图，实际上包含复杂的、不同的意图。无论从法律的制定者或通过者的观察，还是从解释者的观察，其意图以及体现于文本之中的意图都是不易确定的：第一，原意主义法官面临着团体意图与个人意图的确定难题；第二，意图主义者不仅要确定立法者的实质意图，而且还要确定解释意图；第三，意图主义者还必须将立法者关于他们那个时代条件下所产生的思想观念置于当前产生的具体案件中去理解，并找到问题解决的办法。从这个意义上说，布莱斯特对意图主义方法论提出了批评，这种批评集中于对立法者意图相关概念的有效性考量上，因此被美国法律教授麦尔特兹(Earl Maltz)称为“新批评”(the new critics)。[①]

第四节 原初意图主义之正当性

当进行法律解释的时候,法官往往求助于对立法者原初意图的探究。那么,这种探求立法者原初意图的正当性何在?除了笔者已有的分析外,其大致考量有四:一是文本表达着立法者的意图;二是限制解释者的任性与武断;三是合乎实证主义法律哲学;四是符合社会契约论。

首先,文本表达着立法者的意图,因此,解释法律文本时就必须探究立法者表达于文本之中的意图是什么。原初意图主义和文本主义之正当性所共同拥有的一个基础就是成文的、写出来的文本与文字语言,其中原初意图主义的正当性在文本上的表现就是认为立法者的意图已经借助文本文字而表达出来了,即法律文本是传达意图的手段。威廷顿(Whittington)指出:“作品的‘解释’意味着表达那种意图。”[②]因为在威廷顿看来,书面作品作为语言的载体是与他人交流的媒介,交流虽然需要作者与读者之间共享某种共性,但交流假定那些试图交流的人具有相同性与意图,试图交流者尽力传达一定的信息,信息的内容与过程是重要的。这些基本点对于不仅与行为有关而且与特殊行为有关的法律作品尤其重要。实际上,语言的本质就是用以交流的,那种认为语言是试图避免交流的想法,即认为私人语言没有可知的或稳定的

---

① Earl Maltz,“Foreword:The Appeal of Originalism”,4 *Utah Law Review* 1987,pp. 773,796.

② Keith E. Whittington, *Constitutional Interpretation: Textual Meaning, Original Intent, and Judicial Review*, University Press of Kansas, 1999, p. 59.

主体之间参照的思想是荒谬的。语言不是私有的,因为含义不是私有的,解释含义的目标不是看透他人的思想。我们每个人的思想是分离的,彼此之间没有联系,含义不是隐藏于语言背后的某种东西,探求意图不是试图避开语言而探究其背后的东西,含义或意图就体现于语言自身之中,并随着表达而被认识。维特根斯坦(Ludwig Wittgenstein)指出:"语言自身就是思想的载体。"①因此,立法者作为法律文本的作者,其意图是借助于语言表达出来的。要理解和解释法律的含义,实际上就是揭示立法者体现于文本之中的意图。按照威廷顿的观点,尽管随着语境和条件的变化,需要花费更大的力气去恢复原初语境以便完全发现意图含义,但是只要文本还存在,其含义最终会保持不变。②

其次,意图主义方法论能够限制解释者的任性与武断。立法者意图毕竟是一个基本的标准,法律既然是立法者制定的,其含义就是立法者赋予的,所以从这一意义上来说,解释法律含义就必须探究立法者的意图是什么,这种探究立法者意图的标准将立法者意图视为一种固定的精神或原则,解释者需根据立法者确定的意图进行法律解释。如果脱离了意图的探究,那么解释者就会按照他自己为法律确定的标准进行解释,这样容易造成解释者的个人任性与武断解释。

再次,意图主义方法合乎实证主义法律哲学。法律实证主义的极端就是大陆法系国家所称的"概念法学"或英美国家所称的法律形式主义。概念法学或法律形式主义极力否认法律解释的创造性,按照概念法学的观点,法官适用法律应严格依照"三段论"法,仅能做机械的逻辑推理,遇有疑义,则唯法律条文之字义

---

① [奥]维特根斯坦:《哲学研究》,李步楼译,商务印书馆1996年版,第160页。

② See Keith E. Whittington, *Constitutional Interpretation: Textual Meaning, Original Intent, and Judicial Review*, University Press of Kansas, 1999, p. 60.

和立法者的原意是问，一切解释均以立法者意思为依归，法律外的一切因素，包括政治、经济、社会、道德及当事人的利害关系等，应一概予以排除，不允许有任何利益衡量和价值判断。正如卡昂法科大学校长德谟伦伯所说的那样："一步一个脚印地遵从法律条文，并以能够更加容易发现立法者的想法而自负。"[①]其出发点是所有法律问题的解决都必须严格按照法典条文，法律的解释必须依从明示的或推定出来的立法者的意思出发，以严格的逻辑方法加以操作进行。还有的学者针对解释者对法典的不确定性无奈地叹息道："这种叹息并不恰当，因为如果将法律化为疑问之海，那么其责任在于解释者自身。如果他们对民法典的条文再尊重一点，那么就不会产生疑问，发生争议了。法律条文已经提供给了我们确实的原则，如果远离法律条文，那么任何事也都变得不确实了。"[②]法律的形式主义在19世纪的德国表现为历史法学派和潘德克顿法学，19世纪初期历史法学派的代表人物萨维尼主张历史主义的法律观，他虽然反对理性建构主义而主张历史的经验理性主义，认为立法者不是理性地建构法律而是发现法律，然而法律解释者必须遵从历史上的法律的原意，将内含于法律中的思想予以再现。只不过历史法学派的法律解释理论所说的立法者不是现实的立法者而是历史上的"立法者"罢了。而19世纪中叶之后出现的潘德克顿法学即德国概念法学便主张：法官之职责，乃在根据法律所建立的概念，用逻辑推演；遇有疑义时，则以探求立法者当时所存在的意思予以解决，一切解释要以立法者当时之意思为依归。[③] 所以，德国19世纪法律形式主义表现在法律

① 何勤华：《西方法学史》，中国政法大学出版社1996年版，第140页。

② ［日］野田良之：《注释学派与自由法》，载《法哲学讲座》（第3卷），有斐阁1956年版，第215页。

③ 参见杨仁寿：《法学方法论》，中国政法大学出版社1999年版，第59页。

解释上也是以追求立法者的意图为圭臬的,如此而已。[1]

最后,意图主义符合社会契约论。按照社会契约理论,人民是最终的权力者,是一切权力的来源,政府不过是接受人民委托来代表人民行使权力的管理者,法律是人民"公意"的集中体现,法官只能够实施法律所体现的人民意志或意图。而"公意是稳固的、不变的而又纯粹的"。[2] 显然,人民的公意具有神圣性,不允许被任何任性或众意所取代,公意的无错性、稳固性、不变性和纯粹性皆旨在法律意图的确定性、明确性和可恢复性,按照三权分立的原则,既然宪法和法律都是人民的公共意志的产物,那么法官的解释就只能以探求宪法、法律之中所蕴藏的人民不变而又纯粹的公意为其目标。立法者意图就是人民的意图,探求立法者意图,就是遵循人民的意图。所以,意图主义方法正好符合社会契约论中关于人民主权的思想。

第五节　关于原初意图主义的质疑

应当承认,探求法律条款的起源普遍被视为学术研究的正当方法,然而如果某一学者主张历史研究的结果将是司法判决的主要依据,那么这种观点就立即陷入危险之中。正如列卫森(Levinson)教授指出的那样:"在法律学术共同体内,原意主义日益失去了捍卫者。"[3]事实上,意图主义的批评者也常常超出简单的理论之争而将立法者意图的赞成者贴上"威胁基本自由的右翼

---

① 参见范进学:《宪法解释的理论建构》,山东人民出版社2004年版。

② [法]卢梭:《社会契约论》,何兆武译,商务印书馆1980年版,第136~137页。

③ Levinson, Law as Literature, 60 *Tex. L. Rev.* 373, 378(1982).

势力”的学术标签。[①] 美国学者施雷格(Pierre Schlag)在1985年发表了《立法者意图:历史的非法性使用》(“Framers Intent: The Illegitimate Uses of History”)一文,批评了原初意图理论。他认为立法者意图具有合法性,然而立法者意图不是也不应当成为证明任何法律判决的正当理由,“在解释宪法条款时,立法者意图的唯一合法性的作用就是提供文本语境意义”。[②] 这是非常有见地的观点,因为意图主义者普遍把立法者意图视为具有约束力的权威,从而主张立法者意图应当成为法律判决的唯一合法性依据,这就构成了法律解释中的保守主义司法哲学。而施雷格承认其合法性,但其合法性仅限于对文本语境含义的探究。

对原初意图主义的质疑与批评最多的还是集中于意图本身,即意图的探究是否能够做到?即使探究到了意图,是否必然是立法者的意图?因按照原初意图主义之观点,立法者意图是客观存在的,尽管发现它存在诸多困难,但只要借助于各种历史资源和分析资源,人们仍然得做出每一个努力,以便发现立法者的意图。然而,问题在于原初的“立法者意图”能否被发现?被发现的意图是否就是原初立法者意图?这些问题一直成为人们质疑甚至批判的对象。

首先,原初立法者意图能否被发现?关于该问题,德沃金在《原则的问题》中对“立法者意图”提出了质疑与批评。他说:“欲问某一个参加制宪会议的国会议员或代表投票赞成某一宪法条款的意图是什么常常是困难的,特别是像平等保护或正当程序之类的模糊条款。一个代表关于某一问题或许根本没有意图,或者

---

① Earl Maltz, “Foreword: The Appeal of Originalism”, 4 *Utah Law Review* 1987, pp. 773, 796.

② Pierre Schlag, “Framers Intent: The Illegitimate Uses of History”, 8 *University of Puget Sound Law Review* 1985, pp. 283, 287.

他的意图可能是不确定的。当我们试图确定作为一个整体的国会的意图或制宪会议的意图时困难就明显出现了，因为这是一件把单个人的意图融合到某些整个团体意图的事情。即使每一个国会议员或代表具有一个确定的可辨认的意图，然而一个团体的意图可能仍然是不确定的，因为没有足够多的代表持有某个特定意图并使之成为整个机构的意图。”德沃金还针对“立法者意图是一个相当复杂的心理学事实，深锁历史之中，等待人们从古老的小册子、信件和会议记录中去发掘”的观点，指出“这是一个严重的普遍性错误，因为根本没有像立法者意图之类的东西甚至原则去发现，有的只能是某些有待创造的东西”。[①]

不必说法律的作者是多数人，即使是在作者是一个人的前提下，其原初意图是什么也都是难以弄清楚的。笔者以知名作家林夕写的《作者的尴尬》一文为例来说明之：

那天中午，我正午睡，电话铃突然响了，是女儿。“妈妈，《人生如下棋》是你写的吧？”“是啊，怎么了？”

“太好了！我们上午语文考试，阅读分析题就是你这篇文章，让分析作者的创作手法，写出中心思想。我刚才和同学说起这事，他们让我问你标准答案，你肯定知道。”

“嗯——”我沉思着道，“这篇文章是好多年前写的，什么意思我都有点忘了。再说，作家写文章，是有感而发，并不是想好一个中心思想再写。”

女儿不甘心，又道：“妈妈，我这样答的，你看对不对？这篇文章的中心思想是告诉我们，做人一定要有远见，不能只看眼前的利益。”

---

① Ronald Dworkin, *A Matter of Principle*, Harvard University Press, 1985, pp. 38 – 39.

我一听笑了："你回答得挺好，把我当时没想到的都说出来了。"

几天后，女儿放学回家，一进门就冷个脸，我问她怎么了，她说那道阅读分析题她没得分，因为和标准答案不一样。她埋怨我说："都怪你，我和同学打赌，说我的答案对，结果输了。"

我哭笑不得，安慰她说："好文章是让人欣赏，给人启示，根本不应该有标准答案。你能独立思考，回答问题有高度，有意境，我给你满分好了！"

无独有偶，这件事后不久，一个周末，女儿在家做作业，又遇到同样情况。

"阅读《母亲的存折》，分析这段话：母亲拿出一个小绸布包，深深地看了一会儿，慢慢抬起头，缓缓地说道。作者在这段话中，连续用了3个叠词：深深、慢慢、缓缓，作者是什么意图？"

这篇文章也是我写的，于是，女儿向我要标准答案。我认真地审了一遍题，有些感触地说："我写这篇文章时，根本没想到要用3个叠词，我也是现在才发现自己用了3个叠词，我这样做是什么意图？我想，是为了强调母亲此时的情感状态吧！"

可惜，第二天，作业交上去，女儿只得了一半分，因为还有一个意图——为了增加形式上的美感，没有回答。

女儿半是沮丧半是疑惑地问："妈妈，这些题的答案是谁定的，连你这个作者都答不上来？"

我想了想："肯定是那些出题的语文专家定的。真搞不懂他们，把语文当数学考！其实语文教学和数学教学不一样，不一定非要一个标准答案。我是作者，我最清楚，很多文章都是有感而发，是一个非理性的过程，不能要求学生用绝对理性的心态去分析、寻找答案，那些答案也并不是唯一的、不可替代的。一位名人曾说过：一千个读者心中，就有一千个哈姆雷特。只要意思相近、与题相符就可以。”

人们的一般常识就是，文章是作者写的，其原初意图当然作者自己最清楚，连文章的作者都不清楚的意图，读者对意图的了解就无从谈起。这就是作者意图主义论。如果一个人写的文章的意图，她自己都解释不清楚，更何况以多数人为作者的法律文本呢？

其次，立法者意图具有二元性。施雷格提出了4个对应性范畴，即绝对与相对（absolute or conditional）、一般与具体（general or specific）、窄与宽（narrow or broad）、弱与强（weak or strong）。[①]而这种意图的二元性表明：立法者意图的解释受到不确定性的困扰。譬如，人们没有发现证据表明美国《宪法》第五修正案的制定者打算将正当程序条款只适用于在刑事案件中禁止脱离司法接受的或立法机关界定的程序。这一证据服务于一个立法者的绝对意图，即正当程序仅意味着刑事案件的正当程序的运用。然而，同样的证据也可服务于相对的意图，即附之以条款适用条件，该条件可以使意图真实或不真实。在刑事案件中限制正当程序条款的立法者意图或许是建立在限制政府权力角色的基础上的，即限制行政政府权力的扩张。即便如此，我们仍然可能认为立法者的意图在正当程序运用的情形方面是绝对的。而反过来看，又可能是有条件的、相对的，即立法者将正当程序条款的适用限定于有限政府的条件下。任何法律条款的规定都是由一般条款与具体条款构成的，尤其是法律的目的性条款的规定几乎均为一般性条款，而义务性条款又多为具体的规范，然而凡是具体条款的解释却又往往受到法律一般条款的制约。譬如，在19世纪初期

---

① See Pierre Schlag, “Framers Intent: The Illegitimate Uses of History”, 8 *University of Puget Sound Law Review* 1985, p. 299.

的美国，关于国家银行建立的解释就涉及窄与宽的宪法解释问题。汉密尔顿认为设立国家银行具有合宪性，而杰弗逊则认为组建银行是违宪的，其关键在于如何解释《宪法》第1条第8项之规定，即宪法在列举了国会所拥有的具体权力之最后，又规定国会有权力"制定执行以上各项权力及依照本宪法与合众国政府或政府任何机关或官员之一切权力时所必要与适当的法律"（necessary and proper）。杰弗逊坚持对宪法条款作出从严解释，他认为，该条款中的"必要"一词只是赋予了联邦政府执行所列举的权力必不可少的那些权力，而汉密尔顿则坚持对该宪法条款做从宽解释，他认为，如果从严格意义上来理解该词，就会使本条款失去实际意义，"破除对必要一词这种错误的理解，对于全国性政府的存在来说就是必不可少的"。① 汉密尔顿指出："一个政府被赋予的每一项权利，都是主权性的，并据此而有权使用一般必要手段，以达到该权力的目的。如果目的已在任何特定权力范围内被充分了解，而且如果具体措施对于该目的有一种明确的关系，而又没有为宪法的任何特别规定所禁止，它就可能明白无误地被认为属于国家权限以内的。"②汉密尔顿解释了宪法的"明示权力"与"默示权力"，认为宪法"既有明示的权力，也有默示的权力"。华盛顿最后被说服，签署了由汉密尔顿提出的关于建立国家银行的报告，从而组建了第一美国银行，其经营特权至1811年。至于弱与强的意图，则涉及对个别教条的主张强烈的程度。譬如，宪法文本充斥着命令性条款，因此常常引发关于立法者支

① ［美］伯纳德·施瓦茨：《美国最高法院史》，毕洪海等译，中国政法大学出版社2005年版，第49页。

② 参见 Henry S. Commager, ed. *Documents of American History*, New York, 1943, p. 156；［美］塞缪尔·莫里森等：《美利坚合众国的成长》（下卷），南开大学历史系美国研究院译，天津人民出版社1991年版，第379页。

持个别价值、程序或制度的意图主张的强烈程度的问题。即使按照现代法律文本,对价值或原则的主张也是存在问题的。所以,在立法者意图的解释中,由于存在上述二元性意图,所以,立法者意图的解释具有不确定性。

再次,法律文本的含义是字词而非意图赋予的。虽然字词不能意味更多,甚至它们意味着太多不同的东西,但是字词提供了关于通过者如何限制未来解释者的重要线索。卡勒特斯(Charles Curtis)指出:“字词越不精确,代表就愈伟大,原因很简单,因为那时它们能够被适用而不是适用特殊情况。在法律起草或解释中,这是字词唯一重要的特征。”曾任美国大法官的法兰克福特(Frankfurter)在判决书中说过:“像‘州之间的商业’‘法律的正当程序’‘自由’与‘财产’等伟大概念,其目的就是留给经验赋予其含义。因为它们关乎主导整个社会与经济事实,那些缔造这个国家的代表们清醒地知道:只有一个停滞的社会才不需要变化。”①正如鲍尔·富勒乌德(Paul Freund)教授所评价的那样:“我们不应当像阅读一份最终遗嘱与遗书一样来阅读宪法,以免宪法成为了一份遗嘱或遗书。”②法律或宪法条款制定者的原则选择将必然迫使解释者行使自由裁量权或判断权。布莱斯特曾针对“平等保护”条款列举了4种不同的含义:(1)条款禁止对黑人歧视;(2)条款禁止种族歧视——无论黑人或白人歧视;(3)条款禁止任何对制度上没有优势权力的团体组织的歧视;(4)条款禁止任何团体组织歧视。第一种含义是基于立法者最狭义的意图,如果按此意图解释,那么即使1953年的布朗案是正确的,其他所有扩展到平

① National Mutual Insurance Co. v. Tidewater Transfer Co., 337 U. S. 582, 646 (1949).

② *The Bill of Rights: Original Meaning and Current Understanding*, edited by Eugene W. Hickok, Jr., The University Press of Virginia, 1991, p. 21.

等保护条款的判决也都是错误的。按照布莱斯特(Paul Brest)的观点,平等保护的条款语言实际上是要求更一般的平等原则。①卡勒特斯指出:“立法者没有表达的意图仅允许我们、国会、总统和法院去阐发他们最美好的愿望并利用他们最大胆的设想。我们的前辈说过的,他们表达了的,他们没有说的,就意味着他们留给了我们,他们说得含糊、不清楚、有歧义的东西,就是至今都没有说过的。”②

最后,所谓被发现的意图是否就是立法者意图?原初意图主义者声称立法者的原初意图对法官具有约束力,因此,法官应当探求立法者的原初意图。然而,受到质疑的是,法官所探求的立法者的原初意图是否就是立法者的原初意图呢?其中存在的问题是:原初意图主义者运用的历史考察的方法是有效的吗?任何解释者都存在个人的前见,原初意图主义者能够消解吗?所称探求的“原初意图”之判断标准是什么?或者凭什么说就是“立法者原初意图”?

历史方法的有效性经常遭到质疑。美国学者丹尼尔·A. 费拉伯尔(Daniel A. Farber)与苏赞纳·舍瑞(Suzanna Sherry)就指出:当面临回答今天的法律问题时,历史往往是杂乱的,常常是开放性的。③ 同时,不同的学者运用同样的历史记录却得出相反的

---

① See *The Bill of Rights*: *Original Meaning and Current Understanding*, edited by Eugene W. Hickok, Jr., The University Press of Virginia, 1991, pp. 21 – 22.

② C. Curtis, *Lions under the Throne*, Boston: Houghton Mifflin, 1947, pp. 7 – 8.

③ See Daniel A. Farber, Suzanna Sherry, *Desperately Seeking Certainty*: *The Misguided Quest for Constitutional Foundations*, 2002 by The University of Chicago Press, p. 15.

结论。[1] 无论我们选择什么历史材料，原初意图的证据都常常是支离破碎的、不可靠的且矛盾冲突的。譬如，哈特森（James H. Hutson）针对美国宪法历史解释就指出：制宪会议最好的记录就是詹姆斯·麦迪逊（James Madison）的笔记，然而，有资料表明，他的记录仅占每天讨论的1/10。[2] 某些州关于制宪会议的争论是由联邦党人托马斯·劳耶德（Thomas Lloyd）记录的，但劳耶德被联邦党人收买而删除了反联邦党人的全部言论，而且劳耶德显然出于他自己的兴趣，刻意修改了很多言论。[3] 除此以外，18 世纪 80 年代和 19 世纪 60 年代的人不会经常关注今天看来非常重要的语言或解释问题。例如，根据麦迪逊的笔记，1787 年的制宪代表花了

① 譬如，关于美国《宪法》第一修正案，参见 Robert L. Gord Howard Ball, "The Separation of Church and State: A Debate", 1987 Utah L. Rev. 895；关于美国《宪法》第二修正案，参见 Randy E. Barnett & Don B. Kates, "Under Fire: The New Consensus on the Second Amendment", 45 Emory L. J. 1139 (1996)；关于美国《宪法》第十四修正案与隔离，参见 Michael W. McConnell, "Originalosm and the Desegregation Decisions", 81 Va. L. Rev. 947 (1995)；Michael J. Klarman, Brown, "Originalism, and Constitutional Theory: A Response to Professor McConnell", 81 Va. L. Rev. 1881 (1995)；关于美国《宪法》第十四修正案与合并，参见 Michael Kent Curtis, No State Shall Abridge: The Fourteenth Amendment and the Bill of Rights (1986)；Charles Fairman, "Does the Fourteenth Amendment Incorporate the Bill of Rights? The Original Understanding", 2 Stan. L. Rev. 5 (1949)；关于美国《宪法》第十一修正案，参见 Martin H. Redish, *Federal Jurisdiction: Tensions in the Allocation of Judicial Power* 192 – 93 (2d ed. 1990)；William P. Marshall, "The Diversity Theory of the Eleventh Amendment: A Critical Evaluation", 102 Harv. L. Rev. 1372 (1989)；Lawrence C. Marshall, "Fighting the Words of the Eleventh Amendment", 102 Harv. L. Rev. 1342 (1989)；Vicki C. Jackson, "The Supreme Court, the Eleventh Amendment, and State Sovereign Immunity", 98 Yale L. J. 1 (1988)；William A. Fletcher, "A Historical Interpretation of the Eleventh Amendment: A Narrow Construction of an Affirmative Grant of Jurisdiction Rather than a Prohibition against Jurisdiction", 35 Stan. L. Rev. 1033 (10983)；Alden v. Maine, 527 U. S. 706 (1999)。

② See James H. Hutson, "The Creation of the Constitution: The Integrity of the Documentary Record", 65 Tex. L. Rev. 1, 33 – 34 (1986).

③ See James H. Hutson, "The Creation of the Constitution: The Integrity of the Documentary Record", 65 Tex. L. Rev. 1, 22 – 24 (1986).

数星期争论总统如何选举以及他的第二任期的问题，但是很少或几乎没有时间界定总统的权力范围问题。况且，不同的制宪者表达了不同的观点，包括麦迪逊在内的许多代表不时地改变其观点。正如今天的人们，制宪者在其思考中常常是模糊的或冲突的，因此，任何仔细研读历史记录的人都必然发现相互冲突的意图表达。更糟糕的是，有些证据表明：18 世纪 80 年代和 19 世纪 60 年代的美国人都不希望他们自己对宪法含义的理解去统治将来的解释者。[①] 因此，无论我们审视立法者的原初意图，还是当时人们的原初理解，历史材料都具有极大的模糊性，毕竟不同时代的人面临巨大的历史鸿沟与历史记录的模糊性，后人在理解与解释历史的流传物时，往往砍断历史的束缚而进入想象的王国，因为人们发现，历史文本面对当下法律问题、宪法问题，都几乎没有明确的答案。布莱斯特也认为，像将平等保护之类的条款运用于今天的情形，都会要求我们像立法者那样去想象他们面对今天的社会、政治或经济会做出怎样的理解与处理，而回答每一个问题都将超越历史学家的一般使命，因为这要求改变立法者或他们所处的那个时代的情况而适用当下的情形。[②]

原初意图主义者是否能够消解解释者的前见？前见是一个人对事物进行判断之前所存在的价值观与世界观。德国哲学学者乌多·蒂茨针对理解的前结构与前见时指出："前见被认为是错误的判断，必须用批判的反思来对待它，这样做的最终结果是前见在理性面前信誉尽失。从笛卡尔开始，前见成为方法论怀疑

① See Daniel A. Farber& Suzanna Sherry, *A History of the American Constitution* 378 – 81(1990)；H. Jefferson Powell, "The Original Understanding of Original Intent", 98 Harv. L. Rev. 885(1985).

② See *The Bill of Rights*: *Original Meaning and Current Understanding*, edited by Eugene W. Hickok, Jr. , The University Press of Virginia, 1991, p. 19.

的标准基点。那些仅依据教育、习惯、传统和流传物或科学实际历史水平所作的判断，它们的有效性都受到怀疑。”[①]也就是说，启蒙运动的普遍倾向是不承认任何权威，并把一切放在理性的审判台面前。不是传统而是理性，赋予了一切权威的最终源泉。然而，在加达默尔看来，“一切理解都必然包含某种前见，这样一种承认给了诠释学问题尖锐的一击”。所以，加达默尔认为：“‘前见’其实并不是意味着一种错误的判断。它的概念包含它可以具有肯定的和否定的价值。”[②]因为我们不排除未经考察的判断也可能是正确的，如果前见并不理所当然地是错误的，如果它有可能是正确的，即绝大部分甚至全部正确，而且必然彼此相互融通，那么前见概念就包括“正当的成见”之肯定意义。“历史并不隶属于我们，而是我们隶属于历史”，个人的前见比起个人的判断来说，更是个人存在的历史实在。[③] 加达默尔恢复了“前见”的名誉，从而使前见进入解释学的领域，承担了沟通历史流传物与现实现象的重任。可以说，任何解释者只要进入文本解释的领域，就无法摆脱其“前见”的影响，也无法消解“前见”带来的主观价值预设。所以，意图主义者即使试图克服解释者的前见，以重现历史上立法者的原初意图，也会不可避免地遭到前见之左右，毕竟是解释者在解释法律。既然解释者具有前见并由其前见支配，那么解释者所探求的原初意图就非原来的“原初意图”，而是添加了解释者个人的价值“前见”。

---

① [德]乌多·蒂茨：《加达默尔》，朱毅译，中国人民大学出版社2010年版，第46页。

② [德]汉斯－格奥尔格·加达默尔：《真理与方法——哲学诠释学的基本特征》（上卷），洪汉鼎译，上海译文出版社1999年版，第347页。

③ 参见[德]汉斯－格奥尔格·加达默尔：《真理与方法——哲学诠释学的基本特征》（上卷），洪汉鼎译，上海译文出版社1999年版，第355页。

原初意图主义者凭什么说他们所探求的意图就是“立法者原初意图”？原初意图主义者虽然声称尊重立法者意图，解释者应当受制于立法者的原初意图，然而，问题在于他们所探究的立法者原初意图是否必然是当时立法者的原初意图？由于任何解释者都无法逃脱其“前见”的影响，所以即便是探究的“立法者原初意图”也是意图主义者的“自言自语”，既缺乏评价主体，也缺乏评判标准尺度，所以大法官布伦南（Brennan）批评原初意图主义是“一种针对虚构原始社会契约的那些人的特定判断假装抹杀自我的观点。但是，实际上作为谦逊它不比掩藏着的傲慢少。自称凭借我们的优势能够准确地把制宪者的意图作为适用原则解决具体的当代问题，这本身就是一种傲慢”。[①] 因此，原初意图主义者所谓的“原意”充满着吊诡。

第六节　对原初意图主义的捍卫

除了上述对原初意图主义的质疑与批评外，有的学者也针对那些对原初意图主义批评的人做了反驳，对原初意图主义进行了捍卫，贝舍曼（Gregory Bassham）就是其中典型的一位。他在《原初意图与宪法：一种哲学研究》一书中从3个方面进行维护。[②]

贝舍曼检视并反驳了3种反对原初意图主义的观点。第一种反对的观点认为原初意图的原意主义是“自我毁灭”（self-destructs），因为立法者意图中并未想让他们的实质意图作为宪法

---

① *Interpreting the Constitution: The Debate over Original Intent*, edited by Jack N. Rakove, Northeastern University Press 1990, p. 25.

② See Gregory Bassham, *Original Intent and Constitution: A Philosophical Study*, Rowman & Littlefield Publishers, Inc., 1992, pp. 67 – 90.

审判的权威;第二种反对意见声称,最近哲学语义学研究逐渐瓦解了原意主义理论的关键假设;第三种反对意见则认为原意主义是建立在法律假定(legal fiction)之上的,这种假定主张将不同的立法者个人意图集合为单一的、连贯的集体意图是可能的。

一、原初意图主义是"自我毁灭"吗?

1985 年鲍威尔(H. Jefferson Powell)在《原初意图的原初理解》一文中[①]就指出,宪法的制定者没有打算将他们自己关于宪法语言的理解强加给未来的解释者并约束他们。自从该文章发表后,许多宪法法律学者包括德沃金(Ronald Dworkin)和塔施奈特(Mark Tushnet)都认为鲍威尔的研究向原初意图主义提出了严重的挑战。在德沃金看来,原初意图理论似乎正在自我挫败(self-defeating),因为具有说服力的历史证据表明,制宪者他们自己并不打算把他们关于对宪法抽象语言的解释视为具有决定性的东西放在法庭上适用。[②] 塔施奈特也指出:原意主义者似乎陷入矛盾之中,因为他们想让法院按照立法者的欲意去做,然而立法者思想中则是希望法院将来忽视他们的意图。[③] 这些反对者的观点很简单:如果原初意图主义要求法官实施立法者的原初意图,而立法者的想法则是不打算将他们的意图强加于后人并把它们视为具有约束力的来源,那么就需承认原初意图主义没有共同坚持其观点而成为"自我毁灭"的法律审判理论。

---

① See Powell,"The Original Understanding of Original Intent",*Harvard Law Review* 98(1985),pp. 885 –948.

② See Ronald Dworkin,"The Bork Nomination",*New York Review of Books*(August 13,1987),p. 3,n. 1.

③ See Mark Tushnet,"The U. S. Constitution and the Intent of the Framers",*Buffalo Law Review* 36(1987),p. 219.

贝舍曼认为原意主义者有两种方式试图反驳这种“自我毁灭”论。挑战鲍威尔的历史命题的方式是:承认这种事实,即制宪者确实打算希望法院适用非原意主义的法律解释模式,但是在建国时期以及随后的多数世纪里,原意主义不是简单的法律解释主流理论,它同时伴随着不重要的例外。对原初意图主义“自我毁灭”的指责的回应方式是:原初意图主义者并未承认将所有的立法者意图都作为具有约束力的来源。

贝舍曼在解释“自我毁灭”论时有3个判断:

(1)意图主义者认为法官应当把所有立法者的原初意图皆视为有约束力的来源;

(2)立法者原初意图之一是认为法官不应当将立法者的原初意图皆视为有约束力的来源(鲍威尔观点);

(3)意图主义者既承认法官应当把立法者的原初意图皆视为有约束力的来源,也承认法官不应当这样。

贝舍曼指出:没有一个意图主义者主张所有立法者的原初意图都具有约束力,至少人们能够普遍理解“意图”这一观念。在普遍的使用中,“一个人的意图就是他的目的是什么或他选择什么”。在更宽泛的意义上,存在各种原初意图,而没有一个意图主义者视它们均具有约束力。换言之,意图主义者没有把宪法序言中规定的高度抽象的目的作为具有约束力的义务要求法官加以实施。此外,还有一些可称之为“非法律的意图”(nonjuridical intentions)的原初目的,即那些立法者相信法律已经规定但却不能理解为任何法律义务而加以实施的意图。譬如,建国者清楚的意图就是希望乔治·华盛顿将是第一位总统,但是没有一个人主张将这种意图作为法律义务强加于投票人或总统候选人,并让他们都投票选举华盛顿做总统。再如,起草和批准宪法的制宪者的意图之一就是要进一步保障他们自己个人和阶层的金融利益,但是

没有人认为这一意图要求法院现在或将来都必须加以实施。基于这种分析,贝舍曼将上述3个判断修正为:

(1)意图主义者主张法官应当既把立法者的原初解释意图,也把立法者原初实质意图的具体次级意图作为具有约束力的来源;

(2)立法者原初解释意图之一就是法官不应当将所有立法者的原初实质意图作为具有约束力的来源(鲍威尔);

(3)意图主义者既承认法官应当把某些立法者的原初实质意图作为具有约束力的来源,也承认法官不应当把某些立法者的原初实质意图作为具有约束力的来源。

一些具有极大影响的意图主义者,如贝拉格尔(Raoul Berger)、博克(Robert Bork)等都明显地主张至少某些立法者的解释意图具有约束力,然而,也有些像理查德·凯(Richard Kay)和马尔特兹(Earl Maltz)等杰出的意图主义者明确否认这样的意图需要或应当具有权威性。理查德·凯(Richard Kay)明确表示:"历史地看,我没有打算主张宪法在任何情况下都是对原初意图的实际反映。很清楚的是,它不是这样的。"[①]因此,意图主义的某些形式的确是"自我挫败"。但是,在贝舍曼看来,原初意图主义面临的核心问题不是历史学家将来某一天提出确切的证据证明立法者当初就打算希望法官采纳某些非原意主义方法论,因为已经有证据证实了这种观点;原初意图主义所面临的主要问题是通过包含解释意图,原意主义者不得不采纳非原意主义方法而严重削弱了原意意图主义理论的诉求与全部合理性。譬如,历史资料表明制宪者既希望也期待法院推翻那些严重背离自然权利的法

---

① Richard S. Kay,"Adherence to the Original Intentions",82 *Northwestern University Law Review* 226,1988,p.259.

律，因为这些权利在成文宪法中以明确或隐含的方式体现着。这一原则显然与原初主义不一致。因此，通过包含解释意图，原意主义者冒着被迫承认他们希望避免的情况之危险。即使如此，贝舍曼认为明显的、错误的原意主义不是原意主义的富有吸引力的形式，因为它不能为多数人剥夺少数人的权利提供足够的保护。如果通过坚持认为立法者的解释意图具有约束力而获得利益，那么有些危险是值得去冒的。

总之，在贝舍曼看来，指责原意主义是"自我毁灭"的观点的影响力是非常弱小的，即使接受立法者欲以打算法官可以成为非原意主义者，这种反对至多也是意图主义的一种形式而已，对原意主义的主流形式影响甚小。

二、哲学语义学研究瓦解了原意主义理论的关键假设吗？

哲学语义学研究瓦解了原意主义理论的关键假设观点中最具影响的是德沃金所主张的，立法者意图是希望实施抽象"观念"(concepts)而不是具体的"概念"(conceptions)。[①] 特定的概念是发生变化的，但法律的一般观念则是永恒的，当然，"观念"与"概念"之区分并非是德沃金的发明，德沃金是从当代哲学家的著作中借用来的。[②] 但是，德沃金关于"观念"与"概念"的区别却受到了自由主义和主流法学理论家的普遍赞成，大法官法兰克福特就指出过："像'州之间的商业''法律的正当程序''自由''财产'等

① See Ronald Dworkin, *Taking Rights Seriously*, Harvard University Press 1977, pp. 134 -36.

② See W. B. Gallie, "Essentially Contested Concepts", *Proceedings of the Aristotelian Society* 56(1955 -56), pp. 167 -98.

伟大的观念(great concepts)故意留下来由经验来赋予其含义。"[1]德沃金关于"观念"与"概念"的区分观点,意味着立法者赋予法官可以改变法律文本中的具体概念,以适应道德标准进步的需要与当代社会的需求的"伟大观念"。这种观点为自由主义的司法积极主义哲学提供了理论依据。不过,这种思想受到了两方面的攻击:一方面是赋予了非选举的法官可以通过法律解释修正宪法的权力,从而使法官走向了司法专制;另一方面,立法者授予法官改变特定概念,以满足法律含义适应社会进步的权力,从而为自由主义的司法积极主义留下了被人指控的开放性空间,导致两种法律解释方法即自由主义的司法积极主义与保守主义的司法积极主义丧失了真正的区别。

贝舍曼把德沃金这种立法者欲以实施抽象观念的观点称为"观念主义"(conceptualism)。[2] 在贝舍曼看来,观念主义实质上是一种历史观点。有两种主张为之提供支持:一是认为立法者选择抽象的语言(如正当程序、平等保护等)强烈地表明他们意图中就是欲打算实施一般观念和抽象原则而不是特定概念;二是将意图实施具体的概念和原则归因于立法者是不合理的,因为立法者将他们的希望寄托于宪法,就是打算能够持续数世纪,因而能够适应人类事务的各种危机。贝舍曼指出,无论哪一种观点都不能令人信服。实际上,历史资料清楚地说明立法者常常使用抽象的语言表达十分具体或特定的概念或规则。事实上,正如一位杰出的非原意主义者说过:在德沃金意义上使用术语,宪法的所有条款的制定者打算使广义的"概念"宪法化是完全缺乏证据的。正

---

① National Mutual Insurance Co. v. Tidewater Transfer Co. 337 U. S. 582,646(1949)(Frankfurter,J. ,dissenting).

② See Gregory Bassham, *Original Intent and Constitution: A Philosophical Study*, Rowman & Littlefield Publishers,Inc. ,1992,p. 72.

如塔施奈特所指出的：以现代法律理论为基础的观念主义是相当陌生的，对《权利法案》和第十四修正案的制定者而言，可能是无法理解的。[①]

对原初意图主义提出挑战的还有来自现代的语义学的相关因果理论（the causal theory of reference）。它是对传统语义学理论的反叛。

传统语义学理论的基本主张有三：（1）每一个有意义的名词都具有某些可辨认的特性或相关描述，这归因于名词术语的意义或含义；（2）在特定意义上，一个名词的意义或含义决定了该名词的意义扩张或参照；（3）分析事实就是以术语名词的含义为基础的。按照传统语义学理论，字词的含义是言说者使用字词所运用的一系列标准，字词代表了全部与合乎那些标准的东西。譬如，"理查德·尼克松"名字的含义就是由一些定义性描述赋予的（例如，那个人1968年选举过总统），"尼克松"指的是任何满足那些相关描述的全部特征的人。但是自20世纪70年代早期开始，一些最著名的语义哲学家，如凯瑞皮克（Saul Kripke）、杜奈兰（Keith Donnellan）、普特内姆（Hilary Putnam）以及凯普兰（David kaplan）等皆认为传统语义学理论是错误的，至少对于某些名词术语的界定是这样，包括恰当的名字和自然界的各种术语。[②] 因此，在他们

---

① See Gregory Bassham, *Original Intent and Constitution: A Philosophical Study*, Rowman & Littlefield Publishers, Inc., 1992, p. 74.

② See Kripke, "Speaker's Reference and Semantic Reference", in P. French, T. Uehling, and H. Wettstein, eds., *Contemporary Perspective in the Philosophy of Language* (Minneapolis: University of Minnesota Press, 1979, pp. 6 – 27; Donnellan, "Proper names and Identifying Descriptions", in D. Davidson and G. Harman, eds., *Semantics of Natural Language* (Dordrecht: D. Reidel, 1972), pp. 356 – 79; Kaplan, "Demonstratives and Other Indexicals", in J. Almog, J. Perry, and H. Wettstein, eds., *Themes From Kaplan* (New York: Oxford University Press, 1989), pp. 481 – 563.

看来至少有以下 3 个方面的错误：

第一，传统语义学理论产生不需要的重复。如果定义“理查德·尼克松”就意味着“那个人于 1968 年选举过总统”，那么“尼克松于 1968 年选举过总统”的句子在语义上等同于重复的语句：“于 1968 年选举过总统的那个人于 1968 年选举过总统。”但是，这显然是错误的。

第二，传统语义学理论产生反直觉的形式结果。譬如，设想一下：“莎士比亚”的含义是由“创作过《哈姆雷特》的英国剧作家”的描述赋予的。在这种情况下，句子“莎士比亚创作了《哈姆雷特》”表达的是必要的真实。但是，这确实是错误的。可以想象到，我们能够发现某人而非莎士比亚也确实写过那个剧本。

第三，传统语义学错误地意味着多数理论上的不同意仅是言辞上的不同意，而非真实的不同意。根据传统语义理论，如果言说者把不同的描述用一个术语来表达，这样借助于表达而意味着不同的事情。譬如，当爱因斯坦首次挑战已经确立的牛顿物体质量理论时，双方都不同意物体质量的真实性。牛顿借用术语“物体的质量”表达一种含义，爱因斯坦则表达另一种含义。同样，大多数道德与神学争论实际上也仅是关于事物印象的而非真实的争论，因为可靠的观察揭示表明，竞争的阵营、各自的主张是正确的，但却运用了不同的标准做出判断。好比瞎子摸象，每个人都去定义“大象”，但由于运用了不同的标准，所以导致他们各自对“大象”的认识有错误，尽管如此，他们却都是借用了“大象”的名称。正如因果理论所指出的那样，这种理论纷争的观点是不真实的。实践上，我们不去假设辩论者言指不同的事情，多数观察者都同意，牛顿和爱因斯坦关于物体质量的性质认识的确不相同，即使他们以重要的必要方式意识到那一性质。因此，传统语义学理论是错误的。

取而代之的是因果理论，根据该理论，至少名词术语有一些分级层次，它们不借助任何“意义”或“含义”做媒介，这些术语在其外延上直接指称那一目标，它们的外延不是通过任何插入的描述或概念固定的，而是通过连接现在与过去术语使用的因果或历史纽带固定的。譬如，“我叫他‘亚里士多德’”，该名字是口口相传而来的，只要后来的人像早期说话人那样叫，原初相关的信息就保存了下来。因此，当我使用“亚里士多德”的名字时，我继续指称其为希腊哲学家。所以，因果理论强调的是历史经验。洛克在《人类理解论》中指出，在日常用语中，智者、愚人、学士或无学之人的用字都是一样的。一个小孩只注意到所谓黄金中的辉煌的黄色，而注意不到别的。因此，他只用“黄金”一词来表示那个颜色观念，并不用它表示别的，并且叫孔雀尾中的那种颜色为“黄金”。另一个人在进一步观察之后，又会在黄色上加上一种重量，因此，他所用的“黄金”又可表示具有黄色和重量的一种复杂的实体观念。另一个人又会在这两种性质上，加一种可熔性，因此，“黄金”一名在他的观念中就表示一种很明亮、很重、可熔而色黄的物体。此外，也许另一个人除此之外会再加上可展性。这些人在表示自己的观念时，都用“黄金”一词，不过我们看到，各人都只能用它来表示自己的观念，并不能用它来标记他所不具有的一个复杂观念。① 所以，这些观察与对黄金含义的理解都来自经验。但是，这并不意味着“黄金”的含义是随着时间而变化的，对“黄金”含义的定义是由认识经验的不同而造成的。

原初意图主义的观点是把立法者的语义意图当作权威的东西加以接受，因为这样的意图能够为司法自由裁量和政策制定提

① 参见[英]洛克：《人类理解论》(下册)，关文运译，商务印书馆1959年版，第387页。

供重要的限制,所以法律审判中的根本价值选择早已由立法者所决定,法官不需要制定而仅仅需要发现它们,他们恰当的角色是冷静的历史学家而非道德哲学家。① 布伦克(Brink)和穆尔(Moore)依赖于因果理论者的研究成果,认为立法者语义意图的观点根本上是错误的。他们认为,立法者是道德现实主义者,他们相信有的道德不依赖于我们的行为和观念而存在,这说明我们可以适当地扩展法律的规范术语的含义。立法者没有打算要实施他们自己写进法律之中的,在他们自己看来是抽象语言的正确运用的做法,他们的意图很简单,就是正确地使用语言。因此,那种以为法律语言的含义可以通过历史探究而发现的观点是误解。事实上,一旦我们满足于立法者的语义意图实际是多余的,那么历史问题就变得不再重要。因为宪法中伟大条款的含义是这个世界赋予的,而不是源于某个人的道德或语义观念,法官必须审视实质道德与政治理论而非历史去发现最恰当的含义。这样一来,因果理论就消解或瓦解了原初意图主义的理论基础。

但是,贝舍曼认为:因果理论断言"立法者的语义意图是多余的"缺乏足够的证据以说明,换言之,没有或几乎没有任何直接证据能够证明这种判断是正确的,相反,更多的间接证据证明其是错误的。没有任何现实主义者提出任何直接证据来说明立法者的语义意图是多余的。相反,他们诉求于各种间接证据事实说明:立法者经常有意地选取抽象而非具体的语言,他们具有足够的智慧去处理他们自己特定的,不切实际的观念以及任何特定的历史观念并赋予政府以灵活的职责去应对未来世纪所发生的问题。因此,直接或间接证据都说明立法者语义意图至少是有价值

① See Robert H. Bork, *The Tempting of America: the Political Seduction of the law*, Simon & Schuster, 1990, p. 177.

的而非多余的。

三、原意主义建立在法律假定(legal fiction)之上吗

集体性原初意图只是一个假定吗？有无可能将各个立法者个人意图上升为一种单一的内在相连的集体意图呢？20 世纪三四十年代的法律现实主义者就声称这是不可能的。依据该观点，所有谈论立法“意图”的言论皆是毫无意义的，因为只有个人才有大脑的活动，而集体或团体则没有这种活动。正如摩尔(Moor)所指出的：其实，这种观点是以歪曲别人的观点来反对别人，因为几乎没有原意主义者真的假定一个集体组织具有一个头脑。原意主义者声称的是：将立法机关的意图的话题诠释为每一个立法者的意图以某种方式的联合的话题是可能的。[①] 这种解释真的是可能的吗？许多原意主义的批评者认为是不可能的，他们认为其原因不在于发现立法者的意图方面存在毫无希望的极其困难的证据难题，而在于即使我们理想化地完全考量每一个立法者的意图，在大多数情况下，发现或建构一个具有内在联系的集体意图仍然是不可能的。

原初意图主义观点的主张最具代表性的形式是意图投票理论(intention-voting theory)，该理论又分为两种基本形式，即建构理论(constructive theory)与非建构理论(nonconstructive theory)。所谓建构理论就是试图通过把不同的单个意图凝聚成一个由很多人意图组成的集合体去建构一个集体意图。[②] 其中，理查德·凯的“趋近一致”理论(near-unanimity)和“代表意图”理论

---

① See Michael S. Moor, “The Semantics of Judging”, *Southern California Law Review* 54(1981), pp. 256 - 266.

② See Reed Dickerson, *The Interpretation and Application of Statutes*, Boston: Little Brown, 1985, p. 37.

(representative intention theory)就属于建构理论,前者意指将趋近于全体立法者共同享有的或多或少的具体意图认定为立法者的集体意图;后者意指将一般的或中间的立法者所具有的意图认定为立法者的集体意图。① 所谓非建构理论,其目的不是建构一个集体意图,而是去发现它。该理论也有两种形式:一种被称作立法者意图的代理或代表模式(agency or delegation model of framer's intent),另一种是被称为多数主义的或多数意图模式(majoritarian or majority intention model)。前者是指立法者由于把他们自己的意图投票委托给了特定的代理人——通常是法案条款的起草者或提议者,他们的个人意图与立法者的集体意图出于解释之目的被认定是一致的;后者是指立法者在R种情形中把某一条文P的特定理解合宪化,而这种合宪化理解是立法者中的多数同意的,以及由必需的多数或超多数通过必要的提议或批准P而同意的。

按照当下反对原意主义的观点,上述理论没有一种是令人满意的。然而,在贝舍曼看来,建构理论中的某些形式可能与严格意图主义理论相融合,但是严格意图主义却不及中庸温和意图主义(moderate intentionalism)更能成为维护原意主义的一种形式。中庸温和意图主义寻求确定的不是立法者的范围性观念,而是立法者所理解并实施的法律原则或原理。② 非建构理论中的代理理论在原意法律解释中也具有合理性,即在今天浩瀚的制定法中只有一小部分被少数立法者所阅读,因而除了一小部分具有利益相关性的立法者外,大多数立法者通常不会共享具体法律条款的原初理解。因此,原初意图主义并非建立在法律虚构的意图之中。

---

① See Richard S. Kay, "Adherence to the Original Intentions: Three Objections and Responses", *Northwestern University Law Review* 82(1988), p. 249.

② See Gregory Bassham, *Original Intent and Constitution: A Philosophical Study*, Rowman & Littlefield Publishers, Inc., 1992, p. 84.

第四章　自由原初意图主义

在美国宪法解释理论当中,如何解释成文宪法一直是学术研究和考量的永恒主题,无论他们是法学家、法律家、政治家、历史学家,还是其他社会学家以及公众。关于宪法的含义,不同的学者或不同的人,皆试图给出不同的答案。但是在20世纪60年代之后,基本出现了原意主义与非原意主义两分的方法论之争,前者主张以立法者的原初意图或者文本的原初含义为根据解释宪法,代表人物是伦奎斯特(William Rehnquist)、博克(Robert Bork)、斯卡里亚(Antonin Scalia)以及西北大学法律学院的凯拉布莱斯(Steven Calabresi)教授、波士顿大学法律学院的劳森(Gary Lawson)教授、普林斯顿大学政治学教授肯斯·威廷顿(Keith E. Whittington)和美国联邦上诉法院法官易斯特·布鲁克(Frank Easterbrook);后者主张宪法是活的文件,应当以现代的价值判断赋予宪法以新的含义,其代表人物为布伦南(William Brennan)、却伯(Laurence

Tribe)等。原初意图的原意主义属于现代保守的原意主义，而非原意主义则属于现代自由的宪法理论。美国学者斯科特·杰布尔(Scott Gerber)则另辟蹊径，在他的著作——《拯救权利：独立宣言与宪法解释》①中提出了新的解释范式理论，即"自由的原意主义"(liberal originalism)，他既反对脱离文本的现代自由的解释理论，也反对向后看的现代保守原意主义方法论，而主张自由的原意主义。他通过历史的、政治哲学的和法律的分析视角，认为美国宪法原初意图就是保护个人的自然权利。

第一节　杰布尔提出自由原意主义的背景

在美国大多数历史上，宪法解释始终是政治争议的来源。实际上，在美国建国初期，最大的政治之争就发生在杰弗逊式的共和党人(Jeffersonian Republicans)与联邦党人(the Federalists)之间。然而，基于宪法解释的政治争论在美国具有长期且丰富的历史，直到19世纪的晚期宪法解释理论还处于热议之中。1833年大法官斯托里(Joseph Story)在他的《美国宪法评论》(*Commentaries on the Constitution of the United States*)一书中就反对他那个时代普遍流行的"法律的宣布式理论"，即认为法律注定是由法官宣布和确定的而不是"制定"(made)的思想。斯托里针对当时争论各方的特征评价说："各方经常变换解释规则，以适应突然情况；并且时代的激情和偏见，或对特定措施的偏好和恶感，所导致的论证模式并不罕见，即要么使宪法僵硬刻板、死气沉沉，

① See Scott Douglas Gerber, *To Secure These Rights: The Declaration of Independence and Constitutional Interpretation*, New York University Press, 1995.

或者相反,赋予宪法的范围和灵活性却推翻了所有合理的界限”。[①] 然而,在19世纪晚期,情况开始发生变化,在哲学与社会科学上的“对形式主义的反叛”(revolt against formalism)通过霍姆斯(Oliver Wendell Holmes)的努力才进入法学领域。不过,在所有的理论中,无论是霍姆斯时代的法律现实主义和社会学法学流派,还是当代的法律经济分析流派以及批判法律流派,也无论他们有意或无意,其在本质层面上都诉诸于政治哲学。大法官法兰克福特对此做过最好的评说,他指出:宪法解释根本不是一门科学,而是适用的政策。[②] 但问题在于这种解释方法是没有历史、政治哲学与法律根基的,看起来似乎注重现代价值观、道德观,但实际上往往被人指责为是将个人的价值与主观偏好强加于宪法之中。

然而,在杰布尔看来,《独立宣言》中的自然权利政治哲学现在被学者完全忽视了。[③] 毕竟它是建国者政治哲学的基石。人们不能忘记托马斯·杰弗逊(Thomas Jefferson)在《独立宣言》中写下的话:

我们认为这些真理是不言而喻的:人人生而平等,所有的人皆被上帝赋予了某些不可让渡的权利,这些权利包括生命、自由和追求幸福;正是为了保障这些权利,人们才组建政府,而政府的正当权力源自于被统治者的同意;无论何时,任何形式的政府只要毁坏这一目的,人民就有改变或废除这种政府的权利,同时组

---

① [美]约瑟夫·斯托里:《美国宪法评注》,毛国权译,上海三联书店2006年版,第149页。

② See Felix Frankfurter, *Law and Politics*, ed. E. Prichard. Jr., and Archibald Macleish, New York: Harcourt, Brace, 1939, p. 6.

③ See Scott Douglas Gerber, *To Secure These Rights: The Declaration of Independence and Constitutional Interpretation*, New York University Press 1995, p. 2.

建新的政府；新政府建立在这样的原则基础之上并以此组织政府权力，即政府应当最大可能地实现人民的安全与幸福。

这段话包含5层含义：第一，人人生而平等，所有的人皆被上天赋予了某些不可让渡的权利，这些权利包括生命、自由和追求幸福，其目的是防止随着政府权力的兴衰而使这些权利被撤销，人们的生命权、自由权、财产权、言论自由权、新闻自由权、信仰自由权、集会权以及其他基本权利应当高于政府。第二，人类组建政府的目的是为了保障人的自然权利，即人权，这说明了政府的本质与目的何在。第三，人们建立政府是通过大家同意的，政府的正当权力就来源于人民的同意，意在指出政府的权力必须经过人们的同意才具有正当性，说明政府权力是来源于人民的。第四，任何专断政府权力的行使都会毁坏保障人权与人民同意的目的，无论这种情况何时发生，只要出现，人民就有改变或废除这种政府的权力而组建新的政府；它说明人民保留最终的权力，政府不过是人民服务的工具，人民是政府的主人，政府始终且必须是人民的仆人。第五，新政府以及政府权力的组织必须建立在应当最大可能地实现人民的安全与幸福的基本原则之上，该原则为政府以及权力组织限定了意图与目的。

简言之，保障人的自然权利并限制住国家政府的权力，是宪法得以制定并实施的唯一原因。

杰布尔认为有少数学者认识到了《独立宣言》对于宪法解释的意义，其中最著名的是怀特·贝尔恩斯（Walter Berns）、马丁·狄阿蒙德（Martin Diamond）、亨利·杰法（Harry Jaffa）以及怀特·马尔费（Walter Murphy）。[①] 杰布尔试图阐明《独立宣言》在宪法

---

① See Berns, *Taking the Constitution Seriously*; Diamond, *The Declaration and the Constitution*; Jaffa, *What Were the "original Intentions" of the Framers of the Constitution of the United States?*; Murphy, *The Art of Constitutional Interpretation*.

解释中具有独特的地位，揭示了立宪者保留并承认了宣言中所宣扬的自然权利原则。

其实，在杰布尔之前已有学者认为美国宪法是根据自然权利学说制定的，譬如，安提优(Antieau)在1968年指出："美国宪法不仅是由事实上一致信奉自然权利法学的人起草的，而且还是由平等承认这些观点的那一代人通过的。"[①]"宪法的一代"(Constitutional Generation)设定的劝导是：无论何地的政府，其目的就是保护和保障拥有自然权利的人民。[②] 美国宪法的主要起草者、1789年被华盛顿任命为最高法院大法官的詹姆斯·威尔逊(James Wilson)就说过："人们组成政府的目的就是守护并扩大他们自然权利的行使，每一个政府如果不同意这一目的，就不是合法的政府。"[③]但是，有一点是明确的，那就是在杰布尔之前，没有人将按照自然权利解释宪法的方法概括为"自由原意主义"。

大法官托马斯(Clarence Thomas)在1989年未做大法官之前在一篇文章中就指出："宪法是《独立宣言》的逻辑展开，美国宪法的高级法背景为正当的、智慧的宪法解释提供了唯一的坚实基础。"[④]但是在托马斯之前，最高法院没有任何一位大法官公开主张按照《独立宣言》解释宪法。即使主张诉诸于自然法和自然权利来解释宪法，也被视为超越原意主义方法论。杰布尔则通过历史与哲学方法，得出了完全不同的结论，即体现在《独立宣言》中的自然权利原则既不是"超越"，也不是"溢出"宪法，而是宪法的

---

① Antieau, *Rights of Our Fathers*(Coiner, 1968).

② See Antieau, *Constitutional Construction*, p. 160.

③ *Works of James Wilson*(Wilson ed., 1804) Ⅱ, p. 466.

④ Thomas, *The Higher Law Background of the Privileges or Immunities Clause of the Fourteenth Amendment*. pp. 64, 68.

核心。[1] 换言之,杰布尔同样倡导"原初意图的法学"(jurisprudence of original intention),但是他的原初意图法学却完全不同于前司法部长爱德文·米瑟(Edwin Meese)所称的"原初意图法学",杰布尔自称是运用保守的方法论而达到自由结果的目的。然而,按照杰布尔的观点,这种"自由的原意主义"也不能被简单地视为"权利法学"(jurisprudence of the right),因为现代自由的解释理论是杰布尔反对的。

杰布尔主张,既然自然权利政治哲学贯穿于美国宪法的全部过程之中,那么宪法的解释就应当按照自然权利之政治哲学来解释,这样就为原意主义解释方法找到了历史的、政治的、法律的基础。用杰布尔自己的话就是:用保守的方法——原初意图法学达到自由的结果(liberal results),这一"自由"(liberal)按照17~18世纪政治哲学的古典意义来理解。因此,虽然都属于"原初意图的法学",但其完全不同于爱德文·米瑟、罗伯特·博克、首席大法官威廉姆·伦奎斯特等人主张的现代政治保守的"原初意图的法学"。在杰布尔看来,保守原意主义者的错误在于误解了宪法不是建立在多数规则的民主之上;而现代自由主义的非原意主义者则抛弃了解释的正当基础,即历史的、政治的和法律的基础。所以,只有"自由的原意主义"方法才能真正合乎宪法解释的本质。

第二节　"保守原意主义"与共和政体相悖

尽管原意主义存在各种理论形态,但影响最大的还是保守的

---

① See Scott Douglas Gerber, *To Secure These Rights: The Declaration of Independence and Constitutional Interpretation*, New York University Press 1995, p. 3.

原意主义(conservative originalism),它主张法院只能合法地识别宪法中明确规定的权利,或在宪法的结构或历史中隐藏的权利,而在其他问题上,只有多数人才能有资格通过政治程序做出道德选择以实施治理。而只有原初意图的法学才是宪法解释的唯一合法的方法。尽管保守主义的方法论诉求是原初意图的法学,但其实际上却是对政治结果的寻求。

杰布尔认为,保守的原意主义误认为宪法要建立一个多数规则的民主制,这也同样是那些“折中”或“温和”以及自由的政治观点的许多现代宪法理论的主张。这种情况就导致了法院成为美国民主制度的另类,因为司法审查是对多数民主政治过程的反动。实际上,美国宪法不是确立一个多数规则的民主制。① 制宪者虽然公开、明确地讨论过多数规则,但他们所创制的每一项制度都具有强烈的反民主的特征。麦迪逊在1787年6月6日制宪会议上发言时指出:“在所有的情形中,多数是依靠公共利益或激情联合起来的,那么少数人的权利将处于危险之中。”②有的制宪会议的代表认为过去的邦联条例是民主的过度与无节制,或者“太民主”,③麦森(Georg Mason)甚至担心其会走向民主的极端。④

1787年美国《宪法》的“反民主”特征也是非常明显的:总统不是由人民直接选举而是由选举团选举,而且总统具有否决由普选代表组成的国会通过的措施的权力;很多行政官员不对选民负

① See Scott Douglas Gerber, *To Secure These Rights: The Declaration of Independence and Constitutional Interpretation*, New York University Press 1995, p. 5.

② Farrand, ed., *Records of the Federal Convention*, Vol. 2, p. 124; Vol. 1, p. 135 (remarks of James Madison).

③ Ibid., Vol. 1, 48 (remarks of Elbridge Gerry).

④ Ibid., Vol. 1, 49; vil. 2, 119 (remarks of George Mason).

责;参议院最初是由州立法机关任命的,议员的少数派仍然能够阻挡条约的批准和公共官员的任命;法官是由总统提名、参议院确认的,并终身任职。而且共和制的观点为美国多数学者所认同,大多数美国人把洛克的著作作为一种政治"圣经"看待,[①]没有任何一位思想家像洛克一样无处不在地统治着一个民族的政治思想。[②] 因此,从美国宪法规定的政府如何运行的方式来看,宪法没有确立一种多数规则的民主制,而且宪法包含着强烈的反民主的特征,因为制宪者关注的是多数民主制会比其他形式的政府对个人和少数人的权利构成更大威胁。根据麦迪逊的观点,制宪者创制的政府是共和制而不是多数规则的民主制。因为只有共和制才能给予个人和少数人权利以司法保护。

至于《权利法案》,正如大法官罗伯特·杰克逊(Robert Jackson)所指出的那样,"权利法案的主要目的是防止随着政治问题的兴衰而使某些权利被撤销,应当把它们放到多数人以及官员无法侵害到的位置,并作为法律原则由法院适用。人们的生命权、自由权、财产权、言论自由权、新闻自由权、信仰自由权、集会权以及其他基本权利不能服从于选举——它们建立在非选举结果基础上"。[③] 制宪者创制的是政府的共和形式而不是多数规则的民主。被誉为美国"宪法之父"的麦迪逊(James Madison)在《联邦党人文集》中就对政府的共和政体做了定义,他说:"共和形式的政府,其所有权力都直接或间接地来自人民的大多数,并由那些自愿任职的人在限期内或者在其忠实履行职责的期间内进

---

① See Carl Becker, *The Declaration of Independence*, 1922, p. 12.

② Louis Hartz, The Liberal Tradition in America, 1955, p. 140.

③ West Virginia Board of Education v. Barnette, 319 U. S. 624, 638(1943).

行管理。"[①]因为政府的共和制在保护人民的自然权利,尤其是个人的权利和少数人的权利方面发挥着核心作用。而原初意图法学的观点为许多现代保守者所倡导,但是他们却把这一方法论建立在一个错误的前提与基础上,这就是多数民主制,因为美国宪法秩序本质上不是多数规则。所以,在杰布尔看来,就必须予以反对。

第三节　自由原意主义之考证

杰布尔指出,他批判原意主义的保守主义并非意味着没有与宪法解释相一致的原意主义法学。建国者的目的就是维护美国人民的自然权利,《独立宣言》中的"为了拯救这些权利"就是"人们组建政府"的理由,因此,"拯救这些权利"就是宪法为什么制定的原因,也是如何解释宪法的理由。这就是立宪者的"原初意图"(original intent)。[②] 所以,在杰布尔看来,宪法应当按照《独立宣言》中的自然权利政治哲学进行解释。按照自然权利政治哲学解释宪法,才是合乎立宪者的原初意图的。

这里就有必要阐明制宪者关于政府目的的背景立场与宪法具体条款解释之间的关系。其中最重要的一点就是,宪法之所以成文化就在于建立一种形式的政府,并由政府来保护自然权利会比《邦联条例》更好。因此,宪法自身不是目的,它是美国政治共同体实现理想的手段。因此,就有必要按照那些理想来解释宪

---

① 参见[美]汉密尔顿、杰伊、麦迪逊:《联邦党人文集》,程逢如等译,商务印书馆1980年版,第193页。

② Scott Douglas Gerber, *To Secure These Rights*: *The Declaration of Independence and Constitutional Interpretation*, New York University Press 1995, p. 6.

法,而理想就是由托马斯·杰弗逊表达在《独立宣言》中的那些话语。当解释宪法具体条款时,当你意识到宪法大多数重要条款,尤其是涉及权利的那些术语是用一般概括术语表达的时候,记住立宪者思想中的表达就变得日益重要。例如,第一修正案关于"国会不得制定涉及宗教的法律"规定就不是明确的;第八修正案关于禁止针对"残酷和异常的刑罚"的规定也不是明确的。在宪法中有许多类似的、模糊的条款,而这些条款是不能自我解释的,只有按照它们建立的道德和政治原则对它们进行解释的时候,这些条款才充满着意义和生命。宪法既意味着空无,也意味着一切。因此,文本的解释只有把它放到语境中,而对美国宪法而言,其语境就是自然权利哲学。当然,按照权利哲学原则而不是《独立宣言》中体现的自然权利解释宪法是可能的。然而,那些非原意主义的倡导者所采用的宪法解释的方法没有表明他们赞成的方法不是以他们自己的道德和政治偏好为基础的。德沃金曾对原意主义提出过激烈的批评。他认为公众应当拒绝接受关于原初意图的各种伪造的观点,我们必须放弃立法者意图的毫无意义的探求而寻求一种"好的观点"(a good argument)。[①]

杰布尔为什么说解释宪法需要按照《独立宣言》中的自然权利政治哲学?因为美国《宪法》序言和《权利法案》都是对《独立宣言》中的自然权利哲学的宪法法律化。

《宪法》序言阐明了宪法制定的原因,序言开篇就指出:

我们,美国人民,为了建立一个更加美好的合众国,以树立正义,确保国内和平,提供公共防御,增进普遍福祉,并保障我们及子孙的自由幸福,特决定制定美利坚合众国宪法。

---

① Ronald Dworkin, *Life's Dominion*, *A Division of Random House*, Inc., 1993, p. 145.

序言并非是简单的语言，正如艾德拉尔（Mortimer Adler）所说："序言的字词，部分地回荡着宣言的语言回音，它把精神渗透到宪法的其他部分。忽视序言就是漠视宪法的理想和源自于宣言的基本理念与原则。"①在杰布尔看来，虽然序言中表达了诸多理念，但是所有这些理念都与政府的基本目的相关，这就是保护人民的自然权利。

宪法是由"我们，合众国的人民"（We，the People of the United States）"决定并制定的"（ordain and establish）就表达了洛克式自由主义的教义——独立宣言的核心——政治的合法性只能来自被统治者的同意，因为任何合法的政治共同体都必须尊重所有服从其权力的人的自然权利。序言宣称宪法的制定是"为了建立更加美好的合众国"（to form a more perfect union）就反映了立法者生活在《邦联条例》之下不美好的生活经验，尤其是反映了这样一种事实，即自然权利没有共和形式的政府保护是缺乏有效保障的。序言关于"树立正义"（establish justice）的表达反映了立宪者的潜在的前提，即宪法的根本目的是保障自然权利。就立宪者而言，"树立正义"意味着建立一种政府的形式，该政府能够使个人相信他们的权利能够得到保障。与"活宪法"的倡导者解释观点相反，正义不是一种由政府追求或促进的"理想"，而是从一开始就是一种安排，需要树立的不是正义本身而是限制非正义且不可能接受非正义的政府。所以，就立宪者而言，"树立正义"就意味着宪法是保护自然权利的设计。序言关于"树立正义"的表达又直接与宪法的下一个目标即"确保国内和平"（insure domestic tranquility）有关，这里宪法意识到没有国内的和平，或者说不能防止国内秩序的失序与混乱，就无法确保自然权利。接下来宪法规

① Mortimer Adler, *We Hold These Truths*, pp. 129 – 130.

定“提供公共防御”,该条款是从国内和平转向了国际冲突。一个国家政府必须能够防止外国的干预而保障自然权利。因此,立宪者明白国家防御是国家政府保护自然权利时所具有的最重要的职能,国家必须组建常规军队以抵御外来的入侵,从而保护那些自然权利。而序言中关于“增进普遍福祉”(promote the general welfare)的规定则是其中最为模糊的宪法目标之表达。对“公共福祉”(the general welfare)恰当的理解应当是社会的“公共利益”(public good)或者“公共幸福”(public happiness),它们经常被作为共同体的永久和总体利益而加以衡量,而非简单地作为个人的自然权利而加以保护。这就需要明确私人权利与公共利益之间的关系。政府的根本目的是基于自然权利的保障,对自然权利的侵犯本身将导致公众的不幸福。然而,个人自然权利的确保则依赖于政治社会的存在,政治社会的存在就是公共利益的本质,而这种公共利益也需要得到保障。所以,对公共利益的保护与个人自然权利的保障本质上是一致的。序言最后一个条款也是宪法通过的一个重要理由,即“保障我们及子孙的自由幸福”(secure the blessing of liberty to ourselves and our posterity)。序言明确指出了“自由”,人民的幸福只有通过自由才能获得最好的保障。没有人民的自由,就没有人民的幸福,人民之不幸福,即意味着人民是不自由的。所以,如何保障人民及其子孙后代的自由幸福就是政府最重要的职责和义务。

总之,宪法序言的内容含义是丰富的,它反映了立宪者的目的与愿望,尤其是其中始终都贯穿着一个主题思想,即保障《独立宣言》中的自然权利这一政治哲学。因此,解释宪法时必须以此为基点,才能理解宪法,理解立法者的真实意图。

同时,美国宪法在制定与批准过程中,制宪会议的代表最关心的问题就是如何保护自然权利。谢尔曼(Roger Sherman)指出:

“制宪会议面临的问题不是自然权利归属于人民的问题，而是如何在社会中最大平等和有效保护的问题。”[①]耶特斯（Robert Yates）也解释说：“政府的首要原则建立在个人的自然权利与完全平等之上。”[②]

在宪法批准过程中，引起的政治争议之因也是基于自然权利的保护问题。沃伦（Mercy Otis Warren）是宪法最激烈的反对者之一，他反对批准的原因就是在他看来，“整部宪法很少有各州以及私人个人权利条款的表达”。对于沃伦而言，“个人的权利应当是政府的主要目标，不能由他们所赞成的最清楚表达的宣言来保障”。[③] 麦森（George Mason）作为《弗吉尼亚权利宣言》的作者和自然权利最有影响的发言人反对宪法的原因就是权利法案的缺乏，他指出：没有权利宣言，宪法和法律都不能保障自然权利。还有如沃伦（Warren）、马丁（Martin）等都是基于缺乏自然权利的保护而反对宪法的批准。当时还在法国巴黎的托马斯·杰弗逊作为《独立宣言》的作者也建议宪法增加《权利法案》，他说：“《权利法案》是赋予人民根本上反对任何政府以及拒绝不公正政府的资格权利。”而反对《权利法案》的麦迪逊于1788年6月25日在弗吉尼亚宪法批准大会上针对1787年《宪法》未列举权利指出：“国家政府能够行使任何未付托的权力吗？如果我们的权利未列举出来，难道就意味着所有的权利给予政府而忽视一切吗？”[④]汉密尔顿则指出：“就严格意义而论，人民不交出任何权利；既然人民

---

① Farrand, ed., *Records of the Federal Convention*, Vol. 1, p. 147 (remarks of Roger Sherman).

② Ibid. Vol. 1, p. 440 (remarks of Robert Yates). 在制宪会议上，还有其他代表发表了相同的观点，他们是 Alexander Hamilton, Rufus King, Luther Maetin。

③ Mercy Otis Warren, “Observations on the New Constitution (1788)”, in Ford, ed., *Pamphlets on the Constitution of the United States*, 13.

④ *The Writing of James Madison*, Vol. 5, p. 231.

保留全部权利，自然无须再宣布保留任何个人权利。”而美国《宪法》中关于美国人民为“保障我们及子孙的自由幸福，特决定制定美利坚合众国宪法”的宣示就是对民众权利更好的承认。因此，汉密尔顿断言：“人权法案，从目前争论的意义与范围而论，列入拟议中的宪法，不仅无此必要，甚至可以造成危害。人权法案条款中包括若干未曾授予政府的权力限制，而正因如此，将为政府要求多于已授权力的借口。”所以，汉密尔顿得出的结论是：“实际上宪法本身在一切合理的意义以及一切实际的目的上，即为一种人权法案。”[①]在联邦党人看来是反对《权利法案》，实则是从《权利法案》的另一种解读的角度来看，当时的制宪者没有人真正反对权利的保护，问题是怎样保护以及如何保护。

尽管《权利法案》没有包括在1787年《宪法》中，但却是最终宪法的最重要的组成部分。《权利法案》并不只是关于自然权利的保护，也有数款保障普通法权利的规定，不过自然权利的保护无疑是《权利法案》最关心的，自然权利原则的实质皆包括在《权利法案》之中。

《独立宣言》涉及自然权利，包括生命权、自由权和追求幸福的权利，以及个人保护其生命的权利、自由支配个人生命过程的权利、为谋求幸福美好生活奋斗的权利。据此，《权利法案》第一修正案体现的就是个人的自由以及追求幸福的自然权利，如宗教自由、言论自由、新闻自由、集会自由、请愿自由等。第二修正案、第三修正案关于个人拥有和持有枪支的权利、免予政府在和平时期未经户主许可驻扎军队的自由，都是对个人生命与自由自然权利的保护。第四修正案关于禁止政府无理的搜查与剥夺的规定

---

① ［美］汉密尔顿、杰伊、麦迪逊：《联邦党人文集》，程逢如等译，商务印书馆1980年版，第429～430页。

是通过剥夺政府威迫、强制行为而保护自然权利。第五修正案、第六修正案关于法律正当程序的规定,旨在保护生命与自由自然权利。第七修正案关于通过正当程序审理财产中争议的规定是对财产自然权利的保护。第八修正案关于不得索取过多保释金、不得科以过重罚款或处以残酷与非寻常的刑罚的规定是保护个人免遭政府非人道对待的自由权。第九修正案、第十修正案都规定了在前 8 条修正案中的权利仍然属于政府保护的权利,从自然权之目的来看,第九修正案关于未列举的权利属于人民保留的规定无疑是最重要的。

综上,无论是《宪法》序言、立宪者还是《权利法案》,在杰布尔看来都是关于个人自然权利的保护规定。这样说来,对宪法的解释当然得依据自然权利的政治哲学进行。笔者认为,杰布尔得出的结论具有相当大的说服力,美国《宪法》的制定者以及《权利法案》的内容,的确深受洛克的自然权利学说的影响。关于《权利法案》中关于自然权利保护的规定,基本上是洛克自然权利以及《独立宣言》中的自然权利的具体法律化。因此,对这样一种宪法解释,自然会涉及自然权利,并按照自然权利哲学进行解释。然而,由于自然权利是一个仁者见仁、智者见智的概念与范畴,所以即使按照自然权利之政治哲学进行解释,也未必能够保障解释的客观性,说不定是一个新的陷阱。

第四节　自由原意主义宪法解释方法的影响

由于美国《宪法》和《权利法案》产生的时期自然法学说盛行于美国,所以,无论《宪法》与《权利法案》的制定批准,还是随后的宪法解释实践,最高法院的大法官都将自然权利学说作为宪法判决者具有影响的政治哲学理论。1896 年大法官亨利·布朗(Henry Brown)就指出,"宪法前 8 条修正案的目的就是融入到包含某些自然正义原则的基本法之中"。[①] 1909 年庞德院长指出:"我们必须记住,自然法是我们的权利法案的理论。因此,自然地,法院已经把它作为我们宪法的正统理论。宪法是充满着自然观念的。"[②]

18~19 世纪,美国最高法院的宪法解释都受到了自然权利政治哲学的深刻影响。早在 1798 年,大法官蔡斯(Chase)在卡尔迪诉布尔案(Calder v. Bull)[③]中就预言说:宪法将按照自然法原则进行解释来否决政府机关的专横权力。他指出:我不同意州政府具有无限的权力,或认为它是绝对的、不受控制的。美国人民创制宪法,或组建政府,是为了树立正义,增进公共福利,确保自由的神圣以及保护人身及财产不受侵犯。人们进入社会的目的是确立社会契约的性质和条款,因而也是立法权的依据。1866 年最高法院在库明斯诉密苏里州案(Cummings v. Missouri)中就指出:"我们政治制度的理论是建立在人人皆具有某些不可让渡的权利即生命、自由和追求幸福的基础之上的。在追求幸福权利的过程中,所有机会、所有荣誉、所有职位平等地向所有人开放,这些权利都受到法律的平等保护。"[④]尤其是 1868 年美国《宪法》第十四修正案关于特权与豁免权、正当程序与平等保护条款通过时,自然权利学说喧嚣尘世,人们都认为这些条款的解释应当按照自然权利学说进行,该条款通过 4 年后的 1782 年,大法官斯蒂芬·菲尔德(Stephen Field)指出,该条款旨在具体实施 1776 年《独立宣

① Brown v. Walker(1896)161 U. S. 591,40 L Ed 819,822,16 S Ct 644.

② Pound,"Liberty of Contract",18 *Yale L. J.* 454,467(1909).

③ Calder v. Bull(1798)3 Dallas 386,1 Led 648,649.

④ Cummings v. Missouri(1866)4 Wall. 277,321,18 L Ed356.

言》宣布的不可让渡的自然权利，这些权利是上帝的礼物，法律不能改变，只能承认。[①] 9 年后，菲尔德进一步指出："某些固有的权利构成了所有政府行为的基础，自由制度只能承认并维护之。"美国最高法院于 1897 年在芝加哥、伯灵顿、昆西铁路诉芝加哥州案中[②]第一次就州及政治机构根据第十四修正案关于正当程序的法律作出因公共福利而对私人财产权进行补偿的判决，该判决的法官确信自然法要求作出这种补偿。1795 年大法官威廉姆·佩特逊(William Patterson)在范豪恩租户诉多兰斯案(Van Horne's Lessee v. Dorrance)[③]中指出，财产权是"人的自然的、生而有的、不可让渡的自然权利之一，因此，在没有正当补偿的情形下，立法机关没有权力制定剥夺某人的地产而授予其他人的法律。这是违背理性、公平和道德忠实原则的"。1933 年马歇尔在合众国诉佩彻曼案(United States v. Percheman)[④]中指出："如果无偿侵占个人财产，那么为整个文明世界所认识和感受的公平正义感将遭践踏。"1905 年大法官哈兰(Harlan)说："个人财产权不能由国家或州政府予以剥夺，除非出于公共利益之目的，并给予所有人以补偿，这是美国法学的基本原则。这一原则源自所有自由政府的本质属性。"[⑤]因此，政府无权干预人民的生命、自由或财产一直是美国人的自然法和自然权利遗产的一部分。

第九修正案关于人民保留条款就是制宪者确信仍有不受政府干预的其他自然权利，它们与前 8 条修正案中明确列举的自然

---

① Slaughter House Cases(1872)16 Wall. 36,105,21 L Ed 394, dissenting.

② Chicago, Burlington & Quincy Rr. v. Chicago(1897,166 U. S. 226,41 L Ed 979, 822,17 S Ct 581.

③ Van Horne's Lessee v. Dorrance(1795)2 Dallas. 304,310,1 L Ed 391,394.

④ United States v. Percheman(1833)7 Peters 51,87,8 L Ed 604,617.

⑤ Madisonvile Traction Co. v. St. Bernard Mining Co. (1905)196 US 239,251,49 L Ed 462,467,25 S Ct. 251.

权利并存且同等重要。第九修正案为保护某些宪法未列举的自然或基本权利提供了自然权利理论支撑,同时也鼓励法官们据此而保护宪法其他条款中的新权利,因此,该条款被视为一项适用于整部宪法的解释规则。

此外,关于经营自由、合同自由、结社自由、结婚自由、隐私权、宗教自由、言论自由、出版自由、集会自由、生命权、自由权等都被制宪者和法院视为自然权利,并按照自然权利政治哲学进行解释。1897 年最高法院大法官佩卡姆(Rufus Peckham)在奥吉耶尔诉路易斯安那州案(Allgeyer v. Louisiana)中将经营自由(freedom of economic enterprise)视为"不可让渡的个人权利之一,宪法虽未明确规定,但却是固有的"。[①] 自然法学家经常把合同自由作为人类不可让渡的权利之一,因而最高法院在解释宪法中关于合同自由的保护的条款时依凭的就是自然权利学说。在早期有关合同条款案件中,首席大法官马歇尔(John Marshall)在最高法院的判决中已经接受了自然权利思想的影响。其在 1927 年奥登诉桑德尔斯案(Ogden v. Saunders)中就说道:"假如追溯合同权利与合同义务的话,那么我们发现它早于社会并独立于社会而存在,我们可以合理地断定:像许多其他自然权利伴随人们进入社会一样,那些原初的、先前存在的合同原则也是如此,虽然它们是受制的,但却是不受人类立法的规制的。"[②]由于把合同自由视为自然的、不可让渡的权利,所以,各州和联邦法院都作出了保护该自由的解释。[③] 1909 年庞德就指出:"宪法充斥着自然法观

① Allgeyer v. Louisiana(1897)165 US 578,41 L Ed 832,834,17 S Ct 427.

② Ogden v. Saunders(1827)12 Wheat,213,345,6 L Ed 606.

③ See Haines,"The Law of Nature in State and Federal Judicial Decisions",25 *Yale L. J.* 617,645 –46(1916).

念。……在合同自由的司法判决中,这一理念尤为突出。"[①]制宪者们普遍把结社自由(freedom of association)看作他们重要的自然权利之一,宾西法尼亚的詹姆斯·威尔森(James Wilson)作为杰出的法官和著名的法律教授就认为:人类出于其本性就希望组成社会,出于这个天性而产生了结社的自然权利。[②] 自然权利法学家一直将结社自由作为自然权利谱系中的重要成员。用马瑞顿(Jacques Maritain)的话说:"结社权就是一种自然权利。"[③]结婚权(the right of marry)在自然权利学说盛行的早期的美国被作为人类的基本的自然权利,这一自然权利作为第五修正案、第十四修正案规定的"自由"(liberty)的一部分。1922 年最高法院就指出:"自由权意指个人结婚的权利、组成家庭的权利以及养育子女的权利。"现在最高法院虽然不以自然权利学说来解释保护宪法上的结婚权,但是今天所称的"基本"或"根本"的权利实质上指的就是"自然权利"。隐私权作为宪法权利并没有在宪法文本中规定,而是在 1965 年格勒斯沃德诉康涅狄格州案(Griswold v. Connecticut)[④]中最高法院解释出来的,第一次确认了公民的宪法隐私权利。其中,道格拉斯(Douglas)大法官撰写的法院意见认为,隐私权来源于《权利法案》,第一次正式承认隐私权与第九修正案之间的关联;哈莱德(Harlan)大法官、怀特(White)大法官在其附随意见中认为,隐私权来源于第十四修正案的"正当法律程序"条款,否认隐私权与第九修正案之间存在任何关联;戈德堡(Goldberg)大法官在其附随意见中认为,隐私权是一项第九修正案意义下的"由人民保留"的个人权利,受第十四修正案的保护,

① Pound,"Liberty of Contract",18 *Yale L. J.* 454,465(1909).

② *Works of James Wilson*(Andrews ed. 1896) I,275.

③ Maritain,*The Meaning of Human Rights*(New York 1949)49.

④ Griswold v. Connecticut(1965)381 US 479,14 L Ed 2d 510,531,85 S Ct 1678.

免受各州的侵犯，这实际上是把第九修正案和第十四修正案看作隐私权的共同来源，不过，戈德堡（Goldberg）大法官特别强调第九修正案对于（婚姻）隐私权的作用，因而成为关于第九修正案之于未列举权利的经典论述。大法官高柏在附随意见中指出："我相信婚姻关系中的隐私权是基本的和根本的，是第九修正案中的'由人民保留'的个人权利。康涅狄格州不能侵害宪法上的这一基本权利。"[①]第一修正案关于宗教自由（freedom of speech）的制定者不仅完全信奉自然权利学说，而且还把宗教自由作为自然权利的最重要的权利之一。1791 年在第一修正案起草时，社会共同体的人们普遍将宗教自由的自然权利解释为 6 个要素：（1）不得因宗教信仰而剥夺投票或担任公职等政治权利；（2）任何人不得被强迫由政府举办宗教仪式；（3）任何人不得因他自由地不信仰宗教而资助教堂被政府征税；（4）各种教义和信仰法律面前一律平等，政府不得差别对待；（5）应当宽容所有教义和信仰，各种异教徒能够保持无刑事制裁或流放之恐惧状态；（6）所有信徒均有公开祈祷之权利。这些宗教自由的各个方面都被法院宪法化了，而且自然权利之于最高法院宪法解释的影响自早期就开始了。1803 年新罕布什尔州法院的首席法官史密斯（Jeremiah Smith）就指出："社会或官员来为人们规定相信什么或不相信什么是如此的荒谬，以至于我们难以不把信任建立在经验而是证据之上。人类的思想按照智慧的上帝的意图是不能屈从于同类的控制的，思想自由是天赋的，每一个具有思维能力的人本来固有的权利，是绝对不能剥夺的特权。"[②]与之相同的是，言论自由、出版自由、集会自由等皆被认为是最重要的自然权利，托马斯·佩因（Thomas

① David M. O'Brien, *Constitutional Law and Politics*, volume two, Sec. Ed., W. W. Norton & Company, 1991, pp. 336 – 339.

② Muzzy v. Wilkins (NK 1803) Smith 1, 4 – 5.

Paine)指出,“言论是人类永恒的自然权利之一”。[①] 曾担任第三任最高法院首席大法官的奥利弗·埃尔斯沃斯(Oliver Ellsworth)指出:“如果公众不能保护(言论),那么我们就无法享有自然权利。”[②]1931 年最高法院在判决中写道:“根据第十四修正案,自由的概念包括言论自由的权利。”[③]1876 年首席大法官莫里森·怀特指出:“人民基于合法目的而举行和平集会的权利早在宪法制定之前就已存在,其源于那些具有权威的由全世界的文明人类所认可的法律,因此它不是宪法赋予人民的权利。”[④]

总而言之,当最高法院以现代说法谈到“基本权利”时,它明白它是早期美国人的“自然权利”的宪法化。法院知道:现在称为“基本权利”的权利过去则被称为个人的“自然权利”。[⑤] 因此,在美国宪法解释中,按照自然权利政治哲学解释宪法是法院长期的一贯的司法实践。

---

① *Writing of Thomas Paine*(Foner ed. ,1945)1,195.

② Paul Leicester Ford,ed. ,*Essays on the Constitution*(Brooklyn 1892),147.

③ Stromberg v. California(1931)283 US 395,75 L Ed 1117,1112 - 3,51 S Ct 532.

④ United States v. Cruikshank(1876)92 US 542,551 - 3,23 L Ed 588.

⑤ Chase Securities Corp. v. Donaldson(1945)325 US 304,314,89 L Ed 1628,65 S Ct 1137.

第五章　文本原意主义方法论

第一节　原意主义方法论的自我转向

按照原意主义的分类,它包括原初意图主义、原初文本主义、温和原意主义以及自由原意主义。因此,如果把原意主义等同于原初意图主义,或者主要等同于原初意图主义,那么对原意主义者而言是不公正的,甚至是对原意主义的误解。因为原意主义的演进发展史表明,自近代以来,原意主义的发展进路就是文本原意主义,是文本原意主义而非原初意图主义在法律解释中一直占据正统的地位。原初意图主义主要来自美国20世纪七八十年代关于原意主义方法论之争时爱德文·米瑟(Edwin Meese)[①]和罗伯特·博克

---

① See Edwin Meese Ⅲ, "Before the American Bar Association" (July 9, 1985), in *The Great Debate: Interpreting Our Written Constitution* (Washington, D. C.: The Federalist Society, 1986), p. 9; see also Meese, "A Return to Constitutional Interpretation from Judicial Law-Making", *New York Law Review* 40(1996): pp. 925 –933.

（Robert Bork）[①]的观点，他们主张宪法应当按照立法者的原初意图进行解释。由于他们的观点遭到了许多学术批评——其中最杰出的批评者是布莱斯特（Paul Brest）[②]和鲍威尔（H. Jefferson Powell），[③]所以，原初意图主义方法论在20世纪90年代以后实际上已经不再成为原意主义的主要方法论。现在，所谓的“原意主义”主要不是指原初意图主义，而是原初含义的文本主义。换言之，“原意主义”自身发生了变化，即从原初意图（original intention）转向为原初含义（original meaning），正如巴奈特（Randy E. Barnett）所说：“原意主义者不再声称主张探求立法者的主观意图。”[④]

关于原意主义方法论由原初意图到原初文本含义的转型，笔者将从以下两个方面加以说明：

第一，当代美国杰出的原意主义的代言人罗伯特·博克和美国最高法院大法官安托尼·斯卡里亚（Antonin G. Scalia）皆主张寻求文本的原初含义而非原初意图。我们知道，罗伯特·博克是原初理解方法论的倡导者，是美国原意主义方法论的主要捍卫者，他的原意主义方法论不再主张原初意图主义而是转向原初理解的原意主义。[⑤] 他特别指出：“我写到宪法批准者的理解，因为他们实施了宪法并使其成为法律，批准者他们实施时的理解必须

---

① See Robert H. Bork, “Neutral Principles and Some First Amendment Problems”, *Indiana Law Review* 47（1972）, p. 1.

② See Paul Brest, “The Misconceived Quest for Original Understanding”, *Boston University Law Review*（1980）, p. 204.

③ See H. Jefferson Powell, “The Original Understanding of Original Intent”, *Harvard Law Review* 98（1985）, p. 885.

④ Randy E. Barnett, *Restoring the lost Constitution*: *The Presumption of Liberty*, Princeton University Press 2004, p. 92.

⑤ 关于罗伯特·博克的原初理解方法论，参见范进学：《美国宪法解释方法论》，法律出版社2010年版，第112～150页。

被当作那个时代的人们的公共理解，宪法文本的字词含义就意味着这一公共理解，明确这一点是重要的。所以，探究的不是主观意图。即使某人发现了一封华盛顿写给 Martha 的信，在信中华盛顿告诉她，他打算通过权力征税的意思不是其他人的意思，那也丝毫不会改变我们对宪法的解读。所有批准会议的成员的主观意图也不能改变一切。当立法者使用字词时，法律就是那些字词通常的含义所指的意义。”[①]美国最高法院大法官斯卡里亚也被视为原意主义方法论的主要维护者，[②]他的基本观点是坚持文本主义，他指出：“我们实际上不是寻找主观的立法意图，我们寻求的是‘客观化’意图（objectified intent）——它是具有理性的人从法律文本中获得的。……由没有表达的意图统治的政府是专制的，是法律统治而非立法者的意图统治。”[③]因此，就“原初意图”的原意主义（“original intent”originalism）而言，其寻求的是立法者的主观意图或意志，而“原初含义”的原意主义（“original meaning”originalism）则追求一个正常的理性人对法律条文中字词使用时的公开含义或客观含义的理解。

第二，原意主义的维护者如威廷顿（Keith E. Whittington）和巴奈特（Randy E. Barnett）等人，皆明确提出他们是原意主义的维护者，他们都反对原初意图主义而倡导原初含义主义。威廷顿认为：原意主义者的核心观点是宪法应当按照起草或通过时已经形成的公众理解进行解释，这些理解的主要来源是宪法文本本身，

---

① Robert H. Bork, *The Tempting of America: the Political Seduction of the Law*, by Simon & Schuster, 1990, p. 144.

② 关于安托尼·斯卡里亚文本主义方法论，参见范进学：《美国宪法解释方法论》，法律出版社 2010 年版，第 151 ~ 173 页。

③ Antonin Scalia, *A Matter of Interpretation: Federal Courts and the Law*, Princeton University Press 1997, p. 17.

包括字词与结构。因此,原意主义的指导性原则是,法官应当寻求法律制定时人们所理解的平实的含义。[①] 这里,威廷顿视野中的原意主义就是原初理解的原意主义,而非原初意图主义。他强调法律解释的目标是法律制定时的公共理解与平实含义,这才是他所要捍卫的"原意主义"。他还明确地反对将原意主义和意图主义等同起来,认为将原意主义与"意图主义"(intentionalism)等同之结果就是导致其不幸地与令人相当质疑的文学理论学派联系起来。这种联系会造成对原意主义性质的某种困惑和广泛推测,从而滋生对原意主义价值的怀疑。因此,他将这种意图主义称为"意图谬论"(intentional fallacy)。在他看来,原意主义的目标,不是重新构想法律制定时某些立法者个人头脑中转瞬即逝的想法,而是考察表达清晰、阐述详尽的文本含义;不是想象法律批准大会上代表们的主观意图,而是寻找阐明文本含义的客观意图的证据。[②] 巴奈特认为:宪法必须按照其原初含义进行解释,合理、正当的解释宪法就是依据宪法字词的原初含义,不能把超越文本含义而试图重新获得立法者的原初意图视为正当。因此,他有时将他所维护的原意主义称为原意主义的"折中"理论。他明确指出:"宪法的字词应当按照制定时的含义解释,这种解释方法就是众所周知的'原意主义'。我要维护的原意主义的观点是以与'原初意图'(original intent)相区别的'原初含义'(original meaning)为基础的。"[③]

---

① See Keith E. Whittington, *Constitutional Interpretation: Textual Meaning, Original Intent, and Judicial Review*, University Press of Kansas 1999, p. 35.

② See Keith E. Whittington, *Constitutional Interpretation: Textual Meaning, Original Intent, and Judicial Review*, University Press of Kansas 1999, pp. 161 – 163.

③ Randy E. Barnett, *Restoring the Lost Constitution: The Presumption of Liberty*, Princeton University Press 2004, pp. 88 – 89.

很显然，无论是当代原意主义的核心人物博克与斯卡里亚，还是原意主义的钟情者威廷顿与巴奈特，他们均作为原意主义的守护者，却明确表示他们自己不是原初意图主义的捍卫者，而是文本原初理解或原初含义的原意主义的坚定维护者，这种姿态的表达无疑就是对原初意图主义的无情抛弃，也标志着原意主义者自我救赎的完成。

第二节　原意主义自我转向的原因分析

原意主义由原初意图到原初含义的自我转型是基于什么原因？这是必须要了解和阐明的。笔者将从以下 3 个方面加以诠释。

第一，探求立法者的意图理论遭到了诸多学者的批评与质疑，它无法解释如何重新构想立法者的意图，尤其是在立法者是一个集合体的情形下。原初含义的文本主义相对于原初意图主义具有五大优点：一是它通过禁止法官为探求立法者可能的意图或一般目的而远离法律语言的普通或字面含义，可以降低法官作出不负政治责任的司法判决的风险。因为在实行权力分立制衡的西方国家，立法权是由代表民意的立法机关行使的，司法权只是判断权，只能适用法律、发现法律而不能制定法律，而探求立法者的目的与主观意图则是一种重新立法的过程，这对于非民选的法官来说，具有作出政治性司法裁判并踏入政治丛林的风险。而原初含义的文本主义则仅就法律文本的字面含义作出阐明，还合乎权力分立的政治理论。二是法律裁判的文本主义方法与意图主义方法相比，不太要求法官致力于历史考察，这样做既节省时间，又降低了费用成本，同时将法律原理牢固地建立在字面含义相对稳固的基础之上，而不是以业余历史知识的"流动沙滩"为基石，从而促进了更加稳定的法律秩序的生成。[①] 三是文本主义在发现或建构以贫乏历史证据为基础的单一权威的原初意图或者面对多重相互冲突以及个人原初意图明显不一致的困境时，比意图主义更少遭到攻击。四是文本主义尊重法治的理想要求，即当政府的权力可能被行使时，服从于政府之强制权力的个人必须获得公平公开的告知。[②] 五是法律文本在权威上优越于立法者的意图，因为只有文本才能提交给批准者以获得他们的同意。[③] 由于原初文本主义具有的优势，使文本主义的原意主义成为当代原意主义方法理论之显学。

第二，成文法律文本为文本主义提供了合法的正当性。文本主义方法论之所以能够得到重视与维护，其关键在于它是建立在法律是成文法这一基本事实之上的。18 世纪中叶的意大利刑法学家切萨雷·贝卡利亚就主张解释法律应当遵从成文法之文本含义，他要求"法官对每一个刑事案件都应进行一种完整的三段论式逻辑推理。大前提是一般法律，小前提是行为是否合乎法律，结论是自由或者刑罚"。因此，其反对探究法律的精神，认为再也没有比这更危险的公理了，"采纳这一公理，等于放弃了堤坝，让位给汹涌的歧见"。所以，"当一部法典业已厘定时，就应逐字遵守，法官唯一的使命就是判定公民的权利规范是否合乎成文

---

① See Philip Bobbitt, *Constitutional Fate: Theory of the Constitution*, Oxford University Press 1982, p. 14.

② See Harry Willmer Jones, "The Plain Meaning Rule and Extrinsic Aids in the Interpretation of Statutes", *Washington University Law Quarterly*, 25(1939), p. 21.

③ See Ruti Teitel, "Original Intent, History, and Levy's Establishment Clause", *Law and Social Inquiry* 15(1990), p. 595.

法律”。[①] 在1819年的麦卡洛克诉马里兰州案(McCulloch v. Maryland)[②]中,大法官马歇尔也明确地指出:“我们必须永远不要忘记:我们正在解释的是一部宪法。”这部宪法是成文的,以语言文字符号表达的立法者意图与目的。

当今维护原意主义的代表性学者几乎都是从“宪法是成文法律”的角度来捍卫原初文本主义的原意主义方法论的。博克、斯卡利亚、威廷顿、米瑟、巴奈特等莫不如此。威廷顿指出:美国拥有一部成文宪法的事实就需要一种原意主义解释方法,赞成其他解释方法而拒绝原意主义则标志着未被宪法授权的司法机关的根本篡权,同时也是对宪法事业的歪曲。借助于宪法被塑造成书面文本,某种解释方法即隐含其中。[③] 只要法律是成文的,那么解释法律自然就是解释法律的文本语言。成文的法律规则固定于文本之中,使其免受变幻无常的各种情绪或社会环境的影响,这等于是原意主义的法理。[④] 美国前司法部长米瑟认为,宪法法律解释的方法开始于文件自身,显而易见的事实是法律文本的存在,所以,法律解释的方法植根于法律文本之中,借助这种方法,人们理解成文文件的意义,并寻求文件所表达的特定的与一般的原则。[⑤] 法律的成文化使立法者的意图与目的得以借助文字语言而体现,瑞士语言学家索绪尔(Ferdinand De Saussure)指出:“语言

---

① [意]切萨雷·贝卡里亚:《论犯罪与刑罚》,黄风译,北京大学出版社2008年版,第12~13页。

② McCulloch v. Maryland,4 Wheaton 316(1819).

③ See Keith E. Whittington, *Constitutional Interpretation: Textual Meaning, Original Intent, and Judicial Review*, University Press of Kansas 1999, p. 47 – 48.

④ See Keith E. Whittington, *Constitutional Interpretation: Textual Meaning, Original Intent, and Judicial Review*, University Press of Kansas 1999, p. 53.

⑤ See *Interpreting the Constitution: the Debate over Original Intent*, edited by Jack N. Rakove, by Northeastern University Press 1990, pp. 15 – 16.

中的一切,包括它的物质的和机械的表现,比如声音的变化,归根到底都是心理的。”[①]换言之,语言是作者心理的表达,法律语言是立法者目的、意图与愿望的表露与记载,成文法律的预设就是它表达的含义。众所周知,美国宪法的制定者对选择词语是非常认真的,他们选择的语言意味着某种意蕴含义。因此,法律文本就是表达立法者意图的载体。由于语言在本质上是交流性的,人们可以通过语言文字了解作者的思想,文字具有传播性就表明文字的交流性与可沟通性,这也说明文字表达了一定的公认或稳定的公共含义,这种含义不仅能够为他人所知道,而且是通过共同使用的语言文字而知道的,所以,既然含义或意图包含在语言本身之中并随着表达与了解而交流、沟通,那么对语言文字的解释就必须考察使用者原初赋予的含义是什么,而原初文本主义方法论就满足了这种探求的需要。反过来,成文化的法律文本为原初文本主义提供了合法的正当性。而探究法律原初意图即立法者原初意图属于重新构想立法者之当时心境,像施莱尔马赫(Friedrich Daniel Ernst Schleiermacher)那样通过忘掉自己,设身处地地想象作者当时之意境,因为在他看来,一个解释者如果有足够的历史知识和语言学知识,他就可以比作者本人更好地理解作者。[②] 但这是不可能的,因为这种心理学解释方法抹杀了解释者应有的前见。

第三,文本主义方法论符合法治之要求。解释法律为什么需要根据法律的原初含义?巴奈特解释说,好比在合同法中,寻找理性人公开的一致的含义的客观方法就是联系具体语境中的字

---

① [瑞士]费尔迪南·德·索绪尔:《普通语言学教程》,高名凯译,商务印书馆1980年版,第27页。

② 参见张汝伦:《意义的探究——当代西方释义学》,辽宁人民出版社1986年版,第14页。

词,这是非常重要的,因为人们不能彼此解读各自的思想,他们必须依赖面对面地谈论他们彼此的决定意见。因此,在合同法中,尽管我们关心当事人的意图,但我们只关心那些当事人成功地彼此交流的思想而不是那些为交流的主观意图。我们要以合同条款公开的或客观的含义为依据,因为这是当事人自己都承认的含义,这种意图不是没有表示出来的意图,而是他们希望保存的或"锁住"(locked in)的含义,以应对未来的争端。这同样适用于法律。[①] 法律文本是立法者设计出来限制任何人包括立法者自己的,法律以书面的形式写下来以限制政府权力以及政府公职人员。这就要求法官和立法者尊重法律的独立的原初含义,除非法律被修改或废除。成文法律公开的含义独立于那些立法者个人。换言之,如果意图不能够假定独立于字词,那么字词就毫无意义,法律也不必以成文的形式出现。法律解释不同于法律含义之间的矛盾,也不同于补充修改法律的含义,解释是在交往共同体内需要寻求一般可接受的或合理的含义。人们怎样寻求这种含义呢?而文本主义恰好满足了这一要求。既然法律的含义约束每一个人,那么这一含义必然是立法者当初所赋予并表达的含义,任何与之冲突的含义是矛盾的或者改变了法律文本的含义,就都是对法治的破坏。法治的要求就是法律的明确性、稳定性、确定性,这里的明确、稳定、确定指的就是法律含义的明确、稳定与确定。只要法律没有被修改,其含义就应当是一致的。承认文本主义,就必须承认法律文本的原初含义,除非该含义被成文的修正案所改变。博克指出:"当我们说到'法律',我们一般是指除非法定程序而我们没有权利改变的规则。这一表述是假定规则具有

---

① See Randy E. Barnett, *Restoring the Lost Constitution*: *The Presumption of Liberty*, Princeton University Press 2004, p. 103.

独立于我们自己意愿的含义,否则就没有必要同意根据法定程序去改变它。"[①]也就是说,法律是约束每一个人的规则,而解释法律,就必须依照法律原初的含义,只有这样,才能合乎法治的要求。否则,解释者按照自己的意图,将自己的价值判断取代法律的判断,就会令法官走向专制的轨道,社会就不再是法治的政府而是人治——法官之治。斯卡里亚也主张法治就是建立在形式主义之上的,任何具有偏见的主观意图都有可能造成法律的不确定性,而形式主义才使政府成为法律的政府而非人的政府,为此,他喊出了"形式主义万岁"(long live formalism)的口号。[②]

第三节　博克原初理解方法与斯卡里亚文本主义方法之比较

罗伯特·博克的原初理解(the original understanding)方法理论之基本主张就是法官解释法律应当按照法律制定时人们所理解的含义。[③]博克不认为这是宪法批准者的理解,虽然宪法是由他们制定与实施的,但实际上由于宪法只是少数人所作的表述,所以批准者自己对宪法意义的理解必须转化为当时公众所理解的词语的意义。在博克看来,明确这一点是非常重要的。因为法官所探求的宪法意图不是一种主观意图。如果国会实施一部法律,

---

① Robert H. Bork, *The Tempting of America: the Political Seduction of the Law*, Simon & Schuster, 1990, p. 143.

② See Antonin Scalia, *A Matter of Interpretation: Federal Courts and the Law*, Princeton University Press 1997, p. 25.

③ See Robert H. Bork, *The Tempting of America: the Political Seduction of the Law*, by Simon & Schuster, 1990, p. 144.

该法律不限制自动来复枪的销售，这部法律在参议院以51∶49多数投票通过，法院不能因为有2名参议院议员提供证明说他们实际上只是打算禁止这种来复枪的使用而推翻整个会议的决定。美国“宪法之父”麦迪逊也认为：原意理解的意图就是公众的理解，而非主观意图。费城会议上的讨论记录仅是那时公众们所认为的宪法字词意味着什么的证据。正如哥伦比亚教授亨利·莫纳汉（Henry Monaghan）所说：“当宪法发展了时，其意义必须集中于语言的公共理解上。”[①]因而虽然“原始意图”（original intent）被普遍应用，但是“原意理解”（original understanding）则能够更好地表达原意主义的公共性之维。法律是公开的法案，秘密保留或意图都说明不了什么，能够说明全部内容的就是在宪法中字词是如何使用的，也就是当时人们所理解的。原意理解就是字词的使用和第二手材料，如会议上的争论、公开辩论、报刊文章和当时所使用的字典等的揭示。几乎没有人否认这一点。另一位原意主义者罗森（Lawson）也认为宪法的意义就是原始公共含义，并指出其他解释方法显然是错误的。[②]马歇尔在1819年McCulloch v. Maryland案中写道：正是意图使条款接受一种公平与正当的解释，这意味着法官要解释文本中的含义是什么而不是其他东西。在马伯里诉麦迪逊案中，马歇尔把法官宣布立法机关法案无效的权力建立在这样的事实基础上，即法官是适用成文文件的字词。因此，律师和法官在宪法中应当探求的是在其他法律文本中所探求的，即字词的原初含义（original meaning）。因此，博克得出的结论是：如果宪法是法律，那么像所有其他法律一样，可能它的含义

① *Interpreting the Constitution: the Debate over Original Intent*, edited by Jack N. Rakove, Northeastern University Press 1990, p. 165.

② Daniel A. Farber, *Suzanna Sherry*, *Desperately Seeking Certainty: the Misguided quest for Constitutional Foundations*, The University of Chicago 2002, p. 11.

就是人们所理解的立法者应具有的意图。

大法官斯卡里亚指出：我们的时代是一个立法的时代，是一个法律文本统治的时代。在此意义上，他指出："联邦法官所解决的每一个法律问题皆涉及文本的解释——立法文本、法律文本或者宪法文本。"①既然如此，法官在宪法法律解释中所探求的目标是什么？是立法意图抑或文本自身意图？斯卡里亚批评了两种文本主义的选择：一是根据主观意图作出司法判决；二是司法造法，即把宪法视为一部"活"宪法或"进化"宪法。但他没有停留于此，而是超越与批判，发展并维护了他自己的文本原意主义方法观。斯卡里拉承认他自己的解释哲学就是文本主义。作为一个文本主义者，他不必过于愚钝而无法认知法律的宽泛的社会目的，或者过于墨守成规而不能了解新时代需要新法律，他只需要坚信：法官无权追求这些宽泛目的或书写新法律。在斯卡里亚看来，文本主义不是僵化的、无想象力的或单调的，不是令人讨厌的。文本主义既非严格的解释主义，也非文本虚无主义，斯卡里亚否认自己是一个严格解释主义者，他认为"文本既不能作严格解释，也不能作宽泛解释，文本应当作合理解释，包含它全部合理的意义"。② 他举例说明了文本主义与严格解释主义之间的差异，例如，法律规定，如果在毒品交易犯罪过程中和与之有联系的活动中，被告使用枪，那么被告将增加刑期。在某一案件中，被告试图购买大量可卡因，他提供用以交换可卡因的是一支卸载了的枪。在该案中，法院趋于增加被告的刑期，因为被告在毒品交易犯罪过程中和与之相联系的活动中使用了枪。斯卡里亚认为这

---

① Antonin Scalia, *A Matter of Interpretation: Federal Courts and the Law*, Princeton University Press 1997, p. 13.

② Antonin Scalia, *A Matter of Interpretation: Federal Courts and the Law*, Princeton University Press 1997, p. 23.

就是严格文本解释主义,或者他们根本不是文本主义者。作为一个适当的文本主义者,他一定会反对这一判决,词组“使用枪”合理地蕴含着“作为武器的枪”的使用,这才是枪被正常地使用的意义。所以,严格的文本解释主义是一种拘泥于字面文义解释的方法。而斯卡里亚的文本解释主义则是一种合理的解释主义,既不能脱离文本,又不得机械地拘泥于文本,而应在文本的范围之内对文字或词组作出合乎人们正常理解的解释。文本就是法官解释的“框”,法官在“框”内拥有解释的自由权。

斯卡里亚的文本主义同时反对文本虚无主义解释,即解释超越文本、舍弃文本,在文本之外解释法律。他指出:“字词皆有其限定的意义范围,任何超越这一范围的解释都是不允许的。”[①]斯卡里亚既反对那种认为是起草者的意图给予了法律以含义的观点,也反对拒绝把起草者的意图作为宪法解释的标准的主张,斯卡里亚的文本主义探求的解释目标是文本原初的含义。在斯卡里亚看来,“宪法本质上不意味着多变,相反,它的全部目的都是阻止变化——以确认某些权利的形式防止未来的人们轻而易举取消掉”。[②] 斯卡里亚文本主义的评论者提出了两个方面的问题:一是当文本模糊时,法官还受文本的约束吗?二是当文本自身是一个不充分的文本指引时,法官为什么停止不诉诸道德原则或其他非文本资料去帮助解释法律?斯卡里亚的回答是:法官必须尽力去发现法律的原初含义以及新情况下法律原初含义的实际含义。在大多数案件中,法官将成功地做到这些。“原意主义”有助于说明“文本主义”,甚至可以在字词模糊时帮助法官获得文本的

---

① Antonin Scalia, *A Matter of Interpretation: Federal Courts and the Law*, Princeton University Press 1997, p. 24.

② Antonin Scalia, *A Matter of Interpretation: Federal Courts and the Law*, Princeton University Press 1997, p. 40.

确定解释。斯卡里亚指出,虽然对于原初含义是什么还存有很大的争论,甚至对于法院如何将原初含义适用于个案存有更多的争议,但是至少原意主义者知道他在寻找什么,那就是文本的原初含义。

通过对罗伯特·博克与安托尼·斯卡里亚的原意主义方法论的考察,我们就能够比较清晰地看出他们之间的异同。相同的观点是都排斥对立法者的主观意图的探求,而主张发现法律文本自身的客观含义,其实博克也属于文本主义者,他的原初理解就是主张对法律文本字词的原初理解。

但是,他们二人关于法律文本含义的表述不一致,并由此而导致了他们观点的差异与不同。博克使用的是"原初理解"(original understanding),这种原初理解不仅包括批准者的理解,而且包括公众对法律语言的公共理解(public understanding),以及法律文本中字词一般含义。换言之,立法者使用的语言字词需为当时民众所能够理解并接受,而广大民众所理解的含义就是法律的含义,作为解释者的法官就应当探求这种"原初理解"。在笔者看来,这是真正的"原意主义"。而斯卡里亚则强调"文本主义"(textualism),他说:"文本就是法律,文本必须得到遵守"(The text is the law, and it is the text that must be observed)。他引用了大法官法兰克福特(Frankfurter)和霍姆斯(Holmes)的话来表达他的基本观点。法兰克福特说:"我根本不关心立法机关的意图是什么,我只想知道文本词语意味着什么。"霍姆斯也说过:"我们不需要探求立法机关的意图是什么,我们只问法律意味着什么。"①法律文本的含义是一种合理的解释(be

① Antonin Scalia, *A Matter of Interpretation*: *Federal Courts and the Law*, Princeton University Press 1997, pp. 22 - 23.

construed reasonably),也是一种合理的含义(it fairly means)。这种合理的解释既不做严格的字面解释,也不做宽泛的解释,同时又不是抛弃文本的无限解释,他注重解释字词的语境。他说:"在文本解释中,语境就是一切。""宪法的语境告诉我们不要期待细微的细节,它给予字词与句子宽泛的而非狭窄的解释。"他列举了美国《宪法》第一修正案关于禁止剥夺言论自由或出版自由的规定,该条款中没有列举交流表达的全部范围,"手写的信件"(handwritten letters)既不是言论(speech),也不是出版(press),然而它无疑也不能被审查。在这一宪法语境中,言论与出版,这两种交流的最普遍的形式代表了全部各种交流的形式。这种解释就不是严格解释,而是合理解释(reasonable construction)。[①] 可见,斯卡里亚不像博克一样重视法律文本制定时代的"原初理解",而是根据法律文本的字词及语境,赋予法律以合理的含义。由于他自己不是一个严格解释主义者,所以他在把握文本的含义时比博克更加灵活,或者说比博克更加自由,而博克本人则趋于保守,这种保守表现在对法律制定时的公共理解的唯一持守上。斯卡里亚关于法律文本的合理含义观点相对于博克的原初理解解释方法而言,具有更大的优越性与更强的适应性。由于斯卡里亚的文本主义方法排斥了严格的字面解释,而申明一种文本的合理解释,所以就使其解释方法既具有开放性,又具有受限性。开放性是文本合理解释的前提,文本的自我封闭是严格字面解释的结果,只有打破文本的自我封闭性,才能解放文本,使之具有一种意义的开放性;文本意义的开放性决定了文本意义的多重性和解释者对合理性意义的可选择性,没有文本的开放性就使解释的合

---

① See Antonin Scalia, *A matter of Interpretation: Federal Courts and the Law*, Princeton University Press 1997, pp. 37 - 38.

理性失去可能,合理性诞生于比较,只有在不同意义的比较中才能判明意义的合理性。文本的开放性为解释者对文本意义的理解的各种可能性打开了视窗,从而为合理性解释提供了空间与前置条件。然而,由于这种解释仍然是对文本的解释,所以它必然会受到文本的制约,文本的开放性毕竟不像文本虚无主义一样没有一个客观实在的解释对象,文本的合理性解释亦非似文本虚无主义解释一样是毫无约束的任意解释。无论对文本的解释会存在多少种可能性,但首先是对文本的解释,文本的基本意义是不会变的,合理性解释无论具有怎样的主观性因素,它都会受到文本基本意义的限制。

第四节　曼宁的文本主义[①]

约翰·曼宁(John F. Manning)是 21 世纪美国新文本主义(textualism)法律解释理论的代表性人物。1985 年他以优异成绩毕业于哈佛大学法学院,获得法学博士学位,并于该年担任美国哥伦比亚巡回区上诉法庭法官罗伯特·博克的书记员。1988 年他又担任了美国最高法院大法官安托尼·斯卡里亚的书记员。此后经过几年的律师生涯,曼宁于 1994 年受聘于哥伦比亚大学法学院,并最终于 2004 年正式加盟哈佛大学法学院,成为保守主义阵营的重要力量。

20 世纪 80 年代至今,正是文本主义在美国制定法解释理论中逐渐兴起与繁盛的时期,曼宁不但亲历了这一思潮的强劲影响,而且成了新文本主义的坚实拥护者。他先后在《哥伦比亚法

---

① 本节由张玉洁博士所撰写,特此致谢!

学评论》《哈佛法学评论》《耶鲁法学杂志》上发表了《宪法结构和司法对行政规则之行政解释的遵从》（“Constitutional Structure and Judicial Deference to Agency Interpretations of Agency Rules”, 1996）、《作为禁止授权原则的文本主义》（“Textualism as a Nondelegation Doctrine”, 1997）、《文本主义和衡平法》（“Textualism and the Equity of the Statute”, 2001）、《避免荒谬原则》（“The Absurdity Doctrine”, 2003）、《第十一修正案和对精确宪法文本的解读》（“The Eleventh Amendment and the Reading of Precise Constitutional Texts”, 2004）、《何者区分了文本主义和目的主义？》（“What Divides Textualists from Purposivists?”, 2006）、《明确陈述规则和宪法》（“Clear Statement Rules and the Constitution”, 2010）、《作为普通解释的权力分立》（“Separation of Powers as Ordinary Interpretation”, 2011）等文章，旗帜鲜明地捍卫了文本主义的经验性和规范性基础，并倡导文本主义在法律和宪法解释实践中的广泛应用。

文本主义在普通法国家法律解释上的历史十分久远，而新文本主义作为对意图主义（intentionalism）和目的主义（purposivism）的反诘，发轫于最近的二三十年。

之所以称为“新”文本主义，是为了与早期的文本主义相区别。早期文本主义关注文字的平义（plain meaning），强调对文本的字面的静态的解释，而新文本主义拒绝对词语进行孤立的、字典式的诠释，要求将文本置于背景中，从而探寻一个熟练的、客观合理的语言使用者对给定文本的理解。① 因而，新文本主义并不允许解释者忽视相关背景、专业术语的特殊含义、既有的正义观

① See Frank Easterbrook, “The Role of Original Intent in Statutory Construction”, 11 *Harv. J. L. & Pub. Pol'y* pp. 59, 65 (1988).

念以及文本的目的和合理性。①

然而,即便新文本主义者并未完全否认目的和意图在法律解释中的作用,他们仍然坚持法官在解释制定法时应以文本为中心,拒绝因为文本的背景目的或意图牺牲清晰的和通常的文本含义。新文本主义者首先吸收了法律现实主义的遗产。他们指出,国会作为一个集体,在某个法律未明确规定的问题上经常没有如同单独作者所具有的单一意图一样的集体意图,②而且即便国会在某个问题上有集体意图,从单独的、离散的立法报告或文件中搜寻而来的意图也未必就是所有立法成员的一致意思。③ 博弈论和阿罗不可能定理④的公共选择理论⑤强化了文本主义者的这一认识和主张——立法是各种利益集团游说与竞争的混乱过程,某些议员,甚至大多数议员所意欲推行的目的和政策未必能够体现在最终的法律文本中,而最终颁行的文本不过是各种利益和观点

---

① See John Manning, "Textualism and the Equity of the Statute", 101 *Colum. L. Rev.* 1, pp. 107 – 112 (2001).

② See Frank Easterbrook, "Text, History, and Structure in Statutory Interpretation", 17 *Harv. J. L. & Pub. Pol'y* 61, 68 (1994); see also Antonin Scalia, "Judicial Deference to Administrative Interpretations of Law", 1989 *Duke L. J.* 511, 517 (1989).

③ See John Manning, "Textualism as a Nondelegation Doctrine", 97 *Colum. L. Rev.* 673, 686 (1997).

④ 阿罗不可能定理(Arrow's impossibility theorem),也称为阿罗悖论(Arrow's paradox),是斯坦福大学教授肯尼斯·阿罗(Kenneth Arrow)基于18世纪晚期孔多塞投票循环(Condorcet's paradox or voting paradox)所衍生出的结论:当投票者有3个以上不同的选择时,没有一种投票制度能够将个人的偏好转变为社会偏好,并同时满足帕累托最优要求。

⑤ 公共选择理论(public choice theory)是一种以现代经济学分析民主立宪制政府的各种问题的学科,兴起于20世纪50年代。其假设官僚和政客都是根据自己的私利采取行动和进行投票的"经济人",因而虽然政府在整体建制上是为了促进公共利益的,但有可能因为个人私利考虑或利益集团的游说和影响而最终导致政府的低效和失灵,甚至推行牺牲大多数人利益的错误政策。

妥协的产物。[①] 因而不仅寻找立法的目的或立法者的意图是十分困难的，通过这些政策背景来理解制定法也是经验上不可能的。[②] 因此，尊重唯一通过复杂的立法过程并能够权威性地声称其承载了立法者意图与目标的文本——颁行的制定法就不仅是人民主权和法治原则的要求，更是法官解释与实施制定法的唯一可能方式。

美国最高法院的大法官斯卡利亚和克拉伦斯·托马斯（Clarence Thomas）以及第七巡回上诉法庭的首席法官弗兰克·伊斯特布鲁克（Frank H. Easterbrook）是新文本主义的主要拥护者，也是制定法解释实践上公开的文本主义者。曼宁的文本主义理论主要是在他们思想基础上的完善和发展。

新文本主义是作为对法律解释方法论中的目的主义和意图主义的质疑和反驳声音出现的，尤其是与减少立法史的使用有关。[③] 曼宁也继承了这一传统，在批判立法史的基础上建构起了其理论大厦。

一、反对将立法史作为立法者意图或制定法目的的权威证据

从立法性文件——由议员、委员会提案或议会发言人报告中获取立法者的意图或立法背后的目的以厘清或修正制定法文本的理论和实践，在美国具有深厚的传统，但曼宁认为，这一目的主义和意图主义进路无论在经验上还是在规范上都有重大缺陷。

---

① See William Landes, Richard Posner, "The Independent Judiciary in an Interest-Group Perspective", 18 *J. L. & Econ.* 875, 877 (1975); see also George Stigler, "The Theory of Economic Regulation", 2 *Bell J. Econ. & Mgmt. Sci.* 3 (1971).

② Babbitt v. Sweet Home Chapter of Cmtys. for a Great Or., 515 U. S. 687, 726 (1995) (Scalia, J., dissenting).

③ See John Manning, "Federalism and the Generality Problem in Constitutional Interpretation", 122 *Harv. L. Rev.* 1, 8 (2009).

(一)目的主义和意图主义[①]对立法史的青睐

基于社会契约思想和人民主权理论的美国宪法,以立法机关至上为其权力架构的基点。因而法官作为国会的忠实代理人(faithful agent),在其法律实施工作中必须试图尽可能准确地探明国会通过其使用的语言所想要表达的意思。[②] 然而,虽然立法是"合理的人合理地追求合理目的"[③]的产物,立法者的政策制定通常是一贯和理性的,但由于立法者有限的预见性,在立法过程中不得不受到时间和资源的限制,而且不得不使用不够精确的人类语言,以致立法机关最后颁行的法律经常并不能准确传达立法者所要表达的意思。[④] 基于此,目的主义和意图主义者认为,法官应当从立法机关的代言人——议员、提议者或委员会的陈述或报告中寻找支撑该法确立的背景意图和目的,从而厘清制定法中的语焉不详之处,或者修正其中的缺陷,使其与该法的目的或反映在其他法律中的相关政策相一致,避免适用虽然清晰但未能准确传达立法者意图的制定法文本而导致歪曲立法背后的政策选择

---

① 目的主义倾向于寻找制定法的背景目的,意图主义倾向于探寻立法者的意图,二者并不完全等同,但在立法目的经常是立法者的目的且均需诉诸立法史这一制定法外渊源上,二者的主张具有一致性。曼宁经常将二者混同处理。

② See John Manning, "Textualism and Legislative Intent", 91 *Va. L. Rev.* 419, 419 (2005).

③ Henry Hart, Jr. & Albert Sacks, *The Legal Process: Basic Problems in the Making and Adjudication of Law*, William N. Eskridge, Jr. & Philip P. Frickey eds., Foundation Press (2001), p. 1378.

④ See Frank Horack Jr., "In the Name of Legislative Intention", 38 *W. Va. L. Q.* 119, 120(1932).

的结果。①

这种在立法史中寻找立法者主观意图和目的,并将其作为制定法解释的权威性和决定性检验标准的法律解释方法,是 20 世纪后 50 年"美国最高法院的坚定主张"。② 然而,其理论前提和论证方法均多有瑕疵。和其他文本主义者一样,曼宁也对这种观点提出了强烈的质疑和挑战。

(二)曼宁对立法史的质疑以及对目的主义与意图主义的挑战

同新文本主义者一样,曼宁首先指出,立法机关是一个"他们",而不是一个"它",③因而除了关于某部制定法应予以颁行外,国会不可能在任何实质性的细节问题上存在统一的但未表达的"意图"。④ 而且从现实角度来看,议员和立法委员会的背后实际上是各个关注自身私利多于公益的利益集团,立法不过是这些集团相互斗争与讨价还价的过程,因而反映在最终颁布文本中的

---

① 美国最高法院大法官约翰·史蒂文斯(John P. Stevens)是意图主义、目的主义的坚实拥护者。他的观点,参见 Bank One Chi. , N. A. V. Midwest Bank & Trust Co. ,516 U. S. 264, pp. 276 – 277(1996)(Stevens, J. , concurring); ity of Chicago v. Environmental Defense Fund,511 U. S. 328,345 n. 7(1994)(Stevens, J. , dissenting)。

目的主义和意图主义的法律解释理论在"圣三一案"(Church of the Holy Trinity v. United States)中得到了最全面的展现。在该案中,由最高法院大法官戴维·布鲁尔(David Brewer)执笔的判决意见主要通过诉诸众议院劳工委员会的报告和参议院教育与劳工委员会的报告推理得出,虽然教堂的行为违反了《外籍劳工法》的字面含义要求,但其并不违反该法的精神,也不违反立法者的意图,因而裁定教堂免于处罚。[143 U. S. 457(1892)]具体案情,参见[美]阿德里安·沃缪勒:《不确定状态下的裁判——法律解释的制度理论》,梁迎修、孟庆友译,北京大学出版社 2001 年版,第 95 ~ 108 页;John Manning, "Textualism and the Equity of the Statute", 101 *Colum. L. Rev.* 1, 14 – 16(2001)。

② John Manning, "Textualism and Legislative Intent", 91 *Va. L. Rev.* 419, 419 (2005).

③ See Kenneth Shepsle, "Congress Is a 'They', Not an 'It': Legislative Intent as Oxymoron", 12 *Int'l Rev. L. & Econ.* 239(1992).

④ See John Manning, "Textualism and Legislative Intent", 91 *Va. L. Rev.* 419, 420 (2005).

妥协很可能与促使它进入立法过程的背景和目的相去甚远。[①] 事实上,由于妥协的存在,某部制定法也经常追求不止一个目标,甚至是许多相互冲突的目标。[②] 因此,所谓的一贯的立法者意图或立法目的,不过是意图主义者和目的主义者主观臆断的产物,实际上并不存在。与此同时,基于立法行为的混乱与复杂,制定法的具体规定有时并不反映议员的实质性政策倾向,[③]而很可能是程序性因素——不同议案呈现的顺序(议程操纵)或策略性投票(包括互相捧场)的结果,使法官想要了解制定法为何会采取最终颁布的那个形态时非常困难(如果不是不可能)。因此,法官事实上也并没有通过某些,甚或是全部立法性文件"重建"立法者意图或目的的能力。[④]

其次,曼宁赞同斯卡里亚的观点,即颁行的制定法是唯一经过宪法所要求的两院制和呈送制(bicameralism and presentment)立法程序的文本,因而也是唯一能够宣称合法性的文本。[⑤] 目的主义者和意图主义者所青睐的以议员和委员会提案与报告为核心的立法史不但未能经过该强制性立法程序,而且很可能许多议

① See John Manning, "The Nondelegation Doctrine as a Canon of Avoidance", 2000 *Sup. Ct. Rev.* 223, 248(2000); "Textualism and the Equity of the Statute", 101 *Colum. L. Rev.* 1, 18 (2001); "The Eleventh Amendment and the Reading of Precise Constitutional Texts", 113 *Yale L. J.* 1663, 1690(2004).

② See John Manning, "Competing Presumptions about Statutory Coherence", 74 *Fordham L. Rev.* 2009, 2033 (2006); "Federalism and the Generality Problem in Constitutional Interpretation", 122 *Harv. L. Rev.* 1, 11 – 12(2009).

③ See John Manning, "Second-Generation Textualism", 98 *Cal. L. Rev.* 1287, 1295 (2010).

④ See John Manning, "The Eleventh Amendment and the Reading of Precise Constitutional Texts", 113 *Yale L. J.* 1663, 1690 – 1691(2004).

⑤ See John Manning, "Justice Scalia and the Legislative Process", 62 *N. Y. U. Ann. Surv. Am. L.* 33, 36(2006).

员从未见到过该文件，更别说对其表达赞同或否定的意见了。① 因此，立法史并不能有效地声称其所反映的就是立法者集体的意图——假设这个意图存在，通过立法史解读制定法文本的内涵不仅不具有权威性和合法性，以背景意图或目的改变法律规则清晰明确的含义更有违宪之嫌。②

再次，法律解释中对立法史的过分关注将促使利益集团"制造"立法性文件以影响法律实施的结果。曼宁指出，相对于需要经过妥协和严格程序的制定法文本来说，立法性文件的生产成本更加低廉，只需要利益集团游说或影响某个或某些立法者即可。因而，如果法官在法律实施过程中经常以立法性文件解读或修改制定法文本的含义，那么就会激励这些利益集团制造大量与立法真实考量可能并不相符的立法史，从而实现法律实施结果向他们利益的倾斜。③ 在这一点上，斯卡里亚可能是正确的，"并非是因为有立法史所以我们使用之，而是因为我们的使用才有了立法史"。④

最后，曼宁指出，上述理由虽然挑战了立法史在法律解释中的地位，但也在一定程度上削弱了文本主义自身的主张，因为文本主义者所使用的解释渊源也是制定法外的，因而亦不能主张合

---

① See John Manning, "Textualism as a Nondelegation Doctrine", 97 *Colum. L. Rev.* 673, 685 – 687 (1997); "Textualism and the Role of The Federalist in Constitutional Adjudication", 66 *Geo. Wash. L. Rev.* 1337, 1340 (1998).

② See John Manning, "Competing Presumptions about Statutory Coherence", 74 *Fordham L. Rev.* 2009, 2030 (2006).

③ See John Manning, "Textualism as a Nondelegation Doctrine", 97 *Colum. L. Rev.* 673, 688 (1997); "Second-Generation Textualism", 98 *Cal. L. Rev.* 1287, 1293 (2010).

④ Antonin Scalia & John Manning, "Dialogue on Statutory and Constitutional Interpretation", 80 *Geo. Wash. L. Rev.* 1610, 1612 (2012).

法性。这些渊源的适用也存在事实上和法官能力上的可行性问题。[①] 因此，在他看来，立法史之所以不能作为法律解释的权威性证据，根本原因并不在于上述几点，而在于其适用违反了法律制定权（lawmaking power）与法律解释权（law-exposition/law-elaboration）相分立和"禁止自我授权"（Nondelegation Doctrine）的古老原则。[②] 该原则禁止立法机关授予其下属机构或人员任何形式的立法性权力，从而避免鼓励国会绕过强制性立法程序进行实质性和细节性立法，以保证立法机关所颁行法律法规的明确性和对民众行为的指导力；[③]通过将法律制定权和法律解释权授予不同的部门，该原则也强化了行政权和司法权对立法权的制约。事实上，这一原则不仅来源于洛克、布莱克斯通、孟德斯鸠等启蒙思想家为促使立法者制定明确、良好的法律而在制度架构上所进行的一致选择，而且也是美国"宪法"三权分立与制衡的隐含要求。[④] 相反，若法官在法律解释中授予立法史以权威性地位，就正是赋予了议员或委员会以实质性立法的权力，[⑤]从而与美国的智识传统和宪法上精心设计的治权结构所意欲的目标相冲突。因此，目的主义和意图主义及其立法史情结不仅在经验上是不可行的，而且在规范和价值上更是不可欲的。

---

① See John Manning, "Textualism as a Nondelegation Doctrine", 97 *Colum. L. Rev.* 673, 699 (1997).

② See John Manning, "Constitutional Structure and Judicial Deference to Agency Interpretations of Agency Rules", 96 *Colum. L. Rev.* 612, 637 (1996).

③ See John Manning, "Textualism as a Nondelegation Doctrine", 97 *Colum. L. Rev.* 673, 707, 718 (1997).

④ See John Manning, "Constitutional Structure and Judicial Deference to Agency Interpretations of Agency Rules", 96 *Colum. L. Rev.* 612, 640 - 648 (1996).

⑤ See John Manning, "Putting Legislative History to a Vote: A Response to Professor Sigel", 53 *Vand. L. Rev.* 1529, 1534 (2000).

(三)曼宁对意图主义的补足和完善与立法史的合理定位

同意图主义和目的主义者一样,新文本主义者也赞同法官作为国会的忠实代理人应该准确把握和实施立法机关的要求的理论前提。[①] 他们也同意拉兹的观点,即"赋予任何个人或实体以法律制定权是没有意义的,除非假定他们制定的法律就是他们所意欲制定的法律",[②]因而意图并非与解释无关。[③] 但是,在如何行为才能称得上是"忠实"的代理人的问题上,他们之间的意见分歧巨大。意图主义和目的主义强调从立法史中寻找立法者的主观意图,而作为新文本主义者的曼宁认为,立法者"真实的"主观意图无从寻找,也不应寻找,因而通过文本的通常含义把握立法者的客观意图(objectified intent)就成为他们的主张。在这个意义上,曼宁文本主义理论所倡导的建构的客观意图,[④]可以看作对意图主义和目的主义的补足和完善。

与此同时,虽然曼宁反对将立法史作为制定法文本含义的权威性证据,但他并未完全否定立法史在制定法解释中的作用。曼宁指出,立法史的价值并非在于它源自国会,而是在于它所包含的内容可以帮助法官理解和权衡关于制定法含义的其他渊源与证据,客观的背景理念性的议员陈述或委员会报告是可以作为制定法含义的辅助性证据的,[⑤]但其可信性和可适用性需要同其他

---

① See John Manning, "Textualism and the Equity of the Statute", 101 *Colum. L. Rev.* 1, 9, 15 – 16 (2001).

② Joseph Raz, "Intention in Interpretation", *in The Autonomy of Law: Essays on Legal Positivism*, Robert George ed., Oxford University Press (1996), p. 258.

③ See John Manning, "Textualism and the Role of The Federalist in Constitutional Adjudication", 66 *Geo. Wash. L. Rev.* 1337, 1341 (1998).

④ See John Manning, "Textualism and Legislative Intent", 91 *Va. L. Rev.* 419, 423 (2005).

⑤ See John Manning, "Textualism as a Nondelegation Doctrine", 97 *Colum. L. Rev.* 673, 734 – 735 (1997).

解释渊源一道经过法官的衡量和考量。而且无论立法史在某个问题上是否提供了明确、统一的立法者意图,法官都应该坚持制定法文本的通常含义。

二、尊重制定法文本的通常含义

虽然以反对目的主义和意图主义及其立法史使用为开端,但新文本主义有自己的根本主张。在曼宁看来,这一主张可以简要概述为:无论文本清晰或者模糊,法官都应该遵循制定法语言的通常和公共含义(ordinary and public meaning),不得因背景目的或立法者意图而牺牲文本。①

(一)尊重制定法文本的原因

在曼宁看来,尊重制定法的首要哲学基础在于维特根斯坦的日常语言哲学,即语词的意义是在日常使用中形成的,因而在具有共同的语言理解习惯的共同体中,交流是可能的。② 据此,文本主义者假定,在相对固定的语言共同体中,立法者可以通过法律文本向解释者传达有意义的指令,③而解释者对文本的通常理解也能够有效地归属于立法者。④ 这一理论前提不但赋予了制定法文本以承载与传达立法者意图的合法地位,而且暗含了新文本主义法律解释路径的可利用渊源与方法。

其次,正如前文所指出的,立法过程实际上是一个复杂的路

---

① See John Manning, "Textualism and Legislative Intent", 91 *Va. L. Rev.* 419, 420 (2005).

② See Ludwig Wittgenstein, *Philosophical Investigations*, G. E. M. Anscombe trans., 2d ed., Basil Blackwell Ltd. (1958), pp. 51 – 56.

③ See John Manning, "The Eleventh Amendment and the Reading of Precise Constitutional Texts", 113 *Yale L. J.* 1663, 1703 (2004).

④ See John Manning, "Textualism and Legislative Intent", 91 *Va. L. Rev.* 419, 433 (2005).

径依赖(*path-dependent*)与不透明的过程,[①]制定法文本的背后很可能存在不可获知的利益集团的策略性行为、相互间的妥协以及暗含的对避免对更精确的文本进行讨价还价的成本支出的决定。[②] 因此,想要在文本之外寻找立法者的意图或制定法的目的不仅是非常困难的(如果不是不可能),也是法官受其时间和资源限制而无力承担的。而且正如斯卡里亚所说,我们唯一能合法地归属于国会的,只有体现在经过该高度复杂的立法程序缩减为文字的东西——最终颁行的制定法中的意图或目的。[③] 因此,在制定法理解上,曼宁很可能赞同德里达的观点,即一切目的和意图都是以文本为中介传达的,"文本之外,别无他物"。[④]

再次,尊重制定法暗含对《宪法》的遵循。曼宁指出,美国《宪法》规定了繁琐的立法程序——两院制和呈送制,[⑤]一方面,建构起"众议院+参议院+总统"的失误保障机制(fail-safe system),不仅通过提高法律制定成本过滤坏法,[⑥]还促使议员在立法过程中进行公开、审慎与充分的考量和协商,[⑦]避免了仓促和冲动立法;另一方面,以法案通过在实质上的绝对多数要求赋予了少数

① See John Manning, "Competing Presumptions about Statutory Coherence", 74 *Fordham L. Rev.* 2009, 2031(2006).

② See John Manning, "The Absurdity Doctrine", 116 *Harv. L. Rev.* 2387, 2390, 2409-2412, 2417(2003).

③ See John Manning, "Justice Scalia and the Legislative Process", 62 *N. Y. U. Ann. Surv. Am. L.* 33, 39(2006).

④ Jacques Derrida, *Acts of Literature*, Derek Attridge ed., Routledge(1992), p. 102.

⑤ 根据美国《宪法》第1条第7款的规定,法案在正式成为法律之前,需要首先由众议院和参议院通过,其次须呈送总统;总统若批准,便签署该法案成为法律;总统若不批准,则经由参众两院均以2/3多数通过即成为法律。

⑥ See John Manning, "Nonlegislative Rules", 72 *Geo. Wash. L. Rev.* 893, 899(2004).

⑦ See John Manning, "Continuity and the Legislative Design", 79 *Notre Dame L. Rev.* 1863, 1884-1888(2004).

得以坚持将妥协作为同意制定法通过条件的权利，[①]从而抑制了多数党派挟持立法过程导致损害公共利益的可能，[②]维护了民主共和之精神。因此，尊重制定法文本也是尊重它背后的程序和所代表的价值。

最后，曼宁同意伊斯特布鲁克法官的看法，即无论某个利益集团是否挟持或主导了立法过程，制定法都是典型的、妥协的产物，而妥协的结果并不总是齐整（tidy）的，[③]因而最终颁布的文本可能表现出在一般性（generality）水平上的参差不齐。事实上，既有规定的精确性程度既反映了立法机关为了获得想要的结果而愿意支付的代价，[④]也表达了国会对最后颁布的法律只能达到某个精确性程度而不能或不愿更加精确（go so far and no further）的决定。[⑤] 与此同时，立法者在制定法文本中不仅选择立法的结果和目的，而且选择能够使目的得以最大化实现的适当手段——明确的规则或模糊的标准，因而制定法条文的一般性水平经常呈现

---

① 如参议院规则对议事阻挠和一致同意的规定，委员会批准要求等。参见 John Manning，"Continuity and the Legislative Design"，79 *Notre Dame L. Rev.* 1863，1886（2004）；"Justice Scalia and the Legislative Process"，62 *N. Y. U. Ann. Surv. Am. L.* 33，38（2006）；"What Divides Textualists from Purposivists?"，106 *Colum. L. Rev.* 70，103 – 104（2006）。对少数的保护也体现在《宪法》第 1 条第 3 款赋予各州在参议院中的平等代表权，这无疑是给予小州的特别保护。参见 John Manning，"Textualism and the Equity of the Statute"，101 *Colum. L. Rev.* 1，76 – 77（2001）；"Nonlegislative Rules"，72 *Geo. Wash. L. Rev.* 893，899（2004）。

② See John Manning，"Putting Legislative History to a Vote：A Response to Professor Siegel"，53 *Vand. L. Rev.* 1529，1539（2000）.

③ See John Manning，"Second-Generation Textualism"，98 *Cal. L. Rev.* 1287，1310（2010）.

④ See John Manning，"Second-Generation Textualism"，98 *Cal. L. Rev.* 1287，1310（2010）.

⑤ See John Manning，"Competing Presumptions about Statutory Coherence"，74 *Fordham L. Rev.* 2009，2029（2006）.

出国会关于目的和手段选择的重要信号。[①] 在这个意义上,解释者不但应该尊重立法的目的,而且也应尊重立法对目的实现手段的设计,遵循清晰的或模糊的文本的通常含义,将规则作为规则、标准作为标准来对待。[②]

综上,曼宁指出,制定法文本的通常含义是立法者整体意图和目的的最可靠证据,[③]或者是不可靠性最少的证据。[④] 相较目的主义和意图主义进路,文本主义对制定法文本的尊重不仅是经验上可行的,也是规范上应欲的。然而,曼宁的文本主义并不等同于"仅与文字相关"[⑤]的文字主义。他坚持认为文本的通常含义需要从背景中获取。

(二)制定法文本通常含义的获取

正如斯卡里亚所说,"在文本解释中,背景就是一切",[⑥]因而新文本主义者总是将文本置于其语言和社会背景中进行理解。然而,新文本主义不同于目的主义,他们更强调文本的语义背景

---

① See John Manning, "The Eleventh Amendment and the Reading of Precise Constitutional Texts", 113 *Yale L. J.* 1663, 1691 (2004); "Second-Generation Textualism", 98 *Cal. L. Rev.* 1287, 1311 (2010).

② See John Manning, "Textualism and Legislative Intent", 91 *Va. L. Rev.* 419, 439 (2005); "Federalism and the Generality Problem in Constitutional Interpretation", 122 *Harv. L. Rev.* 1, 3 (2009); "Second-Generation Textualism", 98 *Cal. L. Rev.* 1287, 1304 (2010).

③ See John Manning, "The Absurdity Doctrine", 116 *Harv. L. Rev.* 2387, 2398 (2003).

④ See John Manning, "Textualism and Legislative Intent", 91 *Va. L. Rev.* 419, 433 (2005).

⑤ William Eskridge, Jr., "All About Words: Early Understanding of the 'Judicial Power' in Statutory Interpretation", 101 *Colum. L. Rev.* 990, 998 (2001).

⑥ Antonin Scalia, "Common-Law Courts in a Civil Law System: The Role of United States Federal Courts in Interpreting the Constitution and Laws", in *A Matter of Interpretation: Federal Courts and the Law*, Princeton University Press (1998), p. 37.

(semantic context),[①]而非政策背景。这一语义背景不仅关涉日常语言的社会用法,[②]而且涵括了特定(尤其法律)共同体(specialized sub-communities)的语言习惯。[③] 曼宁指出,在对特定术语(terms of art)的理解上,现存的法教义、既定的程序、证据规则、说服责任和辩护理由[④]等均是文本主义可利用的资源。事实上,在语言的含义总是包含相关语言共同体所分享的既有假定[⑤]的意义上,文本主义者所试图追问的,是"一个熟悉相关社会和语言习惯的合理语言使用者"[⑥]将如何理解给定文本的问题。

然而,文本主义者也意识到,所有制定法语言——如同日常语言一样,都具有某种程度的开放性和模糊性,因而即便在既存的语言和社会背景中理解,大多数裁判也不可避免地需要法官在一定程度上进行自由裁量。因此,曼宁指出,在文本包含多种合理解释时,考虑制定法的结构、[⑦]明显的背景或促使其颁行的政策考量[⑧]等以在相竞争的解释之间进行选择是合适的,但是这些考

---

① See John Manning, "What Divides Textualists from Purposivists?", 106 *Colum. L. Rev.* 70, 77 (2006).

② See John Manning, "The Absurdity Doctrine", 116 *Harv. L. Rev.* 2387, 2461 (2003).

③ See John Manning, "The Absurdity Doctrine", 116 *Harv. L. Rev.* 2387, 2464 – 2465 (2003).

④ See John Manning, "The Absurdity Doctrine", 116 *Harv. L. Rev.* 2387, 2469 (2003).

⑤ See John Manning, "The Absurdity Doctrine", 116 *Harv. L. Rev.* 2387, 2470 (2003).

⑥ John Manning, "What Divides Textualists from Purposivists?", 106 *Colum. L. Rev.* 70, 83 (2006); "Textualism and the Equity of the Statute", 101 *Colum. L. Rev.* 1, 109 (2001).

⑦ See John Manning, "What Divides Textualists from Purposivists?", 106 *Colum. L. Rev.* 70, 84 (2006).

⑧ See John Manning, "The Absurdity Doctrine", 116 *Harv. L. Rev.* 2387, 2408 – 2409 (2003).

虑必须经过法官的全面权衡，[①]并且不得改变文本最通常的含义。[②]

新文本主义认为，无论规范清晰还是模糊，法官都应坚持以制定法文本为前提和核心进行解释，不得因背景目的或意图改变文本的通常含义的主张，这在伦奎斯特于1986年执掌美国最高法院与斯卡里亚成为大法官之后逐渐成为美国最高法院和法学界在一般制定法解释上的共识，[③]但在宪法解释上，这种共识还远未达成。然而，曼宁认为，宪法解释亦应遵循文本主义。

三、宪法解释应遵循文本主义

美国宪法解释理论一直秉承“活的宪法”（Living Constitution）的传统，但在曼宁看来，这种解释传统实质上是目的主义在宪法领域的延伸，应予以摒弃。

（一）“活的宪法”传统

“活的宪法”传统涵括了许多各不相同的解释主张，但在法官应该灵活地解释宪法文本这一点上，这些理论都持有一致的观点。首先，宪法旨在勾勒一国的权力架构，一方面意欲长久，[④]难

---

① 曼宁倾向于对解释渊源与证据的“斯基德摩尔标准”。参见 John Manning, “Textualism and the Role of The Federalist in Constitutional Adjudication”, 66 *Geo. Wash. L. Rev.* 1337, 1339, 1360(1998)。该标准最初是为了确立法院对行政机关对制定法解释的审查原则，即审查考量的全面性，推理的有效性，与前后宣告（渊源）的一贯性，以及所有上述因素赋予该制定法解释（曼宁的解释渊源）的说服力。参见 Skidmore v. Swift & Co., 323 U. S. 134, 140(1994)。

② See John Manning, “The Absurdity Doctrine”, 116 *Harv. L. Rev.* 2387, 2409 (2003).

③ See John Manning, “Justice Scalia and the Legislative Process”, 62 *N. Y. U. Ann. Surv. Am. L.* 33, 43(2006).

④ See, e. g., Missouri v. Holland, 252 U. S. 416, 433 (1920); Weems v. United States, 217 U. S. 349, 373(1910); The Legal Tender Case, 110 U. S. 421, 439(1884).

以修改,[1]另一方面却需要不断适应时代和社会的变化,因而相较一般法律而言,宪法显然需要解释者更加灵活地进行解释。其次,宪法是由建国时的那代人制定和批准的,在制宪者无法完全预见到后世种种变化的意义上,对宪法的严格解释将很可能导致不符合当代人公平观念的情况出现,因而灵活解释成为避免现今之人被“死人之手”(dead hand of the past)统治,[2]维护宪法持久生命力的必要途径。最后,基于宪法的特殊性,制宪者只在其中为我们提供了关于权力和权利的抽象轮廓与目标,[3]具体的细节交由后人——立法机关和法院填补,因而灵活解释在这个层面上也正是制宪者的考量。基于此,将宪法做符合当代社会状况与价值的解释,促使宪法文本的与时俱进就成为法院之于宪法的责任。

“活的宪法”传统正是约翰·马歇尔(John Marshall)大法官之箴言“我们必须永远铭记,我们所解释的是一部宪法”[4]的全面体现。事实上,从沃伦法院至今,该传统一直占据着美国最高法院宪法解释的主导地位。然而,曼宁认为,这一解释传统经常以制宪者的意图或宪法背后的目的决定和改变宪法条文的通常含义,实际上并不具有法学方法论上的正当性,尤其是在法官频繁诉诸立法史以确定这种意图或目的,并拒绝认真对待宪法条文的

---

① See Terrance Sandalow, “Constitutional Interpretation”, 79 *Mich. L. Rev.* 1033, 1046(1981); William Douglas, “Stare Decisis”, 49 *Colum. L. Rev.* 735, 736 – 737(1949); Oliver v. United States, 466 U. S. 170, 186 – 187(1984)(Marshall, J., dissenting).

② See Richard Posner, *The Problems of Jurisprudence*, Harvard University Press (1990), pp. 137 – 138; Paul Brest, “The Misconceived Quest for the Original Understanding”, 60 *B. U. L. Rev.* 204, 225 (1980); David Strauss, “Common Law Constitutional Interpretation”, 63 *U. Chi. L. Rev.* 877, 885(1996).

③ McCulloch v. Maryland, 17 U. S. (4 Wheat.) 316, 407(1819).

④ McCulloch v. Maryland, 17 U. S. (4 Wheat.) 316, 407(1819).

精确性水平的层面上。

(二)曼宁对“活的宪法”传统的批驳

曼宁指出,首先,同一般制定法一样,制宪者在宪法未予以明确的问题上也没有统一的集体意图,而且由于制宪过程的秘密性,最终赋予宪法以效力的各州的批准者根本无从知晓制宪者的意图;[①]制宪者和批准者的数量众多及其意图的分离,使意图主义路径在经验上不具有可行性。与此同时,即便存在制宪者和批准者在某个问题上的一致意图,关于最初宪法制定的历史文件也不能有效地声称它所记载的就是这一意图。与一般立法史不同,制宪会议记录等法官诉诸以寻求意图或目的的文件是非官方性质的,且大多在宪法生效后才得以面世,[②]这使其所记载立宪史的全面性和可靠性大打折扣。此外,即便给予这些文件以一定的价值,其中的大多数记载也仅证明了制宪者在许多问题上的争论多于共识。[③] 因此,法官根本无法从立宪史中寻找到待解决问题的确切答案。

其次,相较一般法律而言,制宪者为宪法的修改规定了更加严格的程序:普通法律仅需经过众议院和参议院 1/2 多数通过并总统签署即可,但宪法需要由参众两院均以 2/3 多数或 2/3 的州议会提出请求时,方能提出修正案或举行修宪大会,且需经过 3/4 的州议会或州修宪大会批准,该修正案才能成为宪法的一部分发生全部效力。[④] 曼宁认为,不仅这一严格程序本身要求解释者对

---

① See John Manning, “Role of the Philadelphia Convention in Constitutional Adjudication”, *Geo. Wash. L. Rev.* 1753, 1765(2012).

② See John Manning, “Role of the Philadelphia Convention in Constitutional Adjudication”, *Geo. Wash. L. Rev.* 1753, 1765 – 1766(2012).

③ See John Manning, “Role of the Philadelphia Convention in Constitutional Adjudication”, *Geo. Wash. L. Rev.* 1753, 1767(2012).

④ 参见美利坚合众国《宪法》第 5 条。

最终文本的遵循,其在事实上赋予少数的延缓或阻止修宪,并以妥协为同意修正案通过条件的权利也需要通过解释者对文本的尊重予以维护。

再次,如同一般制定法,宪法也具有多重目的,[①]法官不仅难以洞悉制宪者的所有考量,而且在个案裁判中选择其中之一或某些目的进行促进和保护也是难以有效地宣称其合宪性的。事实上,宪法文本的背后有着比普通法律更多和更艰难的妥协。[②] 正如被称为美国缔造者之一的乔治·梅森(George Mason)所说,制宪者们"都同意新规范的必要性,但在何者是最安全和最有效(的规范)的问题上",他们之间的"意见分歧巨大"。[③] 因此,对宪法文本的尊重也是对其所反映的多重目的与妥协的尊重。

最后,制宪者在起草宪法文本时,也是既选择目的,又选择手段,[④]因而宪法也展现出既有清晰规则又有宽泛标准的形态,[⑤]这就要求法官不仅应该尊重制宪者对宪法目的的选择,也应该尊重其对实现这一目的的手段的选择,而不应将宪法的所有条款都作为抽象、独立的原则来对待。[⑥] 而且在"一个目的总是另一个目的

---

① 例如,国家主义与联邦主义共存。参见 John Manning, "Federalism and the Generality Problem in Constitutional Interpretation", *Harv. L. Rev.* 122, 2009, pp. 1, 41-44。

② See John Manning, "Federalism and the Generality Problem in Constitutional Interpretation", *Harv. L. Rev.* 122, 2009, pp. 1, 33-37.

③ Max Farrand, *Records of the Federal Convention of* 1787, Yale University Press 1911, p. 161.

④ See John Manning, "Clear Statement Rules and the Constitution", 100 *Colum. L. Rev.* No. 2010, pp. 101, 129; "Role of the Philadelphia Convention in Constitutional Adjudication", *Geo. Wash. L. Rev.* 80, 2012, pp. 1753, 1781-1783.

⑤ See John Manning, "Separation of Powers as Ordinary Interpretation", *Harv. L. Rev.* 124, 2011, pp. 1939, 1978.

⑥ See John Manning, "Separation of Powers as Ordinary Interpretation", *Harv. L. Rev.* 124, 2011, pp. 1939, 1947.

的手段”,[①]如此无穷追溯下去必将回到所有法律的目的上——正义与安全的意义上,曼宁很可能是正确的,在既定规则或标准上进行一般性水平的转换,不仅不符合一般制定法的要求,恐怕也有违制宪者的意图。

因此,曼宁指出,“活的宪法”传统即便有其理由,也无法掩盖其违宪的本质。宪法解释理应遵循文本主义方法,尊重宪法文本的通常含义。

(三)宪法解释方式建议

对于在宪法解释中法官应遵循何种方法、采纳何种渊源才能忠实地反映制宪者与批准者的要求,曼宁也提出了自己的看法。

曼宁指出,如果宪法对某个问题及其实施程序进行了清晰明确的规定(如立法权的配置及立法程序),那么法官应该将其解释为排他性规则,并依据宪法条文严格贯彻执行,不得诉诸其他条款或背景目的修改之。但如果宪法对某个问题只作了原则性规定(大部分宪法条文如此),则可以通过以下方式确定文本的通常含义:首先,法官可以参考该条文在普通法上的(技术性)含义,但由于美国与英国在普通法某些重要传统上的断裂(尤其是在宪法和权力架构方面),该渊源不能独立提供宪法解释的决定性终点。其次,建国早期的立法和法院实践也可为法官提供一定的解释基础,但基于立法的复杂性和法院判决意见的模糊与分裂,这一渊源的适用也需要法官时刻秉以适当的怀疑态度。最后,以宪法相关条款为前提和基础的结构性推论应作为宪法解释的最终也是最可靠方式,但该推论应始终以宪法的具体规定为核心,辅之以与美国权力体制相一致的特定历史建构和宪法颁布

① Max Radin, “Statutory Interpretation”, *Harv. L. Rev.* 43, 1930, pp. 863, 876.

后的法律发展,以引导并验证法官的经验直觉,[①]避免脱离宪法的独立(freestanding)价值[②]对明确文本的侵蚀。[③]

显然,曼宁的宪法解释方法是其文本主义思想在宪法领域的自然延伸与应用。事实上,对制定法解释中立法史权威地位的批判,对制定法和宪法文本通常含义予以尊重的主张和对宪法解释方式的文本主义建议,构成了曼宁理论体系的核心内容。

四、对曼宁文本主义思想的评析

曼宁的文本主义理论是在新文本主义基础上的扩充与完善,有其独特的意义和价值,但同时也不可避免地分享了文本主义路径的局限性。曼宁不但在既有批判的基础上对新文本主义主张进行了全面的梳理和厘清,促使其向第二代理论体系的转变,而且以其强烈的宪法关涉巩固并扩展了文本主义解释的适用范围。

(一)促使新文本主义理论向第二代的转变

虽然曼宁赞同新文本主义尊重制定法文本通常含义的主张,并在其理论体系中给予了斯卡里亚、伊斯特布鲁克等法官和学者的观点以重要地位,但他也清醒地认识到,20 世纪 80 年代的文本主义几乎是完全建立在对 20 世纪 40 年代出现的将立法史作为提供立法者意图或目的的无争议的权威性证据的反对之上的。[④] 事

① See John Manning, "Federalism and the Generality Problem in Constitutional Interpretation", *Harv. L. Rev.* 122 ,2009, pp. 1,62 - 66.

② 曼宁指出,只有进入到宪法中的价值才是宪法性价值,一旦脱离了限定它们的具体条款,它们就不再是宪法性价值了,而仅仅是价值。参见 John Manning, "Clear Statement Rules and the Constitution", *Colum. L. Rev.* 100,2010, pp. 101,141。

③ See generally John Manning, "Separation of Powers as Ordinary Interpretation", *Harv. L. Rev.* 124,2011, pp. 1939,2006 - 2034.

④ See John Manning, "Second-Generation Textualism", *Cal. L. Rev.* 1287,1291 - 1292(2010).

实上,文本主义的理论根基——对立法程序、立法妥协及其复杂性的强调,均是以对立法史合法性的质疑声音出现的,这不仅使文本主义在通过何种渊源和程序把握文本的通常含义上一直未能提出行之有效的方法,也导致了其理论大厦本身的脆弱。

史蒂芬·布雷耶(Stephen Breyer)和尼古拉斯·泽波斯(Nicholas S. Zeppos)指出,法官诉诸立法史已经是一种高度可预测的行为,而国会也可以因此意欲产生集体意图[①]的意义,文本主义很可能成为促使法官从相对成熟的立法史转向宽泛的解释渊源的非理性路径。[②] 丹尼尔·法博(Daniel A. Faber)和菲利普·弗里基(Philip P. Frickey)则认为,以利益集团理论和阿罗定理为基础的公共选择理论对立法过程的描述并不全面,[③]事实上,通过立法的关键材料或中枢人物抓住立法意图在经验上并非不可行。[④] 这些经验性批评无疑在很大程度上挑战了早期文本主义理论的合法性。

基于此,曼宁主张文本主义向第二代转变,即一方面将立法史的问题从前景转入背景,通过其潜在的不可靠性在事实上减少法院的适用,[⑤]而非在主张上予以直接排除;另一方面减轻文本主

---

① See Stephen Breyer, "On the Uses of Legislative History in Interpreting Statutes", 65 *S. Cal. L. Rev.* 845, 859 (1992).

② See Nicholas Zeppos, "Legislative History and the Interpretation of Statutes: Toward a Fact-Finding Model of Statutory Interpretation", 76 *Va. L. Rev.* 1295, 1335 – 1360 (1990).

③ See Daniel Faber & Philip Frickey, *Law and Public Choice: A Critical Introduction*, University of Chicago Press 1991, pp. 17 – 21, 99.

④ See Daniel Faber & Philip Frickey, *Law and Public Choice: A Critical Introduction*, University of Chicago Press 1991, pp. 98 – 100.

⑤ See John Manning, "Second-Generation Textualism", *Cal. L. Rev.* 1287, 1304 (2010).

义基础理论对立法程序的经验性依赖,[①]更多地从规范性角度给予制定法文本以正面支撑。这不仅将促使文本主义远离围绕立法史的经验争论,也可避免其遭受“反立法”的指责和质疑。[②]

第二代文本主义在曼宁看来,不但应强调尊重立法者对目的和手段的双重选择,而且应集中关注宪法的权力架构。如果说前者是曼宁对伊斯特布鲁克法官观点的重铸与升华,后者则是曼宁本人对文本主义的最突出贡献。

(二)强烈的宪法关涉

曼宁始终认为,虽然宪法和法律从未明示法官在解释它们时应采纳的规则,[③]但法律解释方法的选择总是不可避免地反映着司法机关在权力架构中的地位和功能,[④]尤其是关涉权力在立法机关和法院之间的制度性分配,[⑤]因而宪法结构必须或至少应该作为选择和评价法律解释路径的起点。[⑥] 美国第七巡回上诉法院法官理查德·波斯纳(Richard A. Posner)也认为,宪法中的权力

---

① See John Manning, "Second-Generation Textualism", *Cal. L. Rev.* 1287, 1314 (2010).

② See John Manning, "Second-Generation Textualism", *Cal. L. Rev.* 1287, 1315 (2010).

③ See John Manning, "The Eleventh Amendment and the Reading of Precise Constitutional Texts", *Yale L. J.* 1663, 1693 – 1694 (2004).

④ See John Manning, "The Absurdity Doctrine", *Harv. L. Rev.* 2387, 2433 (2003).

⑤ See John Manning, "Textualism and the Equity of the Statute", *Colum. L. Rev.* 1, 57 (2001).

⑥ See John Manning, "Constitutional Structure and Statutory Formalism", *U. Chi. L. Rev.* 685, 686 (1999).

架构含有对司法权力关于制定法解释的暗示。[①]

事实上，对宪法的关注，尤其是对宪法中权力预设的尊重，贯穿着曼宁的整个思想体系。在同新文本主义一道对立法史的质疑中，曼宁并不满足于既有的理由，他认为法官在法律解释中之所以不应该诉诸立法史的关节点，实际上在于这一行为违反了宪法上的权力分立原则和不可自我授权原则。在法官为何应尊重制定法文本通常含义的论证中，曼宁亦突出了宪法所规定的立法程序及其暗含的对少数人权利保障的意义。与此同时，曼宁不仅在制定法解释中强调对宪法的尊重，而且将文本主义主张扩展至宪法解释上，一方面直接强调对宪法文本和结构的严格遵循；另一方面也统一了法律和宪法解释方法，保持了文本主义的一贯主张。然而，这一对宪法的强烈关涉虽然赋予了曼宁在新文本主义阵营中的重要地位，但也暴露了其思想在事实和经验上的局限性。曼宁文本主义理论的局限性不仅体现在其论证上，也反映在其结论中。

哈佛大学法学院教授阿德里安·沃缪勒(Adrian Vermeule)认为，关于法律解释的最优理论总是与法律解释的终极规范性目标有关，[②]它们努力促使解释者选择能够充分体现既定法律原则，能够与当下最佳的语言学和语义学理论保持一致，能够符合宪法中关于权力分立的深层结构逻辑或者能够推动那些适当的社会

---

① See Richard Posner, *Law, Pragmatism, and Democracy*, Harvard University Press 2003, pp. 69 – 70; *The Problems of Jurisprudence*, Harvard University Press 1990, pp. 137 – 142; "Legal Formalism, Legal Realism, and the Interpretation of Statutes and the Constitution", *Res. L. Rev.* 179, 189(1986). 他得出的结论是法官应采实用主义方法。参见 generally John Manning, "Statutory Pragmatism and Constitutional Structure", *Harv. L. Rev.* 1161, 1162, 1171 – 1173(2007)。

② 参见[美]阿德里安·沃缪勒：《不确定状态下的裁判——法律解释的制度理论》，梁迎修、孟庆友译，北京大学出版社2011年版，第161页。

正义理念的方式来解读宪法和制定法条款，却忽略了对与法律解释实践密切相关的制度能力和系统性影响等现实经验因素的考量。事实上，法律解释理论者的问题并非“这个法律文本应该如何被解释”，而是“特定的机构，基于其自身特定的能力，应该用什么样的决策程序去解释法律文本”。①

曼宁所倡导的新文本主义作为这样一种法律解释的最优理论，虽然考虑到了法官处理立法性文件时能力的不足，但仍然以宪法的权力架构等规范性理由为其理论的最根本支撑。事实上，由于法官能力和系统性影响等现实因素的作用，最优解释方法在实际中经常不能产生总体上最佳的效果，次优效应不可避免。因此，正如沃缪勒所说，最优解释理论从来不能仅凭自身就为真实的法律体系中真实的法律解释者提供可靠的规范性建议，②如果不在经验层面上对解释者的能力及其选择的解释方法所产生的对相关制度和机构的系统性影响给予充分考虑，就不可能为法官、立法者以及执法者如何解释法律文本这一问题提供具有可操作性和可行性的答案。曼宁对其文本主义主张的证成过程在经验和现实考量上的明显不足，无疑在一定程度上削弱了其理论的证明性和说服力。

曼宁始终非常强调文本主义与目的主义、意图主义在基本假设和具体主张上的巨大差异，作为新文本主义的坚实拥护者和倡导者，这一点本无可厚非。然而，对社会现实的忽视，不仅导致了曼宁文本主义理论在论证上的缺陷，也使其未能认识到几大解释路径之间已渐趋明显的融合倾向。

---

① ［美］阿德里安·沃缪勒：《不确定状态下的裁判——法律解释的制度理论》，梁迎修、孟庆友译，北京大学出版社2011年版，第2页。

② 参见［美］阿德里安·沃缪勒：《不确定状态下的裁判——法律解释的制度理论》，梁迎修、孟庆友译，北京大学出版社2011年版，第161页。

乔治城大学法学院教授乔纳森·莫洛特(Jonathan T. Molot)指出,在文本主义者更加关注背景,而新一代的目的主义者将文本作为目的的最根本承载和首要来源,并尝试从文本中探求理想的而非实际的立法者的意图的意义上,二者之间的界限已经十分模糊了。[①] 事实上,虽然在高层次的概念性、理论性和宪法性理由上仍有很大分歧,但在立法史问题逐渐从司法实践中消退之后,文本主义和目的——意图主义已在具体操作层面上形成了某种"重叠共识":[②]以颁布的文本为意义的最初来源,但在文本模糊时,在制定法目的等制定法外的背景性线索中进一步探求文本含义。[③] 然而,过于强调理论的价值层面并急于维护文本主义独特性的曼宁却并未看到——实际情况更可能是不愿承认这一点,[④]从而导致其结论不无狭隘。

事实上,或许正如沃缪勒所说,基于经验层面的考虑,价值层面上的差异可能对操作性方案并没有什么影响,不同的解释价值理论完全能够在具体决策程序的选择上达成一致意见。[⑤] 因而笔者认为,关于解释理论的探寻应该逐渐走出在规范性层面上的无谓争论,进入对解释实践的经验性考量,关注真实的解释者在真实情况下所应做和所能做的真实的权衡和选择。

---

① See generally Jonathan Molot, "The Rise and Fall of Textualism", *Colum. L. Rev.* 1 (2006).

② [美]阿德里安·沃缪勒:《不确定状态下的裁判——法律解释的制度理论》,梁迎修、孟庆友译,北京大学出版社2011年版,第78页。

③ See John Manning, "What Divides Textualists from Purposivists?", *Colum. L. Rev.* 70,75-76(2006).

④ See generally John Manning, "What Divides Textualists from Purposivists?", *Colum. L. Rev.* 70(2006).

⑤ 参见[美]阿德里安·沃缪勒:《不确定状态下的裁判——法律解释的制度理论》,梁迎修、孟庆友译,北京大学出版社2011年版,第11页。

第五节 沃缪勒的文本主义

哈佛法学院教授阿德里安·沃缪勒(Adrian Vermeule)2006年在其出版的《不确定状态下的裁判:法律解释的制度理论》[①]中提出了文本主义解释方法,即形式主义解释方法。依据他的形式主义理论,法官在解释法律时应当选择的方法是文本主义,即在法律文本明白而清晰时,应当服从法律文本的字面含义,避免使用其他工具扩充文本的意义、意图或目的;在法律文本模棱两可时,则应服从立法机关或行政机关对法律的解释,不要试图援用其他渊源去填补空隙或消除含混之处。不管遇到何类案件,法官皆不能使用立法史解释、各类解释准则以及整体性的文本比较。最后,法官应当适用一种制定法先例的强规则,同时服从后来的行政解释对先例的废止。具体包括:

第一,当存在明确而又具体的制定法文本时,法官不需要再去考察立法史以确证或否证文本的表面含义或去查清立法意图或目的。参考立法史必然会增加成本,却未必会有收益,在大多数时候,清晰的制定法文本自身已经很好地反映了立法意图或目的。

第二,基于同样原因,法官不应该通过援引诸如权威默认规则或与其他条款和制定法的整体比较之类的其他传统解释工具去补充或者质疑制定法条款的明确具体的含义。

---

① See Adrian Vermeule, *Judging Under Uncertainty: An Institutional Thoery of Legal Interpretation*, The President and Fellows of Harvard College, 2006. 中文版,参见[美]阿德里安·沃缪勒:《不确定状态下的裁判:法律解释的制度理论》,梁迎修、孟庆友译,北京大学出版社2011年版。本节中的观点均来自于中文版,特此言明。

第三,即使没有清楚明确的制定法文本,法官仍然不能去利用立法史、有关联的制定法或者解释准则去填补空隙或消除含混之处。相反,法官应当适用强式的"雪佛龙规则"(Chevron rule),即在雪佛龙公司诉自然环境保护委员会案中,法官所采取的方法是,首先考虑国会是否已经直接解决了所争议的问题或者国会是否已经很清楚地否定了行政机关的做法,然后,再追问行政机关的法律解释是否合理,最后,如果行政机关解释合理,而且没有与国会的明确指令相冲突,那么法官就应当维持行政机关的法律解释,不允许法院仅仅因为对如何解释制定法有不同的看法而拒绝遵从行政机关的解释。简言之,法院必须遵守国会有关遵从问题的指令,如果国会明确指示遵从或者不遵从行政机关的法律解释,法院应当按照国会的意思行事。这一规则不仅适用于刑事制定法,也适用于民事制定法。

第四,法官应该高度尊重制定法先例,只有在制定法的新行政解释否决了先前司法解释的情况下,才可放弃制定法先例,除非有清楚而又具体的文本规定了不同的做法。

第五,在宪法案件中,司法的基本任务是去实施明确和具体的宪法文本。法官应当避免僭越此限度。当宪法文本模糊不清或存在多种解释,或宪法文本的内容过时需要随公共价值的转变而改变时,法官应当尊重立法机关对宪法文本的解释。

总之,无论法律或宪法成文法的解释,法院都应当秉持一种谦逊的、不那么雄心勃勃的姿态,当手头的法律文本模糊不清且无法具体解决相关法律问题时,就应尊重其他机关对法律文本的解释。

其实,仅就沃缪勒的文本主义解释方法来看,其实并无新意,无非就是主张一种字义解释方法,而拒绝法院或法官的价值判断。他的主要贡献在于他基于制度主义分析视角的独特性,即运用制度主义视角，论证了文本字义解释方法的正当性。正如哈佛大学教授弗雷德里克·肖克(Frederick Schauer)所评价的那样：沃缪勒对法律解释这一宏大而恒久的主题做出了卓越贡献，其中部分完全源自于他的独特视角，他运用法律哲学、公共选择理论、历史学、经济学、社会心理学和政治科学等学科的深刻洞见与法学多个领域的知识结合起来，对制度和在不确定状态下决策的并不完美的解释者进行了集中探讨，为我们提供了全新的论证和独到的见解。

沃缪勒提出的制度主义分析视角是其贡献所在。在他看来，以往的所有解释方法论都受困于对制度和经验问题的漠视，在解释理论上存在一种误区，即试图从高层次的概念或政治和道德前提出发，例如，对民主、法治以及宪制的诉求出发，或者从法律权威或法律语言的性质阐释出发，直接推导出操作性的解释规则。这种概念性推演在沃缪勒看来是不可能成功的，最终都会归于失败，因为在价值一端与操作性的方法一端之间涉及两类经验问题：一是机构的解释能力；二是不同机构之间相互作用的系统性影响问题。就最优概念论而言，一个无法回避的问题就是有可能出现次优效应，当试图贯彻任何最优理论时，处于特定制度结构中的解释者时常出错。因此，最优概念论从来不能提供一个适宜于普遍运用的操作性的解释程序。法律解释的规范理论最终要受制于经验问题和事实依据。为此，他归纳出了法律解释理论中三种形式上的制度盲区：一是彻底哲学化，即从完全非制度性前提如民主、权威、整体性之类的政治概念或与法律语言相关的抽象概念出发建构解释理论。二是程式化的制度主义，即通过参照有关立法机关、法院和行政机关的实质特征的概念命题，而不是有关特定法律体系中的制度经验命题展开研究。三是非对称制度主义，即对一些机构过度轻视或贬低，而对另外一些机构持不合理的乐观评价。沃缪勒认为上述理论已经滑向“涅槃谬论”：将某个制度最差方面同另外一个制度最好方面加以对比，譬如，在贬低立法机构的同时，却对法院持一种过于理想化的看法，对行政机关所担当的核心解释角色避之不提；或过高估计立法机构的能力而忽视法院的能力。

为什么法律解释理论会忽略制度性问题，即制度能力与系统性影响问题？沃缪勒分析了有以下三种原因：一是角色混淆。法官往往基于自身角色，提出“我应该怎样解释法律文本？”的问题，而不是问“特定的机构，基于自身特定的能力，应当怎样解释特定的文本？”按照前问，制度性问题就被忽略了。如果法律理论不能从经验层面对解释者的能力以及所选择的方法产生系统性影响给予充分的考虑，就不能为解释者如何理解法律文本提供可操作性答案。二是学术的专业化，即学术界专家常常批评法官判决的机械性或僵化性，但他们没有注意到法官能力所带来的风险，即法官不受制于法律文本时可能解释得更糟，譬如，反形式主义的法院可能误读制定法的目的，将合乎情理的文本错误地认定为荒谬等。因此，学术界的批评没有注意到法官司法能力问题。三是个案扭曲力（the distorting force of particulars），即个案中的生动事实往往会引发法官认知上的错误。因此，当法官不能被信任在个案中能够发现立法者意图或者制定法目的时，而且当授予其相应权力会损及法律的确定性或者产生其他的系统成本时，选择某种次优的形式主义解释方法就是最有吸引力的选择，这样就会避免个案被扭曲。

因此，沃缪勒指出：法律解释方法理论必须面对制度主义的困境问题，即法官们并非全知全能，而是仅具有有限理性，即他们处理已经获得的信息的能力是有限的，他们会犯一些认知的错误。当那些认知错误被所有的法官采纳时，这个错误就会进一步扩散,因为法官决策的程序是逐案解决的程序,这种程序通常过于关注特殊的个案,从而阻碍了法官去考虑他们运用的解释方法所产生的系统性影响。总之,有限理性的法官必须在缺乏充分信息的情况下,基于一些事实依据来选择特定解释方法,这就是制度主义困境(institutional dilemma)。因此,在极度不确定和有限理性条件下进行判决的法官,应当限缩他们试图收集的信息范围,并降低他们行动技巧的复杂性,因为信息范围的扩大,复杂性与灵活性程度的提高必然支付一定的成本,却未必获得收益。因此,法官应当选择最简单的,甚至是最机械的解释规则,这些解释规则可能在个案中会导致不太好的结果,却能够从总体上产生最佳结果。沃缪勒承认它们是一种规则结果主义,即法官应当根据那些只要遵循它们就能在总体上产生最佳结果的规则来解释法律文本。他同时对与之相对应的行为结果主义,即主张法官直接选择那种能够对法官审理个案产生最佳结果的解释进行了批判,因为法官是在掌握有限信息且仅仅具备有限理性的前提下进行解释,所以他们在个案中评估结果好坏时很容易犯错误,最好的裁决方法是非直接的,即法官不去直接评价个案中结果的好坏,而是应当遵循那些能为法律制度带来整体上最佳结果的解释规则。在沃缪勒看来,规则结果主义的意义在于不完美的解释者只要遵循规则就能够产生整体上的最佳结果。

通过上述对沃缪勒文本主义解释方法的叙述可以看出,沃缪勒的方法论的确没有什么新意,无非是主张与捍卫传统意义上的文义解释方法,甚至可以说是从一种制度主义的视角论证了文义解释方法的合理性与正当性。但是,他的创新性贡献就在于其论证方法,即运用制度性、经验性的视角有力地解剖了各种法律解释方法论中存在的制度主义缺失,使人感到耳目一新,甚至具有振聋发聩之效力。然而,如果回到其文本主义方法本身,则仍然面对着法律的不确定状态下法官有无创造性解释的权力问题,按照沃缪勒的观点,他是拒绝法官的自由裁量的,拒绝“法官造法”。然而,法律的成长确是立法者与法官一同推动作用的合力之结果,如果仅强调立法者或行政机关的能力,而忽视法官的解决问题的能力,则有可能陷入他自己所批判的“非对称制度主义”的泥潭中。

同时,他的文本主义解释方法是在承认能够给法律制度带来整体最佳结果而牺牲个案正义的基础上得出来的,因此具有极强的一种功利主义色彩,难道我们宁愿牺牲个体正义也要维护制度的整体性就必然具有正当性吗?

第六节　威廷顿关于文本原意主义的辩护

应当承认,在当代学者中,关于文本原意主义方法论辩护之系统、有力的当属于美国普林斯顿大学教授凯斯·威廷顿(Keith E. Whittington),他在1999年出版的《宪法解释:文本含义、原初意图与司法审查》①一书中对文本原意主义做了全面的辩护。笔者在此就他的基本观点做一梳理与评析,以此加深对文本原意主义方法论的理解与认识。

在威廷顿看来,原意主义能够最好地满足宪法解释的要求。尽管还存在其他解释方法,甚至其他解释方法可能会在特定案件中产生比原意主义方法更好的结果,但是这些方法是作为政治意识形态的方法而非法律解释的方法的。因此,按照威廷顿的观

① See Keith E. Whittington, *Constitutional Interpretation: Textual Meaning, Original Intent, and Judicial Review*, University Press of Kansas 1999. 中译本由杜强强、刘国、柳建龙译,中国人民大学出版社2006年版。笔者参照了中文译本,但论述做重新诠释。

点,虽然其他方法也与解释成文宪法具有一致性,但是它们都有缺陷,只有原意主义方法才是最合乎司法解释成文宪法文本的方法,并且原意主义法学能够促进建立在人民主权基础之上的政治制度的实现,所以原意主义方法为正确解释的实践提供了最直接与最相符合的进路。①威廷顿为什么得出这种结论?笔者认为,这与他对"解释"定义的理解有密切的关联,甚至可以说,只有明确了威廷顿视野中的"解释",才能明白他为什么坚持认为文本原意主义才是最好的维护成文宪法文本的方法。

一、"解释"(interpretation)与"创造性解释"(construction)

威廷顿花了大量的篇幅专门对"解释"与"创造性解释"做了论证。② 他特地做了说明,即在总体审视宪法解释,尤其是原意主义方法时,牢记理解宪法含义的两种方式之间的一般分类是有意义的,分清宪法解释(constitutional interpretation)与宪法创造性解释(constitutional construction)之间的区别最终有助于澄清司法审查在宪制中的作用与原意主义在宪法理论中的具体功能。这一声明是他之于文本原意主义方法论维护的前置性条件,但他所说的"宪法解释"不包括"创造性解释",因为创造性解释是原意主义方法论无法接受的。

威廷顿认为,解释与创造性解释的区别是分析性的。在他看

① See Keith E. Whittington, *Constitutional Interpretation: Textual Meaning, Original Intent, and Judicial Review*, University Press of Kansas, 1999, p. 3.

② "interpretation"和"construction"在杜强强等翻译的中文版中将它们分别翻译为"解释"与"阐释",一般说来是没有错的,它们都可以翻译为"解释"或"阐释",但是从法律解释之基本理论分析,"解释"包括字面的或平义解释与创造性解释,结合威廷顿的观点及用意,他所理解的"解释"(interpretation)就是字面式的原初文本含义解释,而把超越文本原意主义的解释称之为"创造性解释"(construction)。所以,笔者认为将它们理解并译为"解释"与"创造性解释"较妥。

来,宪法解释是相当熟知的发现宪法文本含义的过程,而宪法创造性解释尽管也关注文本的含义,但是它不仅是在原初文件中发现业已存在的含义,即使含义深藏于文本的背后。创造性解释本质上是一种创造(creative),虽然文本没有被抛弃而是作为一种存在。威廷顿把这种创造性解释理解为本质上是一种政治性的活动,它不能依靠纯粹的法律形式而获得。为此,威廷顿指出了宪法解释的两个基本特征:一是它属于条文主义的解释;二是它探究文本中已经存在的含义。他说,解释就是发现,尽管发现的过程可能是复杂的,同时也需要解释者的良好的判断,但其结果就在于发现原初文本中的东西。因此,在这个意义上,解释的本质就不是创造。然而,宪法创造性解释的情形就完全不同,宪法解释的本质虽然是条文主义的,而宪法创造性解释的本质则是政治性的,其前提是宪法文本的部分条款中根本没有可发现的含义。这倒不是说威廷顿要否认文本的存在,而是在承认文本中的条款与结构存在的前提下,只是因为出现了语言含义的宽泛、模糊与不确定而无法具体化为法律规则(legal rules)的情形。这种情形在法律解释过程中是一种司空见惯的现象。譬如,威廷顿自己就举了一个买狗的例子。如果给予的文本内容是"买一条狗",解释者可以在文本的含义内确定界限,即必须买一条狗,而不是一只猫、一匹马或一头大象。但是买什么样的狗,在威廷顿看来就不是解释性的选择,而是需要创造性解释。其实,威廷顿眼中的"创造性解释"仍然是一种常见的解释,法律文本中的语言几乎没有多少是"具体""明确""清晰"的确定条款,而多数是模糊与不确定的，对文本含义的进一步说明也是“解释”。[①] 一般而言，创造性解释是以法律文本没有规定而出现法律漏洞之情形为前提的，如果仅仅是基于法律文本中的含义不清晰、模糊，就认定不是“解释”而是“创造性解释”，那么就把“创造性解释”的范围扩大了，因而威廷顿所指的“创造性解释”与法律没有规定的创造性解释还是有很大区别的。按照威廷顿的分类，他将法官的解释活动分为三种情况：一是发现含义，这属于解释（interpretation）；二是发展已存在的文本的含义，这属于创造性解释（construction）；三是完全发明新的含义，这属于创造（creation）。创造是修正文本，提出新的具有效力的含义。[②]

威廷顿区分解释与创造性解释的目的，就在于阐明他所维护的文本原意主义就是关于发现文本含义之意义上的法律解释方法。换言之，只要是发现含义的法律解释所采用的最好的方法就是文本原意主义，而创造性解释与法律创造都不会适用于文本原意主义，因为它们都超越了文本原初含义。由于威廷顿自己界定了“解释”的含义，所以他的“解释”理论的确需要文本原意主义，这也是他为什么要捍卫文本原意主义的主要原因。

二、威廷顿对文本原意主义辩护的两大理由

威廷顿关于原意主义即宪法应当按照起草和批准时的公众理解来解释的观点之维护，具有两大理由：一是成文宪法性质使

---

① 我国《立法法》第45条规定：“法律有以下情况之一的，由全国人民代表大会常务委员会解释：（一）法律的规定需要进一步明确具体含义的；（二）法律制定后出现新的情况，需要明确适用法律依据的。”前者就是属于文本含义模糊的情形，而后者则属于法律漏洞情形，在这两种情形下，其都属于法律解释。

② See Keith E. Whittington, *Constitutional Interpretation: Textual Meaning, Original Intent, and Judicial Review*, University Press of Kansas, 1999, p. 11.

然;二是人民主权之要求。

首先,原意主义方法合乎成文宪法的需要。只有宪法是成文的,文本原初含义的解释方法就隐含其中,因为任何解释理论都依赖于成文法律的存在这一制度事实。为什么说成文宪法需要一种原意主义的解释?威廷顿从三个方面进行了论证:一是将原则固化为明确且永久文本之需要;二是稳定的文本是出于宪法的司法实施之需要;三是法律文本是作者意图的表达。[①] 成文法律的好处就在于将法律原则、规则明确化、清晰化,让每个人都能明白文本的含义,这是文本原意主义方法的基石。稳定的文本就意味着稳定的含义。尽管时空变换、历史变迁,但唯一不变的是文本的含义,正如麦迪逊所说:虽然组成宪法的文字的含义随着时间的流逝可能发生变化,但是一部法律的文本的含义却不会变化。[②] 这就为文本原意主义提供了可能。如果文本是作者意图的表达,换言之,作者的意图通过文本文字展示出来了,那么要了解作者的意图,就只需发现文本字词的含义即可,因而为了发现文本字词的含义,就必须要求文本原意主义方法。

其次,原意主义方法满足人民主权之要求。人民主权是一个非常抽象与概括的概念,从理论上来说,人民是主权的主体,"一切权力属于人民"就是对人民主权原则的精练表达。但是,人民对国家、社会事务的管理不是亲自进行的,而是委托人民的代表,所以真正表达人民主权之理念的是选举以及公民对人民主权的参与,通过对体现人民主权意志的事务的参与,方能体现人民主权。就宪法制定而言,制宪权属于人民,宪法的制定应当体现全

---

① See Keith E. Whittington, *Constitutional Interpretation: Textual Meaning, Original Intent, and Judicial Review*, University Press of Kansas, 1999, p. 50.

② See James Madison, *The Writing of James Madison, ed. Gaillard Hunt*, 9 Vols., New York: G. P. Putnam's Sons, 1990, p. 191.

体人民的意愿,使人民主权得以实现。因此,威廷顿认为:我们通过致力于宪法含义的参与,通过进入文本含义是什么以及怎样的宪法应当统治我们的讨论之中,就融入主权之中了。更为重要的是,人民主权的真实就在于我们从事了宪政主义的共同事业,因为宪法的约束力就在于它不断地创造一个政治上的人民,他通过权威地表达他们的公共价值而提供了准则。所以,作为一个主权意志的表达,宪法的约束力不是因为我们当下接受了它特定的条款,而是因为我们接受了它的设计和准则。因此,宪法是一种我们有能力从事宪法对话的象征,它的权威取决于我们持续地愿意这样做。人民主权是真实的,因为我们通过接受宪制主义的公共领域和公共利益而造就了它。我们就是人民主权的一部分,因为我们或明确或隐含地接受了公共利益并帮助建构了它。我们加入制宪者中去,因为我们也能够成为制宪者,这样做,我们就接受了制宪者的遗产。制宪者在批准宪法之后,没有试图走出坟墓统治我们。相反,他们试图保障我们自我统治的权利。通过承认宪法的权威性,我们承认我们有权力设计新宪法,并附随地成为了旧宪法的作者。① 威廷顿通过对宪法与人民主权关系的讨论与论证,企图解释后来的我们——人民主权的主体为什么还要接受以前的主权者所制定的宪法或法律,承认其权威和效力,这主要是因为宪法的制定者不仅是那些过去的人民,我们通过接受制宪者的遗产而不断地承认他们所表达的公共价值与准则,从而使人民主权不断地保持着真实存在的状态。换言之,宪法始终是人民主权意志的表达,这就是像威廷顿所说的:"人民作为主权实体的存在,其精神赋予了政府的全体以生命,正是这种幽灵式的存在,构

---

① See Keith E. Whittington, *Constitutional Interpretation: Textual Meaning, Original Intent, and Judicial Review*, University Press of Kansas, 1999, pp. 143 - 144.

成了宪法的基础。保持宪法的约束力,现在的主权者没有也无必要时刻积极地重新建构主权者的意志。通过将主权者的意志放置于动态之中,并保留修改或取代遗留下来的宪法的能力,人民就为宪法政府和政府统治的同意提供了持续的基础。宪法的继续为现在和未来确保了人民的权威。"①

威廷顿对宪法权威连续性的解释实际上奠定了原意主义存在的根本基础,原意主义的主张就是要探求文本原初的含义,而文本原初的含义之所以对现在乃至将来都具有约束力,是因为宪法是人民主权的产物,后来的人民一直接受并承认了宪法制定时的人民所作的宪政设计与原则准则,宪法是持续的、一致的,因为宪法一致具有约束力和权威性。在这个意义上,威廷顿承认"原意主义不是宪法框架的偶然附属物,而是宪法自身有效性的必要组成部分。在最低的层面上说,原意主义是宪法权威的支撑;在最高的层面上说,对原意主义方法的反对同时削弱了司法审查与忠诚于宪法的基础"。② 因而,人民主权要求采纳原意主义的解释方法,而原意主义权威的根本基础则是它能够为人民主权保留空间。从人民主权的最初形成来看,它意味着革命的权利,这种权利以政府官员仅是人民的代理人的观点为基础。这一政府理念使人民的幸福成为政府最终的目的。保持人民主权的权威与可能性,就要求坚守人民组建政府的权利。原意主义通过实施众所周知的体现主权意志的条款而维护了这一权利,同时还为人民宪法协议对话的重新开启,留下了空间。通过实施发现的过去表达的主权意志的意图,原意主义既要求主权意志的重新表达以改变宪法含义,也要求借助使它们具有法律意义而修改这种表达的可

---

① See Keith E. Whittington, *Constitutional Interpretation*: *Textual Meaning*, *Original Intent*, *and Judicial Review*, University Press of Kansas, 1999, p. 151.

② Ibid, p. 153.

能性。[①] 在此基础上,威廷顿具体指出了原意主义之于人民主权所具有的意义:(1)原意主义主张主权与政府的分离,并因此确保对政府行为的长久以来的制衡。(2)原意主义维护了人民公意的普遍性。只有原意主义忠诚于主权意图。(3)原意主义维护了人民主权意志的有效性。如果其他方法把主权行为放置一旁,那么人民主权的理想就毫无意义。通过实施由立宪者制定的宪法契约的原初条款,原意主义的法院才能确保主权的努力没有落空,并确保主权者的意志在现实中具有效力。如果具有权威人民主权的意图能够给抛弃,那么自我统治就成为空谈。从另外一个角度来看原意主义还确保了公意未来表达的有效性,通过主张宪法的含义是由其作者确定的,来为未来人民的宪法协商提供了基础。只有现在和未来的一代人愿意赋予前代人的宪法意志表达以效力,他们才能期待他们自己的宪法意志具有效力。过去的判断支配着未来,直到为新的判断所取代,如果放弃这一原则,则标志着人民政府本身的放弃。除非我们接受过去的权威,否则我们就不能保证我们自己的权威制约未来。通过实施宪法的原初含义,司法机关维护了我们自己在宪法创造上的努力的原理。(4)原意主义坚持了同意的现实性。原意主义伫立了一道保护堤来防止以人民的代理人即统治者的意志取代人民的意志。通过实施过去人民同意所表达的内容,原意主义坚持认为同意不能被假定而必须从那些将来服从政府权力的人民那里获得。因此,即使制宪时刻已经日益久远,但至少它具有现世的意义,如同它的前提既是现世的,又是即时的。[②]

---

① See Keith E. Whittington, *Constitutional Interpretation*: *Textual Meaning*, *Original Intent*, *and Judicial Review*, University Press of Kansas, 1999, pp. 154 – 155.

② Ibid, pp. 155 – 157.

三、原意主义不应当是什么

威廷顿认为,原意主义虽然受到了空前的指责,甚至要被埋葬掉,但是这种批评现象的背后恰好说明了原意主义具有强大的生命力。试想,一种根本经不起批评的理论,也不必招致如此持久且广泛的批判。威廷顿在论述了原意主义方法论的两大正当性之后,又从其反面解释了原意主义不应当是什么,进一步阐释了原意主义的内涵。以下仅就笔者认为主要的四个方面进行说明:

首先,原意主义不是意图主义。威廷顿明确反对将原意主义与意图主义等同起来,认为将原意主义与"意图主义"(intentionalism)等同之结果就是导致其不幸地与令人相当质疑的文学理论学派联系起来。这种联系造成对原意主义的性质某种困惑与广泛推测,滋生了对原意主义价值的怀疑。因此,他将这种意图主义称为"意图谬论"(intentional fallacy)。[①] 他引证了霍姆斯关于合同解释的观点。霍姆斯指出:"法官不应当通过探求意图而试图重建作者未知的心理状态,而应当直接解释作为书面的成文合同,通过法律惯例解释人为作品。"[②]因此,原意主义的目标不是重新构想法律制定时某些立法者个人头脑中转瞬即逝的想法,而是考察表达清晰、阐述详尽的文本含义;不是想象法律批准大会上代表们的主观意图,而是寻找阐明文本含义的客观意图

① See Keith E. Whittington, *Constitutional Interpretation: Textual Meaning, Original Intent, and Judicial Review*, University Press of Kansas, 1999, p. 161.

② Oliver Wendell Holmes, *Collected Legal Papers*, ed., Harold J. Laski, MA: Peter Smith, 1952, pp. 203 - 209.

的证据。①

其次,原意主义不是拟人主义(anthropomorphism)。所谓拟人主义,源于诠释理论,诠释理论要求先前时代的集体精神(the collective geist)的创造性再现。历史上的时期不能简单地理解为相互影响的个人的集合,而是作为一个具有自我精神意志的有机体。威廷顿指出,没有一个原意主义者主张一个团体意志或思想(a group mind)的存在,他也不认为法官的任务就是发现这种团体意志中所包含的意图。相反,原意主义指的意图是那些组成批准会议的各种个人的意图以及他们对宪法条款的含义进行表达的某种同意。作为个人,立法者能够同意具有共同理解含义(a commonly understood meaning)的公共文本,原意主义者希望发现的正是这一共同理解含义。

再次,原意主义不是解释主义(interpretivism)。根据斯坦福大学法律教授约翰·哈特·伊利(John Hart Ely)对解释主义的阐释,它意指法官在判决宪法案件时应当把他们自己限制于成文宪法所规定的或者明确指示的效力规范之中。与之对应是非解释主义,即法院应当超越宪法文件,借助文献资料,在宪法文本之外去发现所适用的规范。② 按照威廷顿的看法,伊利所划分的"解释主义"与"非解释主义"这一术语不久即被抛弃了,不是因为解释的定义遭到了挑战,而是因为文本的地位遭到了质疑。如果原意主义的解释主义者忽视了诸如像自然法传统或当下社会规范而不能考虑整个宪法,那么其他宪法意义的学派仍然还是能够被视为在文本内解释宪法,发现其意义——尽管是在更宽的意义上,

① See Keith E. Whittington, *Constitutional Interpretation: Textual Meaning, Original Intent, and Judicial Review*, University Press of Kansas, 1999, pp. 161 – 163.

② See Leslie Friedman Goldstein, *In Defense of the Text: Democracy and Constitutional Theory*, Rowman & Littlefield Publishers, Inc. 1991, p. 2.

所以问题不再是“是否”解释宪法，而是解释“什么”。[①] 尽管原意主义是解释法律文本含义的一种方法，但解释主义可能存在不止一种方法，问题在于哪种方法能够更好地达到解释的目标。

最后，原意主义不是历史的终结。反对原意主义方法论的人认为，采纳原意主义就会把宪法难题简约为机械、简单的问题。在威廷顿看来，这种批评是不能成立的。其一，原意主义不是要终结不同的意见并否决下级法院的判决，它只是主张解释领域内的适当争论应当建立在意图的证据之上，而不是建立在民主的最好形式或者自然法的存在与实质之上。其二，也不应当视原意主义为“机械法学”（mechanical jurisprudence）的一种形式，原意主义法学要求的是认真判断，对于问题的界定、相关证据、证据的重要性与含义、司法原则的表述、案件的性质等都必须做审慎的判断。其三，采纳原意主义也不会终结宪法争议，即使运用原意主义的解释使宪法获得稳定，宪法政治也不会走向终结。只要宪法文本是不确定的，为了创造和治理政治性实践，依然需要宪法创造性解释（constitutional construction）。因此，采用原意主义将不会被理解为是对宪法争论的终结，也不会被理解为预示着一个意见共同一致和权宜的政治时代的来临。原意主义虽会影响这些争论的过程，但不会取代它们。[②]

综上所述，威廷顿认为，通过坚持主张法律是由人民制定的而不是政治家制定的观点，原意主义守持宪法的权威高于政府的权威。政府的主要义务是维护法律，直到它被后来者所改变。我们从制宪者那里继承的不是那部法律，而是制定法律的权力。原意主义的司法采用保证了我们不会浪费那笔遗产。同时，事实上

---

① See Keith E. Whittington, *Constitutional Interpretation: Textual Meaning, Original Intent, and Judicial Review*, University Press of Kansas, 1999, p. 7.

② Ibid, pp. 174 - 175.

的法治与正当意义上的法治都要求适用法律的人对法律制定者的忠诚,或至少要忠诚于立法者制定的法律条款。而原意主义就是与忠诚于宪法具有联系的解释方法。在某种程度上,法院致力于解释法律,他们必须采纳原意主义法学,这不是因为它是唯一可行的方法,而是因为它是最好的方法。一个非原意主义的法院可能寻求正确的目标,但它会被错误的标准而误导。

第七节　文本原意主义方法之质疑与批评

从原意主义方法论之内涵来看,原意主义方法只包括探究立法者原初意图的原初意图主义方法与探究文本原初含义的文本主义方法。原初意图主义强调探究立法者原初意图的重要性,文本原初含义的文本主义强调探究文本文字在制定时立法者以及公众的一般理解,无论它们之间有何差异,皆属于“向后看”,即探究文本在制定时的含义,以过去立法者的意图或公众理解的含义作为法律文本的含义,所以它们都共用历史解释方法。由于现代哲学解释学的出现以及文本自身理论的发展,都导致了法律含义的解构与意义的不确定。因此,无论对原初意图主义的批评还是对文本原意主义的质疑,在某些问题上皆具有共性。换言之,对彼此的质疑与批评都可能是它们共同面临的问题。本节将主要针对文本原意主义的批评与质疑作一梳理与概括。

一、法律解释的机械性、简单化与历史方法的局限性

文本原意主义者把法律解释视为机械的、简单的过程与活动,几乎所有的文本原意主义者皆主张法律的含义就是法律制定时立法者和公众对法律文本字词的一般理解,只要找到这一理

解,法律的含义自然就找到了。譬如,罗伯特·博克就认为:“法官只要把宪法中所表述的原则的原初理解作为他的指引,他就没有任何难题。他的首要原则是由文本赋予给他的,他只需从该原则去观察那些摆在他面前的案件曾运用的那些原则并作出推理即可。”[①]博克认为:法律是公开的文本,全部依靠的东西就是宪法文本中所使用的字词在当时公众是如何理解的。只要看看当时的争论、公开的讨论、报刊文章等就可获知。[②] 在博克看来,不仅宪法具有唯一的、权威的含义,而且现代解释者能够从那些公开的历史资料记录中很容易地发现文本含义,并认为这是十分明显的。[③] 大法官斯卡里亚的文本主义也是要发现法律文本中的“客观意图”,即文字的合理性含义,并认为法律是文字所建构的含义,而普林希顿大学的阿米·古特曼(Amy Gutmann)教授认为这种思想“当然太简单了”,因为“大部分文字具有开发性的多种解释。主张‘法律就是文字所意味的含义’的观点就会不接受大多数具有模糊性法律的含义”。[④]

其他原意主义者同样视法律解释为简单的运用并得出唯一正确的问题答案。他们反复强调法律解释必须依赖于固定的规则而非灵活的标准。美国联邦上诉法院法官弗兰克·易斯特布鲁克(Frank Easterbrook)主张我们相信存在一个问题的正确答案,法院应当就是正确答案的渊源。他认为法官不必寻找神秘的

---

① Robert H. Bork, *The Tempting of America: the Political Seduction of the Law*, Simon & Schuster, 1990, p. 257.

② See Robert H. Bork, *The Tempting of America: the Political Seduction of the Law*, Simon & Schuster, 1990, p. 144.

③ Ibid, p. 149.

④ Antonin Scalia, *A Matter of Interpretation: Federal Courts and the Law*, Princeton University Press, 1997, “Preface”, at vii.

指引，因为其有可能是一个简单的规则。[①] 西北大学法律学院的斯蒂文·凯拉布莱斯（Steven Calabresi）教授也认为选取法律文本的全部含义是一件简单的事情，他显然相信法律问题存在一个简单的答案。他发现，对于美国宪法的含义，任何美国儿童都能够背诵它们，因此，他自信地断言："宪法的优美的单纯性"严格体现着初级与高级中学公共课的老师所教给我们的含义。[②]

所以，以上原意主义者把法律视为一种简单的食谱，借助历史资料就能发现清晰的结论。丹尼尔·A. 费拉伯尔（Daniel A. Farber）与苏赞纳·舍瑞（Suzanna Sherry）将这种观点称为"质朴的观点"（a naïve view），即把司法事业与历史都看作质朴的。这些学者出于维护法治与民主的良好愿望，而选择了文本原初含义的原意主义方法，在盲从原意主义与纯粹的政治判决之间，在信守过去的"死人之手"（the dead hand）与自由裁量无限制地实现法官自己的政治意志之间，否定了中间道路的存在，从而陷入了一种谬论之中。[③] 奴斯巴姆（Martha C. Nussbaum）将这种谬论描述为"如果没有天堂，那么就选择地狱"。[④] 所以，文本原初含义似乎是一种对法官约束与限制的特殊问题的回应，因而原意主义者就选择了"向后看"的原初含义或立法者的意图。对于博克而言，这种自信的出现源自于他自己显然从未仔细认真地看待历史记

---

① See Frank H. Easterbrook, "What's so Special about Judges?" 61 *U. Colo. L. Rev.* 782(1990).

② See Steven G. Calabresi & Saikrishna B. Prakash, "The President's Power to Execute the laws", 104 *Yale L. J.* 541, 552(1994).

③ See Daniel A. Farber, Suzanna Sherry, *Desperately Seeking Certainty: The Misguided Quest for Constitutional Foundations*, the University of Chicago Press, 2002, p. 14.

④ Martha C. Nussbaum, "Skepticism about Practical Reason in Literature and the Law", *Harv. L. Rev.* 714, 730(1994).

录，即使这些原意主义学者做过历史考察，也仍是对他们自己的历史结论过度自信，其实历史上存在的法律文本，其原初含义都不是那么简单地发现的，实际上大多数重要条款的原初含义是什么，仅借助历史记录或资料是难以轻易获得的。不同的学者即使运用相同的历史记录，仍可能得出相反的结论。因为历史记录不仅是不确定的，而且它几乎不会对复杂的问题告诉一个明确的唯一的答案。原意主义者应当懂得历史具有神秘性，当历史面对今天的各种法律问题或宪法问题时，其含义几乎是完全开放性的。或许博克以及其他文本原意主义者指责历史研究者受到了政治偏好的影响，然而，如果真是这样的话，那么同样也能推翻原意主义的观点，即历史记录是不能成功地限制意识形态的。无论原意主义可能说什么，它似乎都是一种对法律问题或宪法问题的回答不可靠的方法。所以，非原意主义的学者反对原意主义者的观点就一点也不会感到惊讶。原意主义方法自身困境重重，譬如，谁是“立法者”？如何理解“立法者”？立法者中谁的理解是原初含义的准确理解？当初公众对文本含义的理解都是相同的吗？如何论证、考察？因此，即使人们从历史资料的来源上进行考察，其获得的原初含义的证据仍可能是碎片化的、不可靠的或冲突的。所以，“历史研究需要耐心、公平与敏感性”，对于那些想急切地找到历史证据来得出法律问题的解决方法的法律职业者来说，这是不容易的。[①] 就罗伯特·博克而言，他自己对法律文本含义的理解与其说是以历史证据为基础的，不如说是建立在他自己对法律含义应当是什么的观点之上的，正如他自己主张把原初理解方法作为宪法解释的唯一正确的方法时指出：“即使制宪者关于司法

① See Daniel A. Farber, Suzanna Sherry, *Desperately Seeking Certainty: The Misguided Quest for Constitutional Foundations*, the University of Chicago Press, 2002, p. 17.

角色的思想是不可靠的,我们也应采用'法官必须坚持宪法文字的原初含义'的规则……即便制宪者根本没有认可它,我们也必须为了拯救宪法设计而发明(invent)原初理解的方法。"①因此,当博克说如果没有原初理解的方法我们就不得不"发明"原意主义时,他自己似乎也没有认为原意主义就是一种适当法律解释的方法,至少不能是法律解释中最完美的方法论。

芝加哥大学法律教授凯斯·桑斯坦(Cass R. Sunstein)也指出了历史方法的局限性。他首先引用了理查德·波斯纳(Richard Posner)的观点说:"随着时光的流逝,宪法条款背后的特定历史的作用变得日益降低。当初的制宪者的原初理解如果还是十分具体的话,那么经过10年岁月,其对宪法的有关含义可能会变得日趋弱化。"②桑斯坦对此指出:就具体的层面而言,原初理解常常与当下所谈论的问题不再相关。譬如,在制宪者的头脑里,原初对言论自由最具威胁的许可制度在今天已不复存在,难道第一修正案被视为时代倒错吗?而且原意主义就我们自己的难题所给出的答案可能是错误的,这在一定程度上说,他们是建立在对特定问题没有充分思考的基础之上的。如果我们对这些答案深信不移,那么我们必须将它们理解到不能事先预知的不同情形之中。因此,当许多时光已经流逝时,狭窄的历史是不能做到对现代问题提供适当的答案的。③

同时,法律的解释不能是机械的,托马斯·格雷(Thomas C.

---

① Robert H. Bork, *The Tempting of America: The Political Seduction of the Law*, Simon & Schuster, 1990, pp. 5, 352.

② Richard Posner, "Book and Beethoven," *Stan. L. Rev.* 1365 (1990).

③ See Cass R. Sunstein, *The Partial Constitution*, Harvard University Press, 1993, p. 121.

Grey)在 1975 年就指出："解释的任务可能不总是简单的或机械的。"①原意主义者也承认法官的审判工作不是机械的。连米瑟、博克与斯卡里亚都承认这一点。米瑟(Edwin Meese Ⅲ)指出："宪法裁判显然不是一个机械的过程,它需要诉诸于理性与自由裁量。"②博克说："法官每一次审理案件时,在某种程度上必须造法,只不过是在微小的空隙内造法。"③同时,他还认为："法官适当的任务不是机械的(mechanical)。"他引用卡迪纳尔·纽曼(Cardinal)的话说："历史不是一种教条或问答式的教学法,它给予人们的是教训而非规则。"④斯卡里亚承认原意主义在实践中造成了方法论上的难题,但是尽管如此,它在宪法解释上也是"更小的罪恶"。他指出："的确,了解前人的文本的原初意图常常是困难的,这样做可能就要求考虑大量的有关宪法及其修正案的资料,其中涉及的唯一的因素就是各州批准宪法时的记录。除此之外,还需要对资料的可靠性进行评估,因为许多批准争议的资料被认为是不可靠的,进而还需要使自己沉浸于那个时代的政治和知识氛围之中,要脱离于我们的思想与知识,置身于我们这个时代所没有的信仰、态度、哲学、偏见和忠诚之中。简言之,这一任务有时历史学家比法律家更胜任。""我确信,作为实践性的解释理论,任何原意主义的信奉都必须容忍那时的现实。"⑤所以,斯卡

---

① Thomas C. Grey,"Do We Have an Unwritten Constitution?" *Stanford Law Review* (1975).

② *Interpreting the Constitution: the debate over original intent*, edited by Jack N. Rakove, Northeastern University Press, 1990, p. 17.

③ Robert H. Bork, *The Tempting of America: the Political Seduction of the Law*, Simon & Schuster, 1990, p. 5.

④ Ibid, p. 352.

⑤ Antonin Scalia,"Originalism: The Lesser Evil," *Cincinnati Law Review* 57 856 - 857(1989).

里亚自己承认是一个“怯弱的原意主义者”(a faint-hearted originalist),因为他认为公开的鞭笞不应当为法院所信守,从而认为鞭笞是违宪的,尽管事实上制宪者在实践中承认鞭笞。因此,在斯卡里亚看来,原意主义方法论的确存在诸多难题,只是相对于其他非原意主义方法论而言或许更具有小的罪恶而已。正如1987年大法官安托尼·肯尼迪在参议院确认听证会上所指出的那样:宪法解释的原初理解是“一个必要的开端”,而不是一个合适的方法论或告诉我们怎样审理案件的机械程序。①

我曾针对斯卡里亚的文本主义指出过:由于文本既具有原初含义,又具有随着社会变化而变化了的当下意义,而斯卡里亚的文本主义在强调揭示文本的原初含义,所以如何保证解释者所发现或探求出来的文本意义就是原初含义而非当下含义,就成为文本主义解释方法论的难点。其中涉及文本意图、立法者说出来的意图与未表达的意图之界分问题。德沃金指出:“一个文本主义者不能恰当地说作为最高法律的宪法的意图是起草者的意图,还是批准者和接受者的意图。”②斯卡里亚文本主义之对文本原初含义的探求往往借助对历史文件的分析,他相信这种刨根问底式的历史研究将揭示出重要的和相关的原初文本意图,法官能够避免作出危及民主的实质性价值的裁判。然而,由于制宪者不是单一的个人,而是一个集合体,他探究的文本含义是起草者的还是批准者、通过者的?哪些是制宪者说出来的意图,哪些未表达出来?它们之间如何划分?或者说能否划分?如果说出来的意图是具体意图,那么未表达出来的意图即抽象意图是否也应当属于文本应当需要揭示出来的意图?诸如此类的疑问都需要作深入的探

① See David M. O'Brien, *Constitutional Law and Politics*, volume two, Sec. Ed., W. W. Norton & Company, 1991, p. 84.

② Ronald Dworkin, *A Matter of Principle*, Harvrd University Press, 1985, p. 36.

究。同时,由于文本的解释是解释者在解释,而解释者又会不可避免地受到其历史偏见和主观价值的影响,即使他声称揭示出了文本的原初含义,然而谁能够对此作出判断和检验呢?谁能够说这一所谓的"文本原初含义"不是解释者个人的价值选择呢?所以,文本主义方法论虽然有其优越的一面,但同样有致命的缺憾。①

二、文本的不确定性与原初含义的解构

法律解释毕竟是对法律"文本"的解释,所以在任何时候,文本都是解释的基点与原点,是法律解释必须流淌之河的岸堤。桑斯坦说,"任何忽视宪法文本的解释制度都不值得支持",但是,"我们也必须看到,文本常常是开放性的(open-ended),它不能提供全部的引导。有时文本的含义不依赖于语义或普遍的解释原则,而依赖于显然需要实质性维护的原则"。② 凯斯·威廷顿(Keith E. Whittington)指出:最近的理论已经向传统文本解释理论提出了挑战,因为传统文本解释理论认为读者在文字交谈过程中是一个被动的参与者,而现代文本解释理论则认为作者的意图在文本中没有清晰地展示出来,我们必须面对文本可能实际上是不确定的可能。按照该理论,极端的不确定性就把原意主义所预设的前提给完全剔除了。因为原意主义的预设前提是原则能够被文本固化,文本能够为司法行为提供相对清晰的指令,文本传达了作者的意图。如果把这些前提抽出了,则原意主义方法论必然倒塌。而且这种极端的主张不在于原初意图实际上难以发现并适用,而在于对现代法官而言,在原则上是不可能有路径去发

---

① 参见范进学:《美国宪法解释方法论》,法律出版社 2010 年版,第 172 ~ 173 页。

② Cass R. Sunstein, *The Partial Constitution*, Harvard University Press, 1993, p. 119.

现的。这样一来,就没有为原意主义留下任何空间,因为文本从来是不确定的,意图从来是不清楚的。① 为文本的不确定性推波助澜的既有结构主义和后结构主义理论,也有现代哲学解释理论以及文学解释理论,它们共同构成了文本原初含义解构的合谋者。

实际上,解构文本原初含义分为三大步:第一步是"作者之死","杀死作者";第二步是抛弃文本,赋予读者以文本意义决定权;第三步,宣布文本处于不确定状态。

20 世纪之初的文学文本理论解构了作者的重要性,因为它认为意义由文本自身显现,与作者的心灵、创作意图无关,也与读者的理解无关,从而排除了作者和读者的主观性、随机性,确认文本自身是获得意义的唯一途径,它试图建立一种客观的、科学的读解理论或文学理论。② 这样,文本被创作出来之后,就与作者失去了联系的纽带而获得独立,而文本的独立性即生。按照语言结构主义观点,文本的产生受制于文学形式和文化模式,常常独立于作者和读者之外。另外,后现代主义及后结构主义在宣布了"作者之死"的同时,孕育出了"读者之生",赋予了文本意义的决定权。后现代主义者与后结构主义者对文本确定性提出了怀疑。德理达即认为作者所写的东西一般说来不是他意指的东西,解读文本同作者没有必然关系。作者与其说是某文本的作者,不如说是某文本的解释者、复制者、转述者。福柯考察过"作者"的谱系,在原始人中根本不存在作者,原始文学是以口头传诵和集体复合为特征的,这时候诞生的神话传说在原型理论那里,就是文学艺术的"原型"。而今天的写作已经变成了一种语言符号,它们更多

---

① See Keith E. Whittington, *Constitutional Interpretation: Textual Meaning, original Intent, and Judicial Review*, University Press of Kansas, 1999, p. 68.

② 参见蒋成禹:《读解学引论》,上海文艺出版社 1998 年版,第 104 页。

地由能指(声音符号,是符具)的性质支配,而不是由表示的内容即概念意义支配。实际上,它主要关心的是创造一个开局,在开局之后,写作的主体便不断消失。福柯还认为,凡是作品有责任创造不朽性的地方,作品就获得了"杀死作者"的权利或者说变成了作者的"谋杀者"。[①] 所以,文本一旦产生,便失去了作者所赋予的生命力,剩下的只是一个结构框架,其意义得由读者自己依据独立文本所获得的独立性去重塑。后结构主义强调语言意义之能指与所指的分裂,能指与所指之间是一个无尽的意指的过程,能指永远不能到达那个代表终极意义的所指。意义的实现只能是一种意指的过程,否认终极意义上的所指。在后结构主义看来,一切文本只是能指的自由游戏,所指永远都是延缓的与不在场的,因而作为终极意义的真理是不存在的,于是作者就不再是决定作品最终意义的权威。[②] 所以,当作者写完最后一个字的时候,作品就告别了他,而在意义的海洋和解释的沙漠地带远游,读者或批评者就成为文本意义的父亲。[③] 1968 年法国哲学家罗兰·巴瑟斯(Ronald Barthes,即巴尔特或巴特)发表的《作者之死》为标志,彻底宣布了"作者之死"。他指出:"读者的诞生应以作者的死亡为代价换取的。""读者是构成写作的所有引证部分得以驻足的空间,无一例外。"[④]次年,即 1969 年,米歇尔·福柯(M. Foucault)又在巴瑟斯的基础上,在"死去"的作者尸体上踏上了一只脚,他断言:"凡是作品有责任创造不朽性的地方,作品就获得

---

① 参见张国清:《中心与边缘》,中国社会科学出版社 1998 年版,第 153 页。

② 参见王先霈:《文学批评原理》,华中师范大学出版社 1999 年版,第 75 页。

③ 参见王岳川:《作者之死与文本欢愉》,载《文学自由谈》1998 年第 4 期。

④ [法]罗兰·巴特:《罗兰·巴特随笔选》,怀宇译,百花文艺出版社 2007 年版,第 103 页、第 307 页。

了杀死作者的权利，或者说变成了作者的谋杀者。”[①]“作者之死”即意味着读者的诞生。罗兰·巴瑟斯于1970年在《S/Z》一书中直接宣告了读者的诞生。“作者之死”后，文本获得了空前的开放性，“阅读即发现意义，发现意义即命名意义”，使读者从对文本作者的探究中解放出来，自由的读者获得了一种真正的阅读愉悦。[②]在《后现代主义与社会科学》中，罗斯诺以“抛弃作者，转换文本和重置读者”为题，考察了后现代主义者对通常意义上的作者、文本和读者的关系所作的修正，他指出：“作者的重要性，即作为个体又作为负有责任的代理人的作者的重要性，在一个后现代的视野之内被取消了。作者的假设性死亡象征着责任的衰落和对作者（权威）的抗议。后现代主义使文本具有优先性，并且抬高了读者的地位。后现代文本是开放的，并且没有客观的内容。读者被赋予确定并创立文本意义的重大权利。一切事物都被规定为‘文本’。”[③]随着“作者之死”与读者新生，文本的空前开放性，终于把文本推向了不确定性的境地。对此，威廷顿指出：“字面文字在本质上是远离其原初作者以及它们出现的语境的，因为文本只要被书写下来，就必然由读者带入新的语境之中，其含义的赋予如同在原初语境之中容易与有效。”[④]

现代哲学解释学，尤其是现象学哲学出现后，文本的不确定性又得到了哲学上的支持。因为现代哲学解释将目标转向了认识的主体，即研究世界是如何被主体所认识以及作品如何被读者

---

① [法]米歇尔·福柯：《作者是什么？》，逢真译，载《后现代主义的突破》，敦煌文艺出版社1996年版，第271页。

② 参见[法]罗兰·巴尔特：《S/Z》，屠友祥译，上海人民出版社2000年版，第51页、第70页。

③ 参见张国清：《中心与边缘》，中国社会科学出版社1998年版，第152～153页。

④ Keith E. Whittington, *Constitutional Interpretation: Textual Meaning, Original Intent, and Judicial Review*, University Press of Kansas, 1999, p. 73.

所理解,从而提出要在主体和客体之间寻求文本之意义。德国著名哲学家胡塞尔指出:事物(客体)在人的主体未意识到之前是没有意义的,因为它在主体意识之外。事物应该是主体意识到的事物,主体意识又应该是对事物的意识,这样才能构成意义。① 胡塞尔的现象学认识对法律解释的价值在于它突出了读者在认识中的主体地位,法律的解释是解释者对法律文本的认识、理解和解释,归根结底是解释者在起主导作用。波兰哲学家英伽顿认为:作品文本一经诞生,就有了自身生命,但读者未参与之前,还是一种黑暗的存在,一叠白纸上印着的一串串符号。文本未经阅读,其意义处于潜在的存在,它在自身之内包含有明显特性的空白,而文本的空白有待读者去具体化。② 法国哲学家萨特从存在主义哲学的视角为文本读者理论提供了哲学依据。萨特认为:人是一种自为的存在,是积极主动的;物是一种自在的存在,是消极被动的。如果没有人的发现,自在之物只是毫无意义的存在,自在之物是通过自为之人而获得意义的。萨特认为,阅读是一个预测和期待的过程,阅读是引导人的创作。③ 哲学解释学本体论的转向便把解释目标的中心由作者或文本本身转移到了读者这一"中心"上,从而其他本体被"边缘化"了。

海德格尔和加达默尔的本体论解释学为解释者之意图说提供了更充分的哲学支撑。海德格尔针对传统本体论中的"存在是什么"的问题指出:这个存在只能是人,人询问他自己和世界上其他存在者之存在,他始终理解他自己的存在。海德格尔在这个意

① 参见蒋成禹:《读解学引论》,上海文艺出版社1998年版,第198页。

② 同上书,第199页。

③ 同上书,第199~200页。

义上来谈论人这个存在者,并把他称为此在。[①] 而解释就是此在的解释方式,此在就是存在的理解。只要理解存在,才有此在,才有此在的认识活动。只有进入"此在",存在才能存在,是人参与了存在意义的建构。宪法法律文本的意义则是解释者参与解释的结果,没有解释者的参与解释活动,文本意义也就无从建构。

加达默尔作为海德格尔的学生,海德格尔的思想对加达默尔的解释学理论起了决定性影响。如果说海德格尔的解释学的最终目标是要探索存在的意义,那么加达默尔的解释学所关心的则是人生在世,人与世界最基本的状态和关系。[②] 加达默尔在其代表性著作《真理与方法》(第2版)序言中进一步指出:"我认为海德格尔对人类此在的时间性分析已经令人信服地表明:理解不属于主体的行为方式,而是此在本身的存在方式。本书中的'诠释学'概念正是在这个意义上使用的。"[③]按照加达默尔的观点,解释学不仅是方法论问题,而且也是知识与真理问题,尤其是法学诠释学更是一个具体应用的问题,他说:"法律学家是从现存的情况出发并且是为了这种现存的情况而理解法律的意义。……法律的意义只有在所有这些应用中才能成为具体的。"[④]他指出:"为了正确地认识这种(法律)规范内容,他们(法律学家)必须对原本的意义有历史性的认识,并且正是为了这一点法律解释者才关注法律通过法律实践而具有的历史价值。但是,他不能使自己束缚于诸如国会记录告诉他的当时制定法律的意图。他必须承认以后

① 参见张汝伦:《意义的探究——当代西方释义学》,辽宁人民出版社1987年版,第128页。

② 同上书,第160页。

③ [德]汉斯-格奥尔格·加达默尔:《真理与方法——哲学诠释学的基本特征》(上卷),洪汉鼎译,上海译文出版社1999年版,序言。

④ 同上书,上海译文出版社1999年版,第418页。

所发生的情况变化，并因而必须重新规定法律的规范作用。”①所以，解释的任务就是使法律具体化于每一种特殊情况，即应用的任务，“这里所包含的创造性的法律补充行为无疑是保留给法官的任务”。② 加达默尔不仅承认解释者的主体地位，而且还承认法律的意义其实就在于解释者在应用中的创造中赋予，至少他认为法律的意义不只是在于立法者那里，或者说法律的意义在立法者那里是抽象模糊的，法律的意义只有解释者才能在法律的具体应用中成为具体的，所以加氏特别强调立法者与解释者的历史视域的融合。虽然加达默尔重视解释者在法律意义创建中的作用，但他并不是一个极端者，他没有把解释者的地位置于一个“唯一”的作用上，解释者的意图尽管渗透于法律文本的意义之中，但毕竟是受到立法者原意的制约的，这一点使他同后现代主义者区别开来。

这样一来，从“作者之死”到读者诞生，再到读者赋予文本意义的过程，就是文本原意主义不断消解与解构的过程，一个充满质疑与批评的过程。

三、哈特关于语言的“空缺结构”与法律的模糊性

法律的漏洞问题由来已久。亚里士多德说过：“对若干事例，法律可能规定得并不周详，无法作断，但遇到这些事例，个人的智虑是否一定能够作出判断，也是未能肯定的。法律训练执法者根据法意解释并应用一切条例，对于法律所没有周详的地方，让他们遵从法律的原来精神，公正地加以处理和裁决。”③确实有大量

---

① [德]汉斯－格奥尔格·加达默尔：《真理与方法——哲学诠释学的基本特征》（上卷），洪汉鼎译，上海译文出版社1999年版，第420页。

② 同上书，第421页。

③ [古希腊]亚里士多德：《政治学》，吴寿彭译，商务印书馆1965年版，第168页。

的法律规则可能无法覆盖出现的实际事例的不同情况，哈特引进了“空缺结构”(the open texture of law)来讨论这样一种情况。哈特认为，在所有的经验领域，包括规则领域，都有一个语言性质所固有的、一般语言所提供的指引上的限制。除非在人们所熟知的、普遍无法质疑的案件中，否则，一般术语作为交流的媒介对我们而言是无用的。① 因为规则本身不会自动地去适用特定的具体案件。哈特指出：“对于行为标准的信息工具的任何选择，无论其是判例或是立法，也无论其怎样顺利地适用于绝大多数普通案件，都将会在适用的某一点上发生问题，证明其有不确定性。这将会存有被人们所称的‘空缺结构’。迄今为止我们在立法方面把它提了出来，以此作为人类语言的一般特征。”②哈特认为，语言边缘上的不确定性是在任何涉及事实问题的传递形式的一般分类术语(general classifying terms)的使用中所付出的代价。自然语言只要被使用就会存在空缺结构。因为哈特说：“我们是人而非神。无论何时，我们试图去清晰地、预先对某些行为领域进行调整而不给官员留下特殊情况下的自由裁量权的一般标准，都会遇到两种不利的条件，这是人类也是立法所不能摆脱的困境。其一是我们对事实的相对无知，其二是我们对目的的相对模糊。”③哈特认为，如果一个社会比较简单，社会具有有限特点，这些特点我们都熟知，那么我们就可以针对每一个可能发生的情况作出预先的规定。任何事情都是可知的，因为它是可知的，对任何事情都能够事先作出规则规定。这将是一个适合于“机械”法理学的世界。然而，这种世界不是我们的世界，人类的立法者根本不可能具有这样一种知识，即对未来可能产生的情况以及它们之间的

---

① See H. L. A. Hart, *The Concept of Law*, Oxford University Press, 1961, p. 123.

② H. L. A. Hart, *The Concept of Law*, Oxford University Press, 1961, p. 124.

③ Ibid., p. 125.

所有可能的组合一清二楚。这就是人类对未来事实的相对无知。基于对未来预测能力的缺乏,又导致了人类关于目的的相对不确定性。譬如,"公园内禁止任何车辆"这一一般行为规则,在其核心上是明确的,即排除汽车、公共汽车、摩托车等,并以此维护公园的安静。在这一点上,立法目的是明确的。然而,一旦出现了与当初设想不同的,或许不可能想到的情况,如电动汽车玩具的出现,立法者的目的又是不确定的,公园某种程度的安静是否应让位于那些玩电动汽车的儿童?所以,当未料想到的情况出现时,人们就碰到了视具体事情而定的问题。因为任何被文字固定化的规则,其意义并不是一成不变的。事实上,所有的法律制度以不同的方式协调两种社会需要,一种是确定规则的需要,这些规则在没有官员指导或者社会问题权衡的前提下,由私人个人安全地适用于他们自己的多数行为领域;另一种是留有空缺规则的需要,这些规则由具有智慧的官员在后来作出确定性选择。这类问题只有当它们出现在具体的案件中才能恰当地被意识到,并被解决。虽然哈特认为立法语言规则具有空缺性,但他认为这毕竟提供了一种限制,所以既不能忽略规则的不确定性,又不能扩大它的不确定性,忽略规则的不确定性是德沃金的主张,扩大规则的不确定性则是现实主义法学的主张,哈特对这两种主张都不同意。哈特认为,法律的"空缺结构"意味着确实存在这样的行为领域,在那里,多数行为必须留给法院或官员去解决,他们根据具体情形,在竞争性利益之间进行平衡。但是,无论怎样,法律的生命在很大程度上在于通过确定的规则对官员和私人个人予以指导。同时,针对具体案件的规则适用存在的不确定性也是一个事实,所以,法院规则存有"空缺结构"的领域发挥着其创制规则的功能

(a rule-producing function)。[①] 无论怎样,语言的空缺结构理论说明语言具有模糊性,而语言的模糊性则消解了文本原初含义的正当性。

① See H. L. A. Hart, *The Concept of Law*, Oxford University Press, 1961, p. 132.

第六章　探究法律原意的方法

无论探究法律原初意图主义还是法律原初文本含义，都是关于法律的“含义”是什么的探求。如果说原意主义方法论旨在阐明法律原意的各种方法理论，那么探究法律原意的方法具体是什么则是技艺性问题，即前者是理论与方向，后者是手段与途径。按照解释学理论，探究法律原意的具体方法是文义解释、体系解释、历史解释与目的解释。① 这四种解释方法，在笔者看来，既是寻求法律原意的基本方法，也是探求法律意义的基本方法，不仅如此，它们之间的先后次序本身就是任何一个解释者所

---

① 也有学者认为，法律解释方法仅限于字义解释、体系解释和历史解释3种方法，如果将解释的含义限定在追寻立法者原意上，流行的客观目的解释则不属于解释。参见郑永流：《法律方法阶梯》，北京大学出版社2008年版，第142页。德国法学家魏德士教授把法律目的或规范目的视为解释的目标，而解释的方法则是文义解释、体系解释与历史解释，它们之间是解释目标（目的）与解释手段的关系。参见［德］伯恩·魏德士：《法理学》，丁小春、吴越译，法律出版社2003年版，第321页。

必须遵循的方法选择的步骤与路径：首先，考察文义及可能的意义来解释法律的含义；其次，考察字义在法律体系与整个法律秩序中的含义；再次，借助立法资料与立法史考察；最后，回到法律的目的上。不过，每一种方法看似简单，然而一旦具体分析与考量，实则充满着吊诡与陷阱。故而不能不谨慎待之。

第一节　文义探求与语法解释

只要有理解，便会有不同的理解；只要存在解释，解释便会存有差异。哲学解释学的这种对理解与解释的基本立场，其实同样适用于法律解释。由于解释者总会受到其“前见”的影响和制约，所以解释者往往以己之意图取代法典之意图，故 19 世纪之前的法律解释理论不允许解释者解释，而只可适用。然而，“任何法律规范都需要解释”，而“立法者希望达到的具有决定性意义的调整目的必须首先在规范文义中寻找”。[①] 所以，解释就意味着，首先弄清楚文本的含义，文字含义是什么就成为法律解释首要的出发点。

文义解释之所以是法律解释之首选方法，是因为文义自身蕴含着立法者的主观与客观意志，法律语词本身最能表明立法者的意图。制定法是立法者意志以语言表达出来的载体，解释者（法官）从制定法典籍的字词中阐释出某种含义，此种含义要么在他看来是立法者的意思，要么是他归属于立法者的意思，这一过程

---

① ［德］伯恩·魏德士：《法理学》，丁小春、吴越译，法律出版社 2003 年版，第 323 页。

被德国历史学家萨维尼称为"解释"。[①] 制定法作为成文法的出现是以语言为载体的，所以，当你必须解释成文法的某一款或规章的某一节时，你必须研究的是语言，你一定要靠分析语言，才能发现句子的含义，并且要逐字逐句地分析，直到最后一个音节。因此，英国的丹尼勋爵指出："语言所以如此重要，是因为它是表达思想的工具。"[②]

何谓文义解释？我国台湾东吴大学的杨仁寿先生认为，"文义解释，指依照法文用语之文义及通常使用方式而为解释，据以确定法律之意义而言。"[③]梁慧星也下了一个大致相同的定义："文义解释，又称语义解释，指按照法律条文用语之文义及通常使用方式，以阐释法律之意义内容。"[④]我国台湾大学的黄茂荣则指出："法律上所了解之'文义'是该用语或词在一般的语言习惯上被了解的意义。惟如该用语或词在法律圈有得被认定之特别的其他意义，那么便以后者为它们的意义。所谓得认定之法律圈内的意义，主要是指有权解释的情形。"[⑤]可见，文义解释的基本内涵就是按照法典规则条文中所使用的文字或语词之字面含义与通常之使用的意思进行理解和解释。

文义，一般理解为"平义"(plain meaning)、"显著含义"(obvious meaning)或字面含义(literal meaning)。如果法律文本所规定的文字含义很清楚，解释者即以字面之意思的明确表达作为法律适用的前提，这种借助于字词的各种含义作为法律固定意

---

① 参见[美]约翰·奇普曼·格雷：《法律的性质与渊源》，马驰译，中国政法大学出版社 2012 年版，第 151 页。

② [英]丹尼勋爵：《法律的训诫》，杨百揆等译，法律出版社 1999 年版，第 3 页。

③ 杨仁寿：《法学方法论》，中国政法大学出版社 1999 年版，第 102 页。

④ 梁慧星：《民法解释学》，中国政法大学出版社 1995 年版，第 214 页。

⑤ 黄茂荣：《法学方法与现代民法》，中国政法大学出版社 2001 年，第 274～275 页。

义的解释方法是法律解释的最古老的方法，它滥觞于古罗马法。《学说汇纂》主张："倘若在词语里没有多种含义，(法官)不得自作主张进行审判。"这里所确立的解释方法原则就是字词为先，也就是罗马法的所谓的明晰性规则。一般认为，语词本身最能够表达立法者的原本意图，因为法律是由语言文字写就的，立法者在立法时之所思、所想、所欲、所情是用语言文字加以记载的，法律包含了立法者的全部意义期待，霍布斯说："行文的意义就是立法者要用法律的文字来表达的意义。"[①]所以，解释法律无非就是要读懂文字的含义，只有依托立法者写下来的语言文字，才有可能理解并解释清楚立法者所期待表达的意图和愿望，因而解释法律时，终究不能离开语言文字，一旦离开语言文字，还追论什么法律解释，从而将无以维护法律之神圣尊严和权威，以及法律适用的安定性。因此，法律解释就是要对文字语词、语句进行解释，以确定条文文字之意义，所以，欲确定法律之意义，需首先从理解和解释语言文字入手，这是把握立法者乃至法律文本意图的首选的主要方法。

诸多法谚亦皆体现了文义解释之首要价值，譬如，"文字之解释为先""文字之意义，为法律之精神""万事莫先于正文""文义如非不明确，即应严守"等。[②] 解释者之所以从文义解释方法开始，还在于任何解释的前提都是以追求法律的客观性作为其目标。"倘若'歪曲条文'，按照主观的派别目的进行解释，恰恰是众所周知地被视为严重违反法学家的职业伦理之一种，被视为是表

---

① [英]霍布斯：《利维坦》，黎思复、黎廷弼译，商务印书馆1985年版，第218页。

② 孔祥俊：《法律解释方法与判解研究》，人民法院出版社2004年版，第325～326页。

明卑贱的、恶劣的、可以贿赂的‘法律痞子’的工作方式”。[①] 王泽鉴先生站在法律解释的立场上也指出:“文义解释是法律解释的开始,但也是法律解释的终点。易言之,即法律解释始于文义,不能超过可能文义。否则就超越法律解释之范畴,进而进入又一阶段之造法活动。”[②]这种对文义解释的肯定,同时也多少反映出了立法者与解释者之间的天然的民主张力关系。对于立法者而言,要做到所使用的字词用语,“对每一个人要能唤起同样的观念”,所以“法律不要精微玄奥;它是为具有一般理解力的人们制定的。它不是一种逻辑学的艺术,而是像一位家庭父亲的简单平易的推理”。[③] 然而,法律的语言字词与日常生活中的一般用法或含义有所不同。日常交谈用语一般是对特定的交谈对象而发的,后者也在努力理解谈话人对自己究竟说了什么。与此不同的是,法律往往是对那些存心歪曲地理解它的人而表达出来的,这些人挖空心思钻法律的空子,声称他们自己就是这样理解法律的,并以此声明该法律规定不适用于自己。一旦产生了争议,那么就由法官来对法律进行解释。传统上,英国的法官一直不太情愿做超出适用法律之外的事,他们宁愿用法律所使用的字眼的字面意义;除非这样做会导致明显荒唐的或与整个法律精神相违背的结论。由于法官们的这种态度,法律条文的起草者们不得不比以往更加谨慎,因为他们明白自己不能指望法官们在裁决该法是否适用于某个具体的案件时,是根据立法者的精神来解释法律,这就会造成恶性循环。立法起草工作变得如此事无巨细,往往使目前不少法

---

① [德]H. 科殷(Helmut Coing):《法哲学》,林荣远译,华夏出版社2002年版,第210页。

② 王泽鉴:《法律思维与民法方法》,中国政法大学出版社2001年版,第220页。

③ [法]孟德斯鸠:《论法的精神》(下册),张雁深译,商务印书馆1963年版,第298页。

官所喜欢的广泛解释变得不可能。因此,法律条文明白清楚的程度,就取决于立法者和法官之间相互信任的程度。[①] 立法者与解释者之间的这种张力,其实还是来自于文字语言本身,正如麦迪逊所说:"词汇的用途是用以表达思想的。因此,语言的清楚明晰,不仅要求明确形成的思想,而且必须用完全符合这种思想的明确词汇来表达。但是没有一种语言是如此丰富,以致能为每一种复杂的思想提供词汇和成语,或者如此确切,以致不会包括许多含糊表达不同思想的词汇和成语。因此必然发生这样的现象:不管事物本身可能有多么精确的区别,也不管这种区别被认为是多么正确,由于用以表达的词汇不正确,就有可能使它们的定义不正确。"[②]不过,在立法者与解释者之间最终达成了一种妥协,即文义为先,"黄金规则"(golden rule)为辅,即解释的方法首先是按照字面含义与明白含义解释法律,如果按照文义解释将产生荒谬、非合理乃至荒唐之结果,则允许解释者对其加以修正。

文义解释方法在法律解释实践中得到了广泛的价值认同,一般而言,对法律文字的分析、理解是解释法律含义的首要的出发点。1824 年美国最高法院首席大法官马歇尔就指出:"无须隐瞒其意图者总是采用那些最直接和最恰当地表达其思想的文字。对于制作我国宪法的爱国者和通过它的人民,必须在其所用文字的本义上理解他们,文字的本义就是他们的意图。"1838 年休斯法官也把"必须尊重并审慎选择文字及其本意"作为宪法解释的首要原则,1906 年布鲁尔法官再次强调指出:马歇尔的话"虽然已过

---

① 参见[英]彼得·斯坦、约翰·香德:《西方社会的法律价值》,王献平译,中国法制出版社 2004 年版,第 81 ~ 82 页。

② [美]汉密尔顿、杰伊、麦迪逊:《联邦党人文集》,程逢如等译,商务印书馆 1980 年版,第 182 页。

80多年,但仍然是宪法解释的规则”。[①] 即使过了近200年,时至今日看来马歇尔的话依然没有过时。如何理解“文字”的含义?安修认为,“对具有本来的、规范的、常见的、一般的、公认的、普通的和通用的含义的宪法文字显然应作一般理解,而不作专业理解”。宪法是人民大众共同意志的产物,其文字一般应在公众所接受的意义上理解,文字语词应有别于专业含义的标准,应当在常用的含义上进行理解使用。这里所说的“公认”的文字含义,应当指两方面的意旨,一是宪法通过时人们所公认的含义;二是解释者进行解释时人们所公认的含义,这主要是因为文字的流变性所致。近代荷兰的斯宾诺莎指出:“字之有意义完全是从用法来的,若是按字的一般所公认的意义排列起来使读这些字的人得到感动而敬神,这些字就变为神圣的了,这样写的书也就是神圣的。但是,如果字的用法后来废弃了,字没了意义……那么这些字就要丧失了用处与其尊严。最后,如果字的常用的意义误用为反面的意思,那么这些字与有这些字的书就变成不洁的与渎神的。”[②] 语言的用法是人赋予的,不同时代的人可能赋予相同的字以不同的含义,如“平等”,西方国家的宪法在最初规定“平等”时所赋予的含义并不指“男女平等”或者“种族平等”,而当代宪法中同样一个“平等”之词语蕴含了更丰富的含义。这种变化不是文字本身发生了变化,而是不同时代的人们赋予文字所承载的意义不同。这表明,语言的习惯和词汇的概念内容会随着社会和政治的变化而变化,同样的词汇在不同时期可能在日常用语中,也在法律中

---

① [美]詹姆斯·安修:《美国宪法解释与判例》,黎建飞译,中国政法大学出版社1994年版,第5页。

② [荷兰]斯宾诺莎:《神学政治论》,温锡增译,商务印书馆1963年版,第179~180页。

会有不同的含义,“词汇和概念都有其自身的历史”。[①] 同时,由于词语的含义取决于语言共同体的理解,所以文字的“一般”或“显见”的含义,应当是指由普通的公民或者大多数社会成员都能大致接受、理解的含义,即人人皆知的普遍含义。这一点对解释法律尤其重要,因为法律制定的主体是人民,“人民”也就是社会上占绝大多数的那一部分成员,他们由于一般不具备专门的法律知识、专业技艺与法律思维,所以他们对法律的文字使用与理解一般也不会以专业的方式进行,只要他们具备起码的文化知识和道德修养,就应该对宪法文字作出大致的理解,并从字面上判断出它们的含义,有时可以借助于常用的字典即可解读宪法语词用意,在这种情况下,应当才可以说文字的含义是一般的、公认的、明显的或者常见的,才能达到使一般公众所接受的程度。

文义解释看似是一种简单的方法,但事实上在解释实践中可能会遇到诸多难题。由于文字含义不像现场交谈场合下可以由说话者直接解释而作出界定,加上法律文本中很少对所使用的字词语句作出定义,读者或者解释者一般只能根据常用的语言习惯或约定俗成的含义进行判断,这就必然涉及如何才能查明词语的含义,因此,法律文字的含义确定是要遵循必要的具体方法的。也就是说,即使解释法律文字,其文义也并非“一目了然”,否则就谈不上“解释”了。文字之意思或含义也是“解释”出来的。具体说来,文义的确定需具体通过语法解释、限制解释、扩充解释、字典解释、当然解释、反对解释等方法进行。

语法解释方法就是要关注文字的语法结构和标点符号,运用语言自身的规则对文字作出适当的解释。按照这一解释方法,即使是每一个字、词、短语和句子都应充分尊重,不一应当忽略、遗

① [德]魏德士:《法理学》,丁小春、吴越译,法律出版社2003年版,第326页。

漏、舍弃或者闲置。宪法是神圣的根本法,它事关国家的根本政治结构、权力分工、职权设置、公民基本权利等事项,所以每个写进法律文本中的字词语句都可能经过细心、谨慎斟酌、充分酝酿、周密考虑才采用的,从严格意义上来讲,法律文字遣词造句应当无一是多余的或者无用的。因此,解释者在解释时如果没有明显的相反理由,不得推定那些文字或者标点符号无关宏旨,是多余的,随意把它们予以舍弃,或者无视、忽略它们在法律条文中的存在,任何导致法律文字或条款成为多余、无意义或无用的解释通常为解释者所不取,任何字词语句或条款都应解释为具有与其他条款同等的效力。美国最高联邦法官克拉克法官指出:"本院经常运用的、早已公认的正确而明智的准则——在解释美国宪法时,没有一个字是多余的或无意义的。反之,应在尽可能的限度内使之均有效力。解释宪法应赋予每一个字真正的效力。"美国个州法院普遍遵循这一原则。阿拉斯加州法院认为:"宪法解释最一般的规则是使每一个字生效而不是失效。"佛罗里达州法院表示:在宪法解释中赋予其每一短语和任何成分之效力,推定宪法中的每一句话都意在产生某种效力。[①] 我国《宪法》中对"国务院"的解释,就充分考虑了"是"与"即"的字义不同,最初在1954年《宪法》草案讨论时,草案中的"中华人民共和国国务院,是中央人民政府"所用的"是"字进行过专门讨论。李维汉解释说,"即"和"是"字意义有些不同,举例说沈雁冰,即茅盾,是文学家。这里用"即"字比较好。叶圣陶说,说明事物性质的,用"是"字,插进去,用"即"字。田家英说,平常说"是",一种是说明性质的,一种是"就是"的意思。最后,把"是"改为"即"字——"中华人民共和

① 参见[美]詹姆斯·安修:《美国宪法解释与判例》,黎建飞译,中国政法大学出版社1994年版,第14页。

国国务院,是中央人民政府”。(《宪法》第 85 条)[①]与此同时,在宪法解释中还应该注意到标点符号的使用,即使对标点符号也不可忽视。譬如,现行《宪法》中第 10 条中规定:“国家为了公共利益的需要,可以依照法律规定对土地实行征收或者征用并给予补偿。”该条款与第 13 条类似,是 2004 年修宪时修正的,但该条款在全国人大常委会提交全国人大审议时原文是:“依照法律规定对土地实行征收或者征用,并给予补偿。”即在“征用”之后有一逗号,后来有代表指出:如果用逗号,那么前面“依照法律”这个限定词就不一定能包括“并给予补偿”;去掉逗号,“依照法律”这个限定词就包括了“并给予补偿”。也就是说,“给予补偿”也必须是“依照法律”。最后,大会采纳了这一意见,去掉了逗号。[②] 所以,语法解释对于理解和确定文字的含义具有重要意义。

扩充解释是指法律条文之文义不必仅限于其核心意义,而将字面之含义作尽可能广泛理解的一种解释方法。语言有核心意义与边缘意义之分,从概念核心意义到其边缘意义,是一个由明确到逐渐模糊的界分,愈接近意义中心,含义愈明确,而愈靠近意义边缘,则含义愈模糊。扩充解释虽是对概念意义的扩张,但仍在条文文字的可能的意义范围之内,未超出原文可能文义的范围。在法律解释中该方法的运用更加广泛,易被普遍接受,特别是法律条文更应比一般立法作广义的扩充解释,因为法律所确立的内容是基本的和不受限制的,所以不能绝对地像数学公式一样刻板地理解法律条文的字面含义,加之法律文本是一个不易常变的文件,只有作广义的解释才能不断适应变化的情况。另外,文字语言本身具有可变化性,解释者对法律的文字的解释应当比立

---

① 参见蔡定剑:《宪法精解》,法律出版社 2004 年版,第 338 页。

② 同上书,第 172 页。

法者立法时通用的含义作更广泛的解释。在宪法解释的条款中，对保护公民基本权利的条款尤其要作扩充解释，宪法的目的就在于保障人权和公民权利，所以凡涉及诸如保护生命、自由、平等、财产等基本权利的宪法条款，解释者必须作出有利于公民的广义的扩充解释，这一解释方法应当被视为确定不移的解释规则。1793年美国最高法院首席大法官杰伊在"希谢尔姆诉佐治亚州案"中就对宪法中规定的司法权管辖问题作出了扩充解释，因为本案的原告是南卡罗来纳州的公民，对于一州公民诉另一个州的案件，最高法院有无管辖权？根据1787美国《宪法》第3条第2款第1项中所赋予的司法管辖权的范围，联邦最高法院对"一州与另一州公民之间的诉讼"享有管辖权。所以就有人主张作狭义上的解释，即只有以州为原告的案件才可有管辖权。而杰伊认为：法院不仅应当解决州做原告的争议，而且应当解决州做被告的争议，这样做才是精明、明智和正确的。因此，两种争议案件都有得到救济的正当理由，都应当受到裁判，除非上述宪法文字以字面意义明确地禁止这样做。所以最后杰伊以扩充解释方法作出了不利于佐治亚州的判决。①

限缩解释又称为缩小解释或严格的狭义解释，是指将法律条文之文义仅局限于核心意义，而不作宽泛理解的一种解释方法。该解释方法要求解释者之解释仅限于文字的中心词，以限定宪法的某项广义的解释，除非有法律的明确界定或有充分的正当理由证明。譬如，美国最高法院大法官布雷耶举过这样的例子：某部联邦法律规定，公民因政府官员的过错行为蒙受严重损失的，有权起诉政府，索取赔偿。但是，该法律也规定了若干例外情形，其

① 参见北京大学法学院司法研究中心编：《宪法的精神》，中国方正出版社2003年版，第4~6页。

中规定“任何征收关税或货物税的人员或者其他任何人员”导致财产损失的,可豁免其赔偿责任。但其中,“其他任何执法人员”到底包括哪些人?能否包括监狱狱警在内的任何其他执法人员?事实上,立法者规定的例外情形,参考的是英国法律的规定,而英国法把豁免责任的执法人员限缩在极小的范围内,所以结合立法者意图,应把“其他任何执法人员”作限缩解释,即“其他执法人员”仍是指从事与履行征收关税和货物税职责相关工作的人员。①

反对解释系指依照法律规定的文字,推论其反对的结果,借以阐明法律的真实意图的一种解释方法。易言之,解释者可依据法律条文之肯定或否定的意义,推知其所包含的否定或肯定之相反的意义。例如,我国《宪法》第 37 条第 2 款规定:“任何公民,非经人民检察院批准或者人民法院决定,并由公安机关执行,不受逮捕。”从其反面可推知,凡是逮捕公民的,必须经过人民检察院批准或者人民法院决定,并由公安机关执行。只要不符合这一条件的逮捕,就都是违反《宪法》的。《宪法》第 75 条规定:“全国人民代表大会代表在全国人民代表大会各种会议上的发言和表决,不受法律追究。”其反意是:全国人大的代表不在全国人民代表大会各种会议上的发言和表决可以受法律追究。第 34 条规定:“中华人民共和国年满十八周岁的公民……都有选举权和被选举权;但是依照法律被剥夺政治权利的人除外。”其反面之意就是:凡是依照法律被剥夺了政治权利的公民,都没有选举权和被选举权。反对解释方法的适用是有条件的,并非任何条文都可采用该方法,其适用的前提条件是宪法条文的规定穷尽了适用该条文之全部或必要条件。换言之,如果条文中还有其他条件未包含或穷

---

① 参见[美]斯蒂芬·布雷耶:《法官能为民主做什么》,何帆译,法律出版社 2012 年版,第 122~125 页。

尽,则一般不得采用反对解释方法。反对解释方法的意义在于从反面揭示了宪法规定不适用的场合,从而使宪法条文规定的含义更加清晰、明确。

当然解释系指法律虽无明文规定,但依据法律之目的,其事实较之法律所规定者更有充分的理由予以适用,从而径自适用该法律规定的一种解释方法。其法理依据是:“举重以明轻,举轻以明重”之事物当然道理。例如,《宪法》第 33 条规定中规定“国家尊重和保障人权”。虽然宪法中并未明确规定公民的“生命权”,但“人权”之中最重要的权利就是生命权,所以公民的基本权利当然包括生命权。这是“举重以明轻”。从“举轻以明重”角度来看,宪法连公民的各种自由权利都予以保障,难道连公民最重要的生命权而舍弃不予保障吗?所以,当然解释方法属于直接推论,“其思维过程,乃一经带进,即导出结论,无须借助于其他命题。盖任何法律均有目的,解释法律不仅不能偏离其立法旨趣,且应以贯彻实现其立法旨趣为主要目标”。①

文义解释方法在各种法律解释方法中是首要的,被视为是方法论之基石。文义解释方法的意义在于它确认了文本意图的独立性,法律首先应该成为文本并以固定的语言文字表达出来,然后才有其目的可言。文本的语言文字是保障人们行为的基本生活方式安定性的工具,只有通过法律语言文字所告知的意义,我们才能读懂立法者所要表达的意图。当然,这是一种注重法律客观性的方法,是解释者所追求的目标,但是,文义解释方法由于强调文字的意义,而基于语言文字自身的不可克服的缺陷,又使这一方法存在诸多困境。首先,语言文字存在“空缺结构”,即语言的有限性,从而可能使文本语词之语义模糊不清而影响了意图的

---

① 杨仁寿:《法学方法论》,中国政法大学出版社 1999 年版,第 121 页。

明晰性。每一个字、词组和命题在其“核心范围”内具有明确的含义,但随着由核心向边缘的扩展,语言会变得愈益模糊不定。在语言不清晰的模糊地方,宪法文本的意图就是不确定的。其次,文字本身的缺陷性。文字具有歧义性和流变性,文字往往有一词多义、一义多词、一字多音或一音多字的情况,文字本身的歧义性是语言所固有的无法克服的弊端,这种弊端只有经过解释才能消除,而这种解释就不可能是法律文本意图所能决定的,它需要解释者的智慧与解释的技术方法才可消弥。最后,文本文字之意义受制于解释者之“前见”影响。由于每个人都是他那个历史时代的产儿,个人隶属于他那个时代、他那段历史,从而不可能摆脱其历史所设定的“视域”,因此,解释者不可能超越于历史,在其理解和解释活动中总是渗透着由他那个时代所赋予给他的价值、观念、情感、道德、概念等因素。由于这些缺陷,所以解释者在采用该解释方法时也不宜对法律文字作严格的字义解释,特别是当字义解释会导致不合乎情理的结论或不能接受的结果时,解释者应当拒绝采用文义解释方法。如果对法律文字的含义盲目地死抠文字,反而会因文害义。试举一例加以说明:

2008 年法国一名列车售票员发现一位乘客携带一筐蜗牛(里面装有 24 只)上车。这位乘客是一名幼儿园教师,打算将这些蜗牛带往巴黎,用于课堂教学。按照列车收费手册规定,“所有动物上车都应买票”。手册同时规定,对携带动物上车者,每只动物按普通票价的一半收取费用,“如果动物体重不到 6000 克,而且装在筐内,收费不得超过 5.10 元。”于是,售票员要求乘客为这些蜗牛每只购买一张价值 5.10 元的车票。教师抗议说,收费手册提到的情形,并不适用于蜗牛。尽管如此,他还是交了车票。此事经媒体曝光后,列车公司把钱退给了教师。那么,此事究竟谁对谁错？理由何在？售票员是否应该让教师买24张车票？[1] 这里提到的“蜗牛”无疑属于“动物”，而结合列车收费的规定，其中提到的“动物”只能包括诸如狗、猪等占有一定空间的“动物”，而“蜗牛”是乘客随手拿的东西，不会占用物理空间，自然列车收费规定不应当适用于“蜗牛”之类的动物。否则，就是因文害义。

文义解释是法律解释首选之方法，自然有其正当之理由。首先，尊重文义就是尊重法律原意，维护法律的安定性，守护法律的权威性。法律的含义是由立法者赋予的，这是自然不过的事实。立法机关负责制定法律，司法机关之职责是解释法律，而法律的基本含义是由立法者以语言文词的形式作出了赋义，因此，解释者在进行法律解释时对法律文义的阐释与尊重，维护了法律的安定性。法律之所以具有权威性，是因为其基本含义不变。如果法律的含义任由解释者赋予，那么法律就会沦为解释者手中的工具，多变的法律，谁能相信并依赖它？不被相信与遵守的法律，何以有其应有的权威？法律的安定性在于法律的稳定性。法律的稳定性则在于法律的含义与意义具有相对不变性。尊重法律的文义，揭示法律的文义，就成为解释者首要的使命。

其次，尊重文义是尊重人民的选择，维护民主价值。法律文义是立法者意志的表达，反之，立法者人民的意志体现在法律文字之中，尊重法律文义，就是尊重人民的意志选择，维护民主的价值。作为司法克制主义者的汉德法官曾指出：“法官必须始终记住，在面对摆在他面前的案件时，他必须确信他自己不能比政府走得更远。如果他存在怀疑，他必须止步，因为他无法判断他正在讨论的存在于社会内的冲突的利益是否会得到一个公正的结

① 参见[美]斯蒂芬·布雷耶：《法官能为民主做什么》，何帆译，法律出版社2012年版，第122页。

果,即使他确信他知道这种公正的结果应该是什么。他不能用自己的更为公正的意志代替别人的关于公正的意志,否则,它将不是普遍的共同的意志,而共同意志是人民的治理。”①法律被公认为是人民共同意志的体现,法律的解释者应当通过揭示文义而实现人民的共同意志,进而实现民主的治理与民主价值。如果解释者超越法律的基本含义,而附加其自己的价值观与个人意志,那么法律的实现即远离民主的轨道而成为实现法官个人意志的手段。司法积极主义的法官之所以遭受批评,主要是因为对民主与法治价值的维护。

当然,万事皆不得绝对化。文义解释也是如此,文义解释的诟病在于其可能过分拘泥于文字的字面含义。德国自然法学家海因里希·罗门指出:“法官通常并不满足于机械地把个别的案件归入一般规范下,而是允许衡平法发挥作用,罗马人就已经这样运用他们的衡平学说了。但在极端情况下,他会返回到立法者的意志,而这个立法者也被推定为只选择那道德的东西;或者说,假如字面含义是不可行的,他就会自行对那条法律的含义进行独立的解释,依据则是,立法者不可能选择任何不公的东西。”②故法律解释者应以良知为念,否则,貌似严格执法,也同样会触犯法律,承担相应的责任。譬如,2000 年 8 月 22 日沈阳法库县,一位乘“板的”的临产孕妇在距镇医院仅 5 分钟路程时被交警拦住,以此路是迎宾道、县里规定不许“板的”通过为由,命令绕行。25 分钟后,绕行至医院的孕妇将婴儿产在医院门口,孩子夭折,产妇大出血急救。事后,当班的交警班长被辞退,县委承担了孕妇的医

① [美]桑德拉·戴·奥康纳:《法律的尊严:美国最高法院一位大法官的思考》,信春鹰、葛明珍译,法律出版社 2006 年版,第 59 页。

② [德]海因里希·罗门:《自然法的观念史和哲学》,姚中秋译,上海三联书店 2007 年版,第 192 页。

疗费及其护理费。2000年7月16日,四川省威远县,一位即将临盆的孕妇在丈夫的陪同下乘面包车向医院疾驶途中,交管所4名执法人员以查“黑车”为由,拒不放行,延误抢救时间,导致孕妇死亡。7月22日,4名交警因涉嫌过失致人死亡罪,被威远县人民检察院批准正式逮捕。[①] 所以,法律的解释者不能过分拘泥于文字的表面含义,当文字的字面含义过于荒唐时,就应当按照法律的目的或常理与情理予以补充,毕竟,“纸上文字,无论内容多么高明,对维系一个国家的运转来说,总会捉襟见肘”。[②]

第二节　体系解释与合宪适用

体系解释是指如遇到词义不能确定时,可以联系上下文确定其含义。[③] 所谓“上下文”实际上就是语境,语境是人们理解和解释文字或意图的基本方法,人们要根据说话人发言的前后内容以及其所处的环境来判断其意图。有这么一个笑话,3人乘坐热气球迷失了方向,当一人冲着下面的农夫问他们在哪里时,农夫回答说他们在热气球上。农夫的回答错了吗?从字面上来说没错,但他没有结合当时的语境来判断提问者的意图。当有人说你给我“一把刀”时,我们无法判断他要刀做什么,但当伐木工说此话时,人们便立即明白是为了伐木。因此,保罗·利科说:“当脱离开语境来考虑我们的字词时,它们就有不止一种含义。字词的多

---

① 参见《北京青年报法治周刊》编辑部编:《情理法焦点对话》(一),中国政法大学出版社2001年版,第161~164页。

② [美]布雷耶:《法官能为民主做什么》,何帆译,法律出版社2012年版,第1页。

③ 参见[英]威廉·布莱克斯通:《英国法释义》(第1卷),游云庭、缪苗译,上海人民出版社2006年版,第72页。

义性要求确定某一信息中语词设定的当下价值时，要有语境的选择作用作为对应物。"①法律的体系解释就是要将个别的法律规定放置在整个法律秩序的框架语境中进行考察。正如萨维尼所说："只有当我们能够确定，某一法律与整个法律体系之间的关系为何，以及该法律是如何有效地在整个法律体系当中其作用的时候，我们才能够充分地理解立法者的思想。"②所以，王泽鉴说："体系解释的主要功能在于依法律体系上关联探求法律规范的意义，并维护法秩序的统一性。"③

法律体系解释旨在将法律体系视为一种客观价值秩序体系，即整个法律内部是一个相互协调、没有冲突与矛盾的法律秩序统一整体，在这一整体中，宪法是整合法律客观秩序价值的最终判断标准。在位阶上，宪法规范高于其他法规范。因此，抵触宪法的法律规范将归于无效。合宪性解释包括两种情况：一种是成文法是否违宪的判断；另一种是成文法律出现漏洞时的宪法补充解释。前一种情形也有学者称之为"合宪性推定"，认为对立法行为进行合宪性审查时，应在逻辑上首先推定该立法行为合乎宪法，除非有明显违宪的事实存在。④ 这种意义上的合宪性解释应作两种分类判断：其一，当规范与规范发生冲突时，应选择更接近宪法意义的解释；其二，当法律规范与宪法相冲突时，再径直选择宪法规定。其目的就是"根据宪法的标准，尽量维护立法的调整目的的意图"。⑤ 合宪性解释是宪制国家的通例。合宪性解释是适合

---

① ［法］保罗·利科：《诠释学与人文科学：语言、行为、解释文集》，孔明安等译，中国人民大学出版社2012年版，第4～5页。

② ［德］齐佩利乌斯：《法学方法论》，金振豹译，法律出版社2009年版，第61页。

③ 王泽鉴：《法律思维与民法实例》，中国政法大学出版社2001年版，第241页。

④ 王书成：《合宪性推定论》，清华大学出版社2011年版，第18页。

⑤ ［德］魏德士：《法理学》，丁小春、吴越译，法律出版社2003年版，第335页。

于设立宪法审查的国家的一种体系解释方法，在我国确切的叫法应当是“合宪性适用”。我不同意把仅“援引”宪法规定来填补法律漏洞的情况依然称为“合宪性解释”，解释的情形需要提出解释要求，而“援引”仅是适用，而没有作出解释，而且这种援引的规范均为明确的规定。因此，把这种“援引”性适用称作“合宪性适用”更恰当。我国《宪法》序言规定：宪法“具有最高的法律效力”。第5条规定，国家维护社会主义法制的统一和尊严。一切法律、行政法规和地方性法规都不得同宪法相抵触。因此，当其他法律条款与宪法规定发生冲突或一般法律缺乏明确的规定时，应当依照宪法进行宪法判断，以作合宪性适用。

当一般法律出现空缺时，是否应允许法官引用宪法条款作为判决的依据？这一问题在我国尤其值得探究。在探求法律解释中的漏洞时，往往强调法官的创造性解释与法官造法，法律必然具有模糊性与漏洞，这是事实，问题在于当出现这种情形时，中国的法官有无义务依据宪法作出合宪性适用，以维护法制的统一与尊严？这样，法官面临着两种必然选择，要么造法，要么依照宪法进行合宪性适用。这是问题的关键。此外，还有一问题需待澄清，即如果法院能够作合宪性适用，是否与我国的政治体制相冲突？以及如何作合宪性适用？

中国法官有权造法吗？可以肯定地说，无权造法。因为目前中国的做法采取的是18世纪欧洲大陆法系的法律解释模式，即“解释法律”的职权在于全国人大常委会（《宪法》第67条第4款规定）；《立法法》第45条具体规定：“法律解释权属于全国人民代表大会常务委员会。法律有以下情况之一的，由全国人民代表大会常务委员会解释：（一）法律的规定需要进一步明确具体含义的；（二）法律制定后出现新的情况，需要明确适用法律依据的。”如果最高人民法院在法律适用中遇到上述《立法法》规定的两种需要解释的情形，那么最高人民法院就必须依照《立法法》第46条之规定“向全国人民代表大会常务委员会提出法律解释要求”，然后由全国人大常委会作出法律解释后，再由法院进行法律的适用。可见，从法律解释的角度来看，我国法院及法官没有解释法律的权力。这种情形实际上是18世纪欧洲大陆法系各国法律解释制度之翻版，既然这种排斥法官解释的模式在欧洲大陆各国已最终失败，那么我国最高人民法院大量司法解释的出台也早已证明这种立法解释的模式在中国也行不通，因为它违背了法律必然需要解释的客观规律与事实。然而，在我国《宪法》及相关法律未作变动的前提下，法官解释法律缺乏制度上的授权。

中国法官既然不能造法，就没有权力进行“合宪性解释”。但是，在我国，法院或法官却可以作“合宪性适用”。首先，《立法法》没有排斥法官的法律适用，它所排斥的是以上两种情形。除此之外，法律允许法院在法律规定明确的前提下直接适用法律。但问题是，当法律出现空缺或不明确时，是否可以在《宪法》规范明确的情形下进行宪法适用？笔者认为，法院在此情形下进行合宪性适用不仅合乎我国宪制，也能够避免法院的造法。

首先，法院或法官进行合宪性适用是宪法实施之要求，合乎宪法规定。我国《宪法》序言规定，一切国家机关都必须以宪法为根本的活动准则，并且负有维护宪法尊严、保障宪法实施的职责。作为国家机关的人民法院，在履行宪法所赋予的负有维护宪法尊严与保障宪法实施的职责时，只能通过其审判权，在宪法适用的过程中履行其职责。同时，按照《宪法》第3条之规定，最高人民法院是由全国人大选举产生的，只对全国人大负责。换言之，最高人民法院要实现全国人民的意志，而《宪法》就是全国人民共同意志的体现，在法院审判中作出合宪性适用正是实施《宪法》、贯彻人民意志的具体路径。

其次，在法律不明确或出现空缺处，若适用具有明确含义的宪法规范，则避免了法院或法官造法，维护了社会主义法制的统一与尊严。法官是否可以造法？在我国宪法制度下是拒绝法官造法的。然而这种拒绝注定是失败的，因为法官造法不仅是社会生活所需要的，也是法律成长之不可缺少的要素。这一观点在本书第七章作了充分阐明。不过，既然我国的宪制还未允许法院或法官造法，那么在此情形下，为填补法律之空白，就需要适用含义明确的宪法规范。作为统一的社会主义法制，宪法是整个社会主义法律体系的核心，是判断一切法律、法规是否合法的依据，因此，宪法适用是维系法制统一的最终手段。

最后，我国宪法覆盖性广，为宪法适用提供了广泛的法律基础。我国《宪法》既是公法，又是私法。除了国家机构的设置与职权赋予外，更有大量有关经济、文化、社会等方面的规定，例如，《宪法》对国有经济、农村经济经济、自然资源、土地制度、个体经济、私营经济、合法私有财产、企业经营权、教育事业、医疗卫生事业、体育事业、历史文化遗产保护、公共道德、计划生育、环境保护、人身自由、人格尊严保护、住宅权保护、劳动者各种权利保护、退休人员的保障、社会保障、受教育权、男女平等、婚姻家庭、母亲儿童的保护等都作出了明确规定。这些规定既是宪法之要求，也是具体法律之保护对象。宪法的法律化是一个过程，法律在落实宪法规范的同时，会在法制不健全的时候出现空缺或模糊，从而就有必要适用宪法规定，以维护法制的统一性。

从以上分析可以清楚地看到，我国法院适用宪法明确规范的正当性与必要性。在司法实践中，也确实曾出现过此类合宪性适用的案件。以下列举 3 个案例予以说明。

案例一：1988 年最高人民法院的《关于雇工合同“工伤概不负责”是否有效的批复》

1988 年 10 月 14 日，最高人民法院针对天津高级人民法院的申请，就雇工合同“工伤概不负责”是否有效作出了司法批复，认为“对劳动者实现劳动保护，在我国宪法中已有明文规定，这是劳动者所享有的权利”。作为雇主，在招工登记表中注明“工伤概不负责”既不符合宪法和有关法律的规定，也严重违反了社会主义公德，应属于无效的民事行为。本司法批复就是在劳动法还缺乏规定的情形下，直接适用宪法的明确规定而认定“工伤概不负责”条款无效的。由于我国《劳动法》是 1995 年 5 月 1 日正式生效的，所以在此之前有关劳动保护的法律处于一种空白状态，而本案发生是在 1987 年，作出的司法批复在 1988 年，所以当出现本案时，的确没有法律的规定。在此情形下，只能作合宪性适用，引用宪法条款以弥补法律之空白。

案例二：范雪珍等诉上海市房屋土地管理局颁发房地产权证案

上海市房屋土地管理局于 1998 年 1 月向宋世骧颁发了房地产权证，认定某处房屋属宋兆麟所有，由第三人宋世骧继承。范雪珍等认为宋兆麟与他人合资建房的土地属于宋兆麟与她们的外婆蒋银度共有，因此，范雪珍等主张对该土地有继承权，因房屋与土地有联系，故该房屋产权有争议。一审法院判决维持房地局的具体行政行为。范等人不服，提起上诉。上海市第二中级人民法院认为，根据 1982 年《宪法》关于城市土地收归国有的规定，所争议的房屋使用的土地属于国有土地，上诉人在城市土地收归国有后仍主张其土地继承权，于法相悖。于是作出了维持原审判决的决定。二审法院判决的依据就是《宪法》第 10 条关于“城市的土地属于国家所有”的明确规定。该规定字义明确，因此在关于土地争议的问题上可直接适用。

案例三：吴粉女诉长宁区市政工程管理所恢复退休金待遇案

吴粉女是长宁区市政工程管理所职工,1982年退休后享有退休金待遇。1989年因犯诈骗罪被判处7年有期徒刑。1996年10月刑满释放后,要求继续领取退休金遭到拒绝,遂引起本案之诉。1997年上海市长宁区人民法院作出了一审民事判决,法院在判决书中指出:“本院认为,《中华人民共和国宪法》第44条明确规定:‘国家依照法律规定实行企业事业组织的职工和国家机关工作人员的退休制度。退休人员的生活受到国家和社会的保障’。退休金待遇是公民享有的一项重要的社会经济权利,它是退休人员安定生活的重要保障。被告在原告退休期间因犯罪而作除名处理显属不当。在原告刑满释放后又拒绝给予退休金待遇,缺乏充足的根据和理由。现原告要求被告给予退休金待遇,依法应予支持。”本案中,法院直接对《宪法》第44条规定作了适用,因为该《宪法》条款规定得很清楚,无须解释,直接适用即可。因此,这种直接适用《宪法》规定,就属于合宪性适用。

以上案件皆属于合宪性适用的案例。也就是说,法院在遇到一般法律缺乏规定的情形下,不需要通过造法,而是会直接选择宪法的明确规定作为法律适用的依据,从而作出判决。所以,在我国,合宪性适用是体系解释的重要方法之一,其适用的条件是:第一,法律缺乏明确规定;第二,适用的宪法条款字义是清楚、明确的。如果需要对模糊的宪法规范进行解释,则需要由最高人民法院提请全国人大常委会进行宪法解释。

第三节　立法史与历史解释

何谓历史解释?其是指力图从制定法产生时立法者所确立于法律文字中的本来意图推知立法者的意图而进行解释的一种

方法。立法时以及立法过程中的相关资料,如一切草案、审议和讨论记录、立法理由及说明文件等,皆可为历史解释之重要依据。历史解释是除了语法文义探求法律原意之最基本的方法,尤其是对于以主张探求立法者原意为目标的原意主义者而言更为直接和重要。

原意主义者深信,法律的意图必定是由立法者赋予的,因此,当文义解释不能发现立法者意图时,就应当寻找立法者留下的历史资料,考察立法文件、报告、立法者们的发言记录或其他有关立法的文献,确定立法意图。他们试图让公众相信,法院对法律的解释并非法官的主观臆猜,而是历史传统的延续,是合乎立法原意的。17 世纪的霍布斯就认识到了历史解释方法的重要性,他说:"法律是否明确与其说在于法律本身的词句,还不如说是在于将制定法律的动机原因予以公布,也就是向人民说明立法者的意图。"①也就是说,立法者的意图存在于制定法律的文件之中,要了解立法者的意图,就需查找立法者制定法律时的动机原因,这就是历史解释方法。历史解释的重要性在于"历史的影响为逻辑清扫路径"。即使在卡多佐看来,某些法律的概念之所以是现在的形式,这几乎完全归功于历史,除了将它们视为历史的产物外,我们便无法理解它们。在这些原则的发展过程中,历史的支配力是有可能超越逻辑或纯粹理性的。因此,卡多佐指出:历史在照亮昔日的同时也照亮了今日,而在照亮了今日之际又照亮了未来。②当然,通过历史解释探究的不是立法者的主观意图,而是文本化了的客观意图。维特根斯坦认为:"当我用语言来思想时,除了语言表达式以外并没有什么'意义'呈现于我的心灵之中:语言自身

---

① [英]霍布斯:《利维坦》,黎思复、黎廷弼译,商务印书馆 1985 年版,第 271 页。

② 参见[美]本杰明·卡多佐:《司法过程的性质》,苏力译,商务印书馆 2000 年版,第 31 页。

就是思想的载体。”[1]维特根斯坦的观点就是指一种文本的客观意义。换言之,“我”的思想仅表现在我使用的“语言”之中,“我”使用的“语言”就是“我”的思想载体,所以探究“我”的思想,就考察“我”的“语言”。说到底,法律解释应当尊重立法者所作的价值判断。

虽说文义解释方法是一种首选方法,但即便选择了该方法,解释者也必然面临着一个无法逃避的选择:文字的含义是按照立法时立法者当初所赋予的意义,还是解释者在适用时的文字的意义?针对该问题,曾引发过一场旷日持久的方法之争,即按照法律“产生时”的意义还是按照“适用时”的意义来解释。把这一争论的问题简约化之后,实际上就是两种对立的解释模式,即客观解释方法与主观解释方法,前者主张解释要遵从法律产生时的意图,后者则主张依照法律适用时的意图。然而,这种法律解释方法的二元划分却极易导致这样一个问题,即“对适用由此而产生的相互对立的方法理论进行选择,这将使人误入歧途”。[2] 原因在于无论那种解释方法,都只是看到了问题的一个方面,其所持的方法态度都带有一种自恋情结和片面倾向。

应当说,任何理解和解释法律文本的前提就是要回答立法者在法律文本中“说”的是什么,揭示这一答案则必须从理解法律文本的产生开始,所以,魏德士说:“任何解释首先都是一个历史的研究任务。”[3]运用心理学方法,“设身处地”地理解文本作者所欲表达的意图、思想,因而解释的过程首先是一个历史分析的过程,解释的活动就是研究历史的活动。我们只有弄清楚文本作者表达的各种信息,方能理解法律文本,阐明法律的意义。借助原旨

---

① [奥]维特根斯坦:《哲学研究》,李步楼译,商务印书馆1996年版,第160页。
② [德]魏德士:《法理学》,丁小春、吴越译,法律出版社2003年版,第341页。
③ [德]魏德士:《法理学》,丁小春、吴越译,法律出版社2003年版,第342页。

解释方法,也就是心理学解释方法,解释者力图重构宪法文本的作者的心理状态,努力从思想、心理、时间上去"设身处地"地体验作者的原意或原旨,依此建立立法者与解释者之间的原始关系,这样,"理解就是一种对原来生产品的再生产,一种对已认识的东西的再认识,一种以概念的富有生气的环节,以作为创作组织点的'原始决定'为出发点的重新构造",[①]最后收获的是立法者赋予法律规范的意义与目的世界的重构。

原意说强调的是解释者以追求历史的客观性、重构历史情境和作者原意为目标,但是这在实践中是无法完全做到的,甚至在某种程度上是不可能的,原意说面临的诘问主要有以下方面:首先,谁是作者?何谓作者之原意?关于谁为法律的作者是一个相当复杂难解的问题,貌似简单,但极具挑战性。宪法、法律的作者是一个集合性群体,是法案的提议者、讨论者,还是法案的批准者和通过者?解释者或是根据立法会议的记录来确定立法者的意图,或是根据提出修正案的人的发言来确定,或是根据广大民众讨论的众意来确定,或是根据宪法法律批准者或通过者的意图来确定,那么到底应根据谁的意图来确定?如果连作者的范围和确定性都不十分清楚,那又怎么能够寻求作者的原意?是单一主体的原意,还是复合主体的原意?是制定时的主体的原意,还是修正时的作者的原意?因此,"人们就无法确定谁的意图在最终意义上是相关的,也难以说清楚什么意图是复数的立法者共同分享的意图"。[②] 因此,法律解释中运用历史资料,试图还原立法者原初的意图几乎是不可能的。罗伯特·杰克逊大法官曾说:"若想揣测我们祖先的想法,或者想象他们预知到当代情形后的想法,

① [德]汉斯－格奥尔格·加达默尔:《真理与方法——哲学诠释学的基本特征》(上卷),洪汉鼎译,上海译文出版社1999年版,第242页。

② 张志铭:《法律解释操作分析》,中国政法大学出版社1998年版,第40页。

简直像约瑟夫应招为法老王解梦一样高深莫测。”[①]比利时法史学教授卡内冈也指出:“立法者是一个由众多头脑组成的结合体,要设法找出那些投票支持某个法律通过的、数以百计的议员们的真实立法意图,实非易事。”[②]如果真的能够做到运用历史解释就能发现立法意图的话,何必要法律解释者?还不如直接让位于历史学家。当代美国大法官布雷耶进而指出,在重大历史问题上,历史学家的意见也存在分歧。譬如,关于美国《宪法》第2条关于人民拥有枪支的权利的规定,历史家的解释即是这样,2001年美国埃默里大学历史教授迈克尔·贝勒斯雷斯出版了《武装美国:全民墙文化的起源》,证明18世纪的美国人很少有人拥有枪支而获得了美国历史学界最高奖项——班克罗夫特奖(Bancroft Prize)。在此过程中,有历史学家发现,贝勒斯雷斯著书时,不仅滥用史料,而且有编造史实之嫌,最终该奖项被撤销。[③]

其次,历史解释面临着“杰斐逊之问”。1789年9月6日,托马斯·杰斐逊在巴黎致信麦迪逊时说:“地球属于活着的人,而不是死者。死者对其既无权力也无权利。同样的理由也可证明,没有一个社会能制定永恒的宪法,甚或永恒的法律,地球永远属于活着的一代人,他们在行使对地球的用益权中管理它,管理它的孳生物。他们自己便是主人,只要他们愿意,他们可以自己统治自己,这是理所当然的事。在自然进程中,那些依自己的意志生存的前辈们制定的宪法与法律压制了他们。只能将宪法和法律

---

① Youngstown Sheet & Tube Co. v. Sawyer, 343 U. S. 579, 634(1952)(Jackson, J., concurring).

② [比]R. C. 范·卡内冈:《法官、立法者与法学教授》,薛张敏译,北京大学出版社2006年版,第18页。

③ 参见[美]斯蒂芬·布雷耶:《法官能为民主做什么》,何帆译,法律出版社2012年版,第108页。

保留到他们的独立生存,不能生长。所以它们在第十九年年底失效就是很自然的事。”[①]因此,在杰斐逊看来,为何宪法与法律的有效期只有19年?因为美国当时的人口普查机关确定每一代为19年。因此,法律19年之后就自然失去效力,应由后代人自己统治自己,自己做主,以防止在政治、经济上受到“死人”的统治,同时成文法应当随着时代的进步而进步。

最后,作者之原意由谁来判断?譬如说,解释者说他的解释是完全合乎作者原意的,但是由谁、用什么客观程度给予验证和衡量?假如立宪者或立法者已经表达清楚了,或者文本简单明了,那还需要解释吗?如果立宪者或立法者未予以明确表示或其意图隐藏于文本之中,由解释者来解释就会有不同的解释,那么哪一种解释真正符合原意?因此,鉴于作者原意说缺乏客观的检验和衡定标准,使每一个解释者都言必合乎原意,而实际上谁都无法予以证成。所以,人人自以为得作者之原意,反倒生出了许多原意,这也许就是作者原意说之弊所在。而且作者原意说旨在要求解释者通过设身处地地置身于作者的历史情境之中以实现作者原意的重构,实际上是一厢情愿的,是一种浪漫的想法,这种浪漫在于它试图冲破个体之间的障碍,波斯纳说:这种观点对现代法官来说用处有限,特别是在宪法解释上。他指出:一个现代法官与宪法的起草者们几乎没有什么共同之处,要让现代法官站在宪法起草者的位置上想象出他们是否会否决禁止人工流产、鸡奸性行为、反企业兼并法规、积极补偿行为等是枉费心机的。[②] 立法者也不可能预见到汽车、电视、电脑或互联网的出现。拉德布

---

① [美]罗斯科·庞德:《法律史解释》,曹玉堂、杨知译,华夏出版社1989年版,第12页。

② 参见[美]波斯纳:《法理学问题》,苏力译,中国政法大学出版社1994年版,第133~134页。

鲁赫指出:“法学阐释要努力探究的意志,是立法者的意志,即仅在法律中体现的国家意志。不是法律起草人的意志,不是一种曾想到的观念,它是处在不断发展中的一种终结了的历史事实;它回答着具有新意义的、改变了的时代关系所提出的法律需要和法律问题,而对于这种意义,法律起草人根本不会知道。”①因为任何解释者都受制于其所处的社会经济、政治、文化和思想观念等现时视域的制约,他无法把其已经存在的先见或前见完全扔掉,他或多或少总会受到其先见或前见之限制,他所探究的原意必定烙着他自己的影子。历史解释所追求的客观性总会与“理解的现实性”相伴随。意大利哲学家贝蒂指出:“在历史解释方面,认为历史学家的任务是通过单纯地重复他的源泉所包含的东西就够了,认为唯一真实的历史就是这些源泉所具有的历史,这乃是天真的想法。我们这里忘记了,我们心灵所获得的任何东西都进入了我们自己已经具有的我们表象和概念的整个结构之中。”②历史不是客观的还原与重构,而是主观地重新认识与构造,所以历史解释方法并非像人们想象的那么“客观”。如果是这样,解释者的创造不也在其解释之中吗?

沃缪勒从司法能力的有限性回答了法官运用历史解释方法在探究立法意图或目的时常常出错的问题,值得人们深思。他指出:法官是在信息、认知能力和时间都受到限制的条件下判决案件,因而受制于条件限制的法官将立法史作为探究立法意图的渊

① [德]拉德布鲁赫:《法学导论》,米健、朱林译,中国大百科全书出版社1997年版,第170页。

② [意]埃米里奥·贝蒂:《作为精神科学一般方法论的诠释学》,载洪汉鼎主编:《理解与解释:诠释学经典文选》,东方出版社2001年版,第125页。

源时会犯更大的错误。[①] 他以美国最高联邦法院 1892 年所作的“圣三一教堂诉合众国案”判决[②]为例说明了该观点。因为在该案中,法律文本强烈支持追究教堂的责任,而最高法院通过立法史的解释,作出了有利于教堂的判决,从而引发了法律文本与立法史之间的冲突与争论。沃缪勒从司法能力这一独特的角度重新考察后发现,最高法院在该案中误读了立法史,因为立法史是不支持法院判决的。该案表明,在大多数时候,有关立法史的争论并没有充分思考评估立法史的司法能力问题,因为法官容易出错,这会带来严重的风险,即司法过程中通过参考立法史来探查立法意图可能会导致事与愿违的结果。事实上,法院在诉诸立法史时会频繁犯错,而且会导致非常严重的后果。他把这种错误分为信息错误和评估错误:当法院缺乏或未能掌握有关立法史材料的充分信息时,会犯信息错误;当法院充分掌握了相关信息,但由于时间、背景知识或其他资源的限制使法院误解了立法史材料的意义时,则会犯评价错误。立法史具有两大特征:一是篇幅大;二是异质性。1980 年《难民法》的立法史有 2112 页,1992 年《能源政策法》立法史达 4999 页,1990 年《清洁空气法案修正案》的立法史多达 10,878 页。所以,立法史卷帙浩繁,以至于很难对其加以整理与研究,有学者指出:“仅将已经印刷的第八十五届国会(1957~1958)听证会记录摆在书架上几乎占据了 70 英尺长的空间。如果要去研究全部法律的已经整理好的完整立法史,恐怕需要整个新一届行政机关才能完成整个任务。”[③]立法史材料具有高

---

① 参见[美]阿德利安·沃缪勒:《不确定状态下的裁判》,梁迎修、孟庆友译,北京大学出版社 2011 年版,第 94 页。

② Holy Trinity Church v. United States, 143 U. S. 457(1892).

③ E. Finley, “Crystal Gazing: The Problem of Legialative History”, 45 A. B. A. J. 1281, 1284(1959).

度的异质性,包括最初草案、后来的草案、被否决的修正提议、提案人的陈述、起草者的陈述、国会委员会的报告、大会委员会的报告、委员会的听证会会议记录以及议员的辩论记录、总统的签署声明等,观点各异,区别困难,极易各取所需。因此,基于有限的司法能力,司法参考立法史可能会阻碍而非有利于探求立法意图。①

第四节 法律价值与目的解释

法律文本解释中的"目的"(purpose)不是新的,它常常伴随法律的"意图"或"价值"而出现。然而,"目的解释"(purpose interpretation)则是相对较新的概念,在普通法传统中出现于20世纪60年代末期与70年代初期,如美国、英国、加拿大、澳大利亚、新西兰等。② 该方法虽然主要用于法律解释活动之中,但是其他文本的解释也会运用。

目的解释是指以法律目的为依据而阐释法律条文含义的一种解释方法。不过,运用这种方法主要是在法律上出现了规范空缺或漏洞或者按照字义解释可能会出现背离法律之目的与精神的情形时,才可依照法律目的进行解释。任何法律均有其目的,耶林指出:"目的是所有法律的创造者。"而解释法律就是要落实法律的目的,为此,解释者解释法律活动中必须考察法律之目的。"倘若我们只是简单直接地依照法律概念和规则表面的字意来适

① 参见[美]阿德利安·沃缪勒:《不确定状态下的裁判》,梁迎修、孟庆友译,北京大学出版社2011年版,第93~128页。

② See Aharon Barak, *Purposive Interpretation*, Translated by Sari Bashi, Princeton University Press, 2005, p. 85.

用法律，那无异于把纸面上的法律文字当作法，把法律规范变成了法律教条，结果将是为了规范而适用规范，把制定法律时的目的和价值抛到九霄云外。因此，法律的适用绝不是法律条文的运用，而是法律精神和法律价值的运用。"①阿奎那主张法律的目的解释。若过分生硬的解释会变得苛刻而有害于社会时，就应当采取法律的目的解释，即"万一遵守法律会损害公共福利，那就不应当加以遵守"。②

法律的目的是什么？英国人彼得·斯坦和约翰·香德将其概括为三大目的：秩序、公平和个人自由。③ 法律的目的源自于"事物的本质"。而事物的本质是"确保生动的司法精神优于法律文字""它是一种界限，用来限制那些颁布法律的立法者的专横意志和对法律所作的解释"。④ 按照诺内特与塞尔兹尼克的观点，社会中的法律区分为作为压制型、自治型与回应型三种类型或基本状态的法律。自治型法的主要属性如下：其一，法律与政治的分离，立法职能与司法职能之间具有严格的界限，司法独立；其二，法律秩序采纳"规则模型"，官员以规则为实施尺度，以限制法律机构的创造性，减少对政治领域的侵入；其三，程序是法律的中心，法律秩序的首要目的和主要效能是规则性和公平，而非实质正义；其四，"忠于法律"被理解为严格服从实在法的规则，对现行

---

① 舒国滢等：《法学方法论问题研究》，中国政法大学出版社2007年版，第350～351页。

② 《阿奎那政治著作选》，马清槐译，商务印书馆1997年版，第123～124页。

③ 参见［英］彼得·斯坦、约翰·香德：《西方社会的法律价值》，王献平译，中国法制出版社2004年版，第2页。

④ ［德］汉斯－格奥尔格·加达默尔：《哲学解释学》，夏正平、宋建平译，上海译文出版社2004年版，第73页。

法律的批判必须通过政治程序的渠道进行。[①] 从该观点出发，自治型社会同样强调司法独立，使法律意志与政治意志保持分离，把法律置于政治之上，倡导法律至上，在解释法律时，解释者应是法律的忠实的捍卫者，使解释者摆脱政治干预而选择司法独立，自治型法律要求解释者受到法律规则的约束，避免自由裁量，并以正当程序作为法治的基石，从而期待公民和官员都对宪法和法律绝对忠诚，任何人都不得自己做自己的法官。在自治型法律阶段强调的法律解释方法应当是文义解释方法，严格按照法律的文字进行解释，不得进行创造性解释，以侵害立法者——人民的意志，这样就能够做到法律规范的安定性。如此一来，就会使解释者过于拘泥于机械与僵化地适用法律，“负责任孕育了形式主义和退却主义，它使机构变得僵硬，从而无法应付新的突发事件”。[②] 但是，也不能像现实主义学者那样主张宪法、法律的完全开放，把解释法律的宽泛性的自由裁量权完全交给法官，法律是什么由解释者自己说了算。所以为了缓解在忠于法律与开放性之间存在的这种紧张关系，就需要一种介于二者之间的法类型，这就是回应型法。“它依靠各种方法使完整性和开放性恰恰在发生冲突时相互支撑”，其中目的方法是主要手段，目的为批判既定的做法设立了标准，也能控制自由裁量权，从而减轻制度屈服的危险，否则，缺少目的既是僵硬的根源，又是机会主义的根源。所以，当一个机构真正具有目的性时，才会存在完整性和开放性、规则与自由裁量权的某种结合。[③]换言之，在回应型法律阶段，法律解释的

---

① 参见[美]诺内特、塞尔兹尼克:《转变中的法律与社会》，张志铭译，中国政法大学出版社 1994 年版，第 60 页。

② 同上书，第 85 页。

③ 参见[美]诺内特、塞尔兹尼克:《转变中的法律与社会》，张志铭译，中国政法大学出版社 1994 年版，第 86 页。

对象不仅是法律文本文字,而且还要考虑文本背后立法者的目的,探求文本文字内含的价值。“目的是内在的生活和被掩盖的灵魂,但它却是一切权利的源泉。”①由于法律具有其目的性,因而对法律的解释就不能拘泥于文字,而应结合法律的目的,从而有利于克服法律文字的僵化与机械,增强法律的适应能力。布莱克斯通引用过这样一个案例:曾有法律规定,那些在风暴中弃船而逃者即丧失船上的所有财物,船只和装载的货物应当全部归留在船上的人所有。在一场危险的暴风雨中,所有的船员都弃船而逃,只有一名生病的乘客因为有病未能逃离船只。令人意外的是,此船安全抵港,于是这名病人继续占有该船,并宣称享有法律规定的权益。对于此案,所有精通法律的人都认为这个病人的情况不符合法律的目的,因为制定该法律规定的目的是奖励那些冒着生命危险保护船只的人,而该乘客待在船上的理由不是保护船只,而且也没有对船货得以保全起到任何作用。②

目的解释虽然有助于克服法律条文的僵化,也有助于提高法律推理的合理性,但“目的的权威在什么程度上能够取代规则的权威,有待于认真的探究”。③ 目的解释方法实质上属于原旨主义之一种,而支持和反对目的解释的人都承认权威性的法律文本是寻求立法者原意目的的主要依据,因为解释都是根据独立于立法者目的的文本来解释法律的,但是,由于立法者这一主体是一个集合性概念,“目的”本身内在地具有模糊性,目的是谁的目的?

---

① [美]本杰明·卡多佐:《司法过程的性质》,苏力译,商务印书馆2000年版,第63页。

② 参见[英]威廉·布莱克斯通:《英国法释义》(第1卷),游云庭、缪苗译,上海人民出版社2006年版,第73页。

③ [美]诺内特、塞尔兹尼克:《转变中的法律与社会》,张志铭译,中国政法大学出版社1994年版,第92页。

是文本的起草者(framers)的还是讨论者的或是批准(adopters)通过者(ratifiers)的目的?目的主义者可能从以下方面来寻求法律解释的正当性:第一,解释一般应受立法者目的的支配;第二,目的主义是法律解释的独特方法;第三,表明我们有义务尊重制宪者目的的政治道德理论。目的主义只是法律解释理论中的一种特殊形式,而非公理。[①] 这样说来,目的解释方法亦非灵丹妙药。事实上,学者们普遍认为,法官所要探求的并不是立法机关的真实意图,而是成文法本身内容中所包含的意图、精神和目的。[②]

---

① See Navid Lyons, *Moral Aspects of Legal Theory*, Cambridge University Press, 1993, p. 144.

② 参见[美]约翰·亨利·梅利曼:《大陆法系》,顾培东、禄正平译,法律出版社2004年版,第45页。

第七章　法律原意主义方法论之评说

第一节　原意主义方法论之诱惑

原意主义方法论是一种强调并注重法律解释过程中解释者必须尊重立法者的原初意图与文本的原初公共含义的方法理论，笔者在谈到原初意图主义之正当性时，提出了四个要素，即文本表达着立法者的意图、限制解释者的任性与武断、合乎实证主义法律哲学以及符合社会契约论，也在前文论及威廷顿(Keith E. Whittington)关于文本原意主义即宪法应当按照起草和批准时的公众理解来解释的观点之维护的两大理由，即成文宪法性质使然与合乎人民主权之要求。其实，这些论证原意主义方法论之正当性的理由，归结起来就是两个方面：一是法治；二是民主。它们作为原意主义的正当性自身的确充满着令法治主义者、民主主义者无法抗拒的诱惑：尊重法律规则即含义的稳定性、明确性是法治的基本要求；法律是人民制定的，法律在没有修正或废止之前，就必须得到遵守。这既是对代表民意的立法机关的民主尊重，也是对法律必须得到遵守的法治尊重。因此，原意主义方法论的诱惑主要在于它表面上合乎法治的要求与民主的要求。

约翰·哈特·伊利（John Hart Ely）在《民主与不信任》中曾针对解释主义（interpretivism）的诱惑作出过分析。① 在伊利看来，解释主义亦即原意主义，绝非是一种过时的风尚，实际上，只要有可能，法院总是倾向于解释主义的解释。伊利认为，解释主义方法论之所以具有吸引力，主要在于两个原因：一是它更能符合我们通常所理解的法律是什么的概念及其思维方式。法院解释法律时，法院显然要将自己限定于法律的目的和法律语言所明确或者含糊地表达的禁止范围之内。如果一个法官声称他不满足于此，而以法律存有疑义之名另外实施他相信总是代表着美国根本价值的解释，那么我们就会得出结论说，该法官不是在做他应该做的工作，甚至可能会认为这是一种疯狂授权的要求。② 所以，在伊利看来，一般所认同的法律是什么的概念就是立法者写在文本之中的规范语言，法官解释法律时当然要受制于文本及其法律目的，否则法官的解释就缺乏了合法性而成为纯粹是法官个人的主观价值选择，这时谁还会承认法官判决的合法性并予以接受呢？所以解释主义恰好满足了这一要求。二是美国宪法的制度设计就是以民主共和为鹄的，任何与民主共和政治哲学相背离的宪法解释理论都会面临被指控的命运，这样就为解释主义的发展提供了生存的空间，因为解释主义更合乎宪法目的和共和民主之美国

---

① 具体分析，参见范进学：《美国宪法解释方法论》，法律出版社2010年版，第200～206页。

② See John Hart Ely, *Democracy and Distrust*, Harvard University Press, 1980, p. 3.

宪制理念。所以,无论什么解释或者附加怎样的限制,统治必须合乎被统治者多数人的同意是美国政府体制的核心。解释主义者将对民主施加的限制看成是人民自己强加的,而非解释主义者则是主张让无须承担政治责任的非民选的法官去选择和确定价值规范,而这些价值超越了多数能够支配的范围。相反,解释主义者所选择的价值是来源于宪法本身的。由于宪法自身是提交给人民批准并受到人民大众的接受,所以解释主义者的这种主张就意味着他们依据宪法进行的价值选择最终还是来自于人民自己。① 因此,不是法官监督制约人民,而是宪法,说到底,最终是人民自己监督和控制自己。这种言词和解说当然就具有了诱人的魅力。这就是为什么伊利得出"解释主义的诱惑"(the allure of interpretivism)之论断的原因。连非解释主义者的代表人物格雷(Thomas Grey)都不得不承认:"既然人民选择了法律违宪或者政府行为违宪的原则,认定它为基本原则,并把它写进了宪法文本之中,所以,对于法官而言,其职责就是解释宪法并适用宪法。"②伊利论证的解释主义的诱惑之因实际上同样归于法治与民主。

从原意主义者对原意主义方法的选择与辩护的理由分析,他们几乎选择了相同的正当性论证,这就是法治与民主。博克之所以信守原初理解的原意主义方法,是因为其他任何方法都会危及民主和法治的精神与传统。《宪法》是"我们人民"制定的,是人民意志的体现,立法机关作为民意的代议机关负责制定法律,总统执行法律,司法机关则判断法律与解释法律。一旦司法机关在审理案件中创造法律,就会把法官个人的意志强加于人民之上,从

① See John Hart Ely, *Democracy and Distrust*, Harvard University Press, 1980, pp. 7 – 8.

② Thomas Grey, "Do We Have an Unwritten Constitution?", 27 *Stan. L. Rev.* 705 (1975).

而取代了立法机关,损及民主原则与宪法权力结构模式。宪法是法律,作为法律,就应当坚持除非通过法定程序无论谁都无权改变它,也就是规则的含义独立于人们的意欲之外,否则就没有必要制定改变法律规则的程序,宪法或法律可以修正或废止,但必须遵循法定程序由立法机关进行,而法官是无权通过解释而加以变更的。[①] 因此,无论是宪法还是制定法(statutes)都是法律(law),这意味着法律的原则是明确的,是能够控制法官的。[②] 因此,法官的权威完全来自于他是适用法律而非自己的个人价值这一事实。如果法官放弃了以立法者意图作为他的指引,那么没有任何法律能够适用于他,他开始取代人民进行社会立法。[③] 因此,我们可以发现,博克的原初理解理论始终围绕如何限制法官创制法律的权力而维护法治与民主价值的,法官的权力一旦突破了法律的限定,"法官就开始制定规则,而规则的制定本来是立法者的事情",从而法官的判决就是政治裁判(political judging),即"没有逻辑性(not logic)与没有客观性(not objectivity)"。[④] 因此,博克的原意理解方法论钟情于立宪时由人民所确立的民主、权力分离、人民自由和法治等原初宪法原则。[⑤]

大法官斯卡里亚的文本主义方法论同样是出于维护法治的要求而提出来的。斯卡里亚认为:"我们生活在一个立法的时

---

① See Robert H. Bork, *The Tempting of America: the Political Seduction of the Law*, Simon & Schuster, 1990, p. 143.

② Ibid., p. 2.

③ Ibid., p. 300.

④ Ibid., pp. 1 – 2.

⑤ 范进学:《美国宪法解释方法论》,法律出版社2010年版,第145页。

代”,[①]我们的政府是“法律的政府而非人的政府”。[②] 这意味着立法者未表达的意图不能约束公民,因为法律必须是立法者实际上说出来的,而不是欲说而未写进每个人都阅读到的法律文本之中的意图,法律的公开性与明确性之法治要素就为文本主义方法提供了合法性基础。同时,斯卡里亚也反对法官造法,他认为,法官造法违背了法律的制定是由人民选举的立法机关来完成的原则,这不符合民主的原则,不利于人们对法律的遵守,不能发挥法律对法律行为的指引作用。法律文本才是法官解释的“框”,法官只有在这一“框”内才拥有解释的自由权。因此,我们也可发现,斯卡里亚的文本主义方法论的目的也是出于维护法治与民主的要求。

被视为原意主义法学之核心人物之一的前司法部长爱德文·米瑟之所以捍卫原意主义,也是因为担心这样一种危险的出现,即“立法者带来了字词,法官赋予了字词的含义”,其结果就是“把宪法作为一口空缸,每一代人都可以把他们的情感与偏见倒入其中”。所以,在米瑟看来,“任何真正的宪法解释方法都必须是尊重全部文件并完全忠诚于宪法的解释”。[③]这样一种试图寻求忠诚于宪法的法学即原初意图的法学就不会是政治结果的法学,它的目的旨在法律的去政治化。因此,对原初意图法学的选择,就是尊重了“法律的政府而非人治的政府”的法治原则。[④]

总之,现代民主与法治原则一直是人类孜孜以求的理想,但

---

① Antonin Scalia, *A Matter of Interpretation: Federal Courts and the Law*, Princeton University Press, 1997, p. 13.

② Ibid., p. 17.

③ *Interpreting the Constitution: the Debate over Original Intent*, edited by Jack N. Rakove, Northeastern University Press, 1990, pp. 18-19.

④ Ibid., p. 20.

是这些被人类视为理想的价值目标却在现代解释学本体论转型的时期遭到了空前的挑战。最初宪制的设计者们在权力分离与制衡以及个人权利自由的宪法保护的旗帜下，自信权力者不会逾越宪法所确立的疆界去破坏民主与法治之理想。然而，令他们感到无可奈何的是：无论怎样设定权力的界限，法官们如何怎样信誓旦旦地宣称忠诚于宪法法律，宪法法律毕竟仍要由他们去适用，他们拥有判断和解释宪法法律的优先权与先定权。如此，谁也无法阻止法官在对宪法法律进行理解和解释过程中将其个人的主观价值判断与选择加诸宪法法律之上。对任何一个法官而言，即使他在解释宪法法律的过程中所探求的意图纯粹是他个人的意图，也绝对不会公然宣称其对宪法法律的解释是他个人的主观解释和价值选择。他必定会说他的解释就是对宪法法律的解释，所探求的意图也必定是宪法法律自身的意图或立法者的意图，依此使其判决找到合法性与正当性之依据。否则，社会成员还会相信法院判决的合法性吗？人们会始终感受到法官的专制统治，而这恰恰与民主多数统治与权力受制的法治理念相背离。所以，民主、法治与法官解释之间就始终存在一种非此即彼的冲突与张力。这是宪法法律解释学所面对的使命与挑战。

第二节　法治与解释：迈向法治之途的方法

透过原意主义者关于原意主义方法维护的理由，我们发现，在他们看来，法治的政府而非人治的政府是现代国家的基本特征，而原意主义则是维护法治的最佳的方法，因为他们皆把法官的职责看作对法律的解释与适用，一直抵制并反对法官造法。法律的成文化要求的确是法治的开始，法治也确实需要法律的公开、明确与稳定。所以,认真对待法律规则就成为法治主义者的理想选择。

美国康涅狄格大学法学院理查德·凯(Richard S. Kay)指出:"20世纪行将结束,宪制几乎取得了彻底的胜利。全世界几乎每个国家都拥有自己的成文宪法。其中绝大多数都宣称宪法是调控政府机关的法律,并且在很多国家,宪法事实上都可以被法庭援引作为宣判与其抵触的法律无效的根据。"[①]世界各国通过成文的宪法和法律,明确规定可以做什么及不可做什么,以限制政府权力的范围,建立有限的法治政府。从亚里士多德最早关于"法治"是"制定的良好的法律并被普遍地服从"的界定起,法治就意味着人们应当遵守法律并受法律的统治。根据约瑟夫·拉兹(Joseph Raz)对"法治"要素的界定来看,他认为法治应当包括这样一些原则:(1)所有法律都应当可预期、公开且明确;(2)法律应当相对稳定,不应当频繁修改法律;(3)制定特别的法律应受到公开、稳定、明确和一般规则的指导;(4)司法独立应予保证;(5)自然正义的原则必须遵守。[②] 朗·富勒(Lon L. Fuller)也把界定了法治的八大要件,即法律的一般性、法律的颁布、法律的不溯及既往、法律的清晰性、法律中不能存在矛盾、法律不能要求做不可能的事、法律不应当频繁改动、官方行为与公布的规则的一致性。[③]

我们从上述学者对法治的基本内涵与特征的认知可以看出,法治最核心的因素就是法律规则的公开、明确、清晰、稳定,没有

① [美]拉里·亚历山大等编著:《宪政的哲学基础》,付子堂等译,中国政法大学出版社2007年版,第19页。

② 参见[英]约瑟夫·拉兹:《法律的权威》,朱峰译,法律出版社2005年版,第187~189页。

③ 参见[美]富勒:《法律的道德性》,郑戈译,商务印书馆2005年版,第55~96页。

了这些基本特征,任由解释者根据自己的价值或自己偏好的价值对法律作出解释,甚至超越其解释与适用的基本职责,站在立法者的角度,以立法者的名义,为社会进行立法,这在法治主义者看来就是对法治的消解与解构,瓦解法治的基础。

然而,自近代意义上的法治转向为现代意义上的法治之后,法治与解释应当是并行不悖的。近代意义上的法治的确是反对法官对法律的解释,这种法治与理性主义的浪漫有密不可分的联系,它过分相信立法者——人民的理性,相信立法者能够洞悉社会一切事物的发展变化,科学地为人类调处纷争而制定出清晰、明白的法律规则的,不仅 1804 年《法国民法典》的制定者及其拿破仑本人就信奉这一理念,即使 17 ~ 18 世纪的启蒙思想家也信奉这一理念,所以,孟德斯鸠才说:"法官不过是法律的嘴巴。"不仅大陆法系国家是这样,即使普通法系的英国也是严格遵守先例原则。但是,19 世纪后期,近代意义上的法治主义让位于现代意义上的法治主义,即承认了对法律进行解释的法治主义。按照法治的基本要求,的确是要求法律的明确性,但是法律明确性除了有法律文字清楚、明白无须解释的明确性外,还有需要对法律文字文本进行解释方能清楚、明白的明确性。换言之,法律的明确性有两种:一是文字字义本身即明确的;二是文字字义需要法院法官解释而明确的。现代意义的法治并不排斥或反对需要借助法院法官解释才能明确的法律实践。

无论米瑟、伦奎斯特,还是博克、斯卡里亚等原意主义者,虽然都没有明确提出"法治反对解释"的命题,但其主观中均已经包含着这一思想。他们基本上都是站在近代意义法治观的立场上,维护人民主权与法治理想。"法治反对解释"的命题是由陈金钊明确提出的。我曾在《法治反对解释吗》和《通向法治之途的方法论》中作过详尽的分析与批判。① “法治反对解释”之命题的论证主要集中于陈金钊发表的四篇文章,即《法治为什么反对解释》《法治反对解释的原则》《反对解释的场景及主体》以及《法治反对解释:文义解释的优先性》。他针对当下中国法治初期阶段,主张法官解释法律时,应当遵守反对解释的法治原则。他的这种“法治反对解释”的立场具有相当的典型意义,从原意主义方法论的角度出发,试图概括地提出个人看法。

一、“法治反对解释”是一个假命题

“法治反对解释”之命题,倘若仅仅就字义解释而言,其含义显然是指法治反对法官对法律进行解释。如果这种理解是正确的话,那么“法治反对解释”就不是一个真命题而是假命题。之所以这样说,是因为法治与法律解释的关系不是一种相互排拒的关系,相反,法治从来没有反对法官的解释,法治所反对的是法官权力的无度与滥用。众所周知,法治之基本含义强调的是法律之统治而非人治,强调的是对全体社会成员之权力,尤其是对公权力之限制,这其中当然包括对法官的法律解释权的限制。而法官对法律所拥有的解释权,不是法官个人意志所决定的,而是司法权性质使然。因为只要行使司法权,就必然意味着法律的适用,而法律之适用又意味着对法律的解释。既然司法权的本质就意味着解释,那么如果法治反对解释,则除非取消权力分立,取消司法权。同时,法治状态的实现必须借助法律的运用,没有法律的运用,就无所谓法律之治或法治。而法律的运用又必然意味着对法律的解释,所以法治不但不反对法律解释,而且法律的解释是法

① 参见范进学:《法治反对解释吗?》,载《法制与社会发展》2008 年第 1 期;《通向法治之途的方法论》,载《现代法学》2008 年第 6 期。

治实现的前提。由此观之,“法治反对解释”之命题不是一个对事实的描述,而是一个不真的价值确认,是一个假命题。之所以认为“法治反对解释”之命题是一种假命题,主要是想强调,任何命题皆有自身的明确性、严谨性与严肃性。“法治反对解释”与“法治反对过度解释”是两种性质不同的命题,凡过度解释,皆属于法官解释权之滥用,当然属于法治反对之对象,所以“法治反对过度解释”是法治之应有之义。然而“法治反对过度解释”之命题能否简约为“法治反对解释”呢?两个命题之间缺乏通约性,不是非此即彼的关系,严格来说,过度解释不属于解释,过度解释是对解释权的滥用,是对解释限度与原则的背离,因而过度解释才成了法治反对的对象。而解释则是法治实现的条件,是法治命题之应题之义,故法治并不反对解释,它所反对的是解释权的滥用即过度解释。所以,“法治反对过度解释”之命题是无法简约为“法治反对解释”之命题的,否则,该命题就极易引起人们对它的误读。

那么,有无反对解释的境况呢?其实这种反对解释的声音是存在的,但不是来自法治,而是来自民主与权力分立原则。按照权力分立原则与人民主权原则的最初理论设计,立法权由人民的代表代表人民行使,司法权由法官行使,法律是人民意志的体现,法官就是法律的“喉舌”,法官不能解释法律,因为在启蒙思想家们看来,法官一旦解释了法律,就会将自己的主观意志强加于人民之上,因而这种解释的行为被视为是对人民意志的篡夺或僭越。所以,从人民主权的神圣性与权力分立的初衷分析,民主原则与权力分立原则反对法官对法律的解释。这是最初设计与提出为什么反对法官解释法律的理由。然而,理论的设计往往是美好的,但这是不合乎实践生活的逻辑的,因为最初反对解释的理论家们忽视了适用法律的主体的社会性、主观价值之前见性以及法律的概括性、简约性、抽象性与人类社会生活的复杂性、多样性、丰富性与具体性之间的矛盾,西方社会在经过了18世纪末期至19世纪中晚期的法律解释实践之后,最终还是承认了法官解释法律的现实。当今西方社会来自于民主与权力分立原则反对解释的声音,已经不是关于法官能否解释的权力有无,而是如何解释的方法问题,即采取怎样的解释方法才是符合民主与权力分立的原则的,实质上是反对法官的创造性解释。综上所述,"法治反对解释"之命题是不能成立的,法治反对的不是解释而是解释的无度与滥用,它限制的是法官的解释权;不是法治而是民主与权力分立原则反对解释,并且是反对创造性解释。

二、"认真对待法律规则"能否成为反对解释的理由?

"法治反对解释"命题的前提是必须认真对待法律规则。只要"认真对待法律规则",就无须法律解释,反之则意味着没有认真对待法律规则,这是因为对法律作了解释。这种观点似乎把"解释法律"与"认真对待法律规则"对立起来了。问题在于,"认真对待规则"何以成了反对解释的理由?在当下中国,的确普遍存在不认真对待法律规则的现象,无视法律规则的存在而各行其是,法律权威的树立必须确立规则的实际效力,而欲确立规则的实效,则必须认真对待法律规则,严格依照法律规则办事。规则意识实际上就是重视法律文本,回到法律文本。任何法律行为皆须以法律文本为依据。哈特关于法律是规则体系的观点,就是强调人们对待法律应当对待规则,尤其是在我国法治初期发展阶段,"认真对待法律规则"的命题非常重要,也把准了中国法治建设的命脉。然而,"认真对待法律规则"与"反对解释"有无必然的联系?这两个命题实际上并无必然的关联。因为"认真对待法律规则"强调的是人们实际上对法律规则的重视问题,强调人们心中应当有法律,依照法律规则而为。可是,"法治反对解释"之核心是反对过度解释，一个是强调重视规则的价值，另一个是强调反对解释权之滥用，它们之间无论在主体、内容与强调的重点上还是针对欲解决的问题上似乎并无直接的联系。其实，法律解释活动就是在适用法律规则中对法律规则的具体应用，法官对规则的解释只要不是对其解释权力的滥用，就是“认真对待规则”。所以，从该意义上来说，“认真对待法律规则”内含认真对待解释法律。

认真对待规则，应该是针对我国法治建设中人们普遍对法律规则的忽视或者轻视的现实而提出来的命题与要求。我国现实生活中普遍存在的问题是，立法者往往无视作为具有最高法律效力的宪法规则的存在，执法者与守法者也无视宪法与法律规则的存在，现实生活中大量违宪与违法行为的存在，一方面是人们不遵守法律的结果，但另一方面也是执法者——政府没有严格执法所造成的。所以，针对这种有法不依、执法不严的客观现实，学界才提出了认真对待法律规则的问题，因为假如没有认真对待法律规则，就没有文明有序的法律秩序，就没有和谐稳定的社会生活。至于国人何以不认真对待法律规则，绝非因对法律的过度解释所致。严格依法办事、严格执法，并不是不需要对法律规则进行解释，只要是在法律的文义或者法律原则、精神之内进行法律的适用性解释，就是依法办事。认真对待法律规则之于法律职业者而言，则应当体现于对法律规则的忠诚。但是，对于法官而言，对法律规则的忠诚是指在解释法律的过程中，忠诚于法律的规定、原则与精神，忠诚于法律文本的意图和立法者的意图，因此，“认真对待法律规则”之命题就是要求法官认真对待法律解释，而不得超越法律“四角”之框进行所谓的法律解释。前文已述，“法治反对解释”所反对的是法官解释过程中的过度行为，只要不属于过度解释的行为，则法治不但不反对，而且承认其是法治实现的条件。因而，“认真对待法律规则”与“法治反对解释”不是矛盾与对立关系，而是相互包含关系，只是两种命题针对不同的问题面向而提出，“法治反对解释”既不是“认真对待法律规则”的必然逻辑，也不是“认真对待法律规则”的自然背景，同样，“认真对待法律规则”也不是“法治反对解释”的正当理由。

三、创造性解释与司法限制主义

司法过程的本质到底是什么，是发现还是创造？如果站在解释者的立场上，我们赞成哈特关于法官解释的两种态度的观点。他认为法官有的时候是解释法律，有的时候则是创造法律；他既反对法律现实主义学派关于法官始终造法的“噩梦”观，也反对德沃金式的关于法官从来不造法的“高贵之梦”观。按照哈特的观点，人类立法不能摆脱的困境是对未来事实的相对无知和对未来目的的相对模糊，从而为后来的法官在适用法律规则时留下了权衡裁量的空间。在规则出现“空缺”的地方，法官拥有自由裁量权，发挥其创制规则的功能。德沃金在此与哈特分道扬镳。按照德沃金的观点，一个完整的法律理论为所有的法律问题提供了一个正确的答案，法律不可能存在空缺，没有规则的地方还有原则，法官是否造法，就在于是否把法律原则作为法律看待。哈特与德沃金关于法官是否造法之争是发生在疑难案件的地方而非一般性场合的。所谓疑难案件，无非就是法律没有规定或者规定模糊或者出现争议的案件，此时实际上是需要法官的创造性解释的，即使德沃金不承认法官造法，而是依据法律的道德原则进行“发现”法律，然而这种“发现”毕竟不同于非强烈意义上的自由裁量，这种依据道德解读宪法法律的实践，有可能使法官成为哲学家之王，并使法官拥有了近乎绝对的解释权。因此，无论在理论上还是在实践中，法官在法律空缺处的确存在创造性解释法律的权力与实践，只是创造性解释不是司法过程的本质，创造性解释只是作为一般法律解释的补充。所以,法官在司法过程中的解释不都是创造性解释。因为所谓的创造性解释已经不是解释,其本质上是造法,解释与创造性解释在英语中是通过不同的构词来区分的,即"interpretation"和"construction"。

与此同时,笔者认为,对西方法律解释主流的判断,即"创造性地解释在西方当代也是主流观点"由于缺乏必要的论证而无法苟同。在笔者看来,创造性解释并未成为西方当代主流观点,其主要原因,除了德沃金的"整体性"理论的反对之外,还来自两种普遍的反对的声音:一种是民主论,即法官不是民选的代表,不向选民负责,法官只能适用体现民意的法律而不能创造法律,否则就是对民主、民意的践踏;另一种是法治论,即如果法官创造法律,然后又把这一法律适用到案件中,无疑是对法律不溯及既往法治原则的破坏,败诉一方所受到的惩罚并非是因为他的违法行为而是行为发生后通过创设新的法律强加于他的。如果说司法积极主义(judicial activism)在当代西方是主流观点,则是可以成立的,司法积极主义实际上就是非解释主义或者非原意主义,它是相对于司法限制主义(judicial restraint)方法而言的一种解释方法。"司法积极主义的基本信条就是法官应当审理案件而不是回避它,因此广泛使用他们的权力——尤其是通过扩展平等与个人自由的内涵,以增进正义,保障人的尊严。积极主义的法官有为广泛的社会不公提供司法救济的义务,同时也有义务去使用他们的权力,特别是赋予宪法一般保障条款以内涵的权力。"说到底是法官在法律解释中要不要受原意主义的限制,在积极主义法官看来,法律解释不应受制于制法者的意图,因为确定立法者的意图是困难的。此外,积极主义尤其在宪法问题上,还倾向于更少强调绝对拘泥于先例。司法积极主义与消极主义的方法只是在解释宪法法律的内涵范围上存在认知差别,消极主义是在宪法法律之明确规定内解释宪法法律,而积极主义则不满足于此,它会随着社会的变化与思想、观念、价值的更替而不断使宪法法律文本的意义得到扩展与丰满。司法积极主义与法律现实主义是不同的,前者对原初意图持一种相对的态度,至少是在宪法法律文本的框架内解释宪法法律,扩展宪法法律的意义;而法律现实主义只是把文本作为解释的众多的法律渊源之一种,其观点是认为法官本质上在行使立法权。法律现实主义的基本观点就是解释者在创造法律,然而这一结论显然与民主理论与权力分离原则相抵触,故而要对法官的解释权要加以限制。而司法积极主义则是在承认宪法法律原初意图的基础上,发展了其意义,增加了许多原初意图所未预想到的,而这是符合历史发展和社会进步这一基本规律的。自 1937 年以来,运用积极主义方法所扩展的宪法权利诸如黑人的平等权利、少数人群体的言论与宗教自由权利、刑事被告人的权利以及妇女的堕胎权利等。司法积极主义的宪法法律解释实践是合乎社会进步之趋势的,并得到了社会大众的接受和历史的认可。笔者不大相信沃尔夫的断言:“我坚信,司法能动主义是一个不幸的现象,如果没有它,美国将会变得更美好。”的确,运用司法积极主义方法既产生过伟大的判决,也产生过糟糕的判决,然而从整个历史的长河来看,如果没有司法积极主义,美国社会可能会更加不幸。

如果说司法积极主义是鼓励创造性解释,那么司法限制主义则是对创造性解释的限制。司法限制主义从来不主张法律解释者超越于法律文本之外进行创造,它反对创造,它要求法官将自己限制于文本意图或立法者意图之中,这也是司法限制主义有别于司法积极主义的显著特征。换言之,司法限制主义不允许法官的创造性解释即造法,凡是采用限制主义方法的法官,其解释必然是探求立法者的原初意图或者文本原初意图,他不会声称他的解释是创造性的，所以根本谈不上司法限制主义下的创造性解释。创造性解释是司法积极主义的主张，司法限制主义方法下力拒解释的创造性。

四、法治之于解释，到底反对什么？

法治是限制一切权力的制度性力量，法治之于法官，限制的是法官的司法权之滥用，即解释权的过度。在法律解释的目标上，主要有三个方面：一是立法者意图；二是文本意图；三是解释者意图。凡是脱离立法者意图和文本意图而强调解释者意图的解释，应当属于过度解释之范畴。过度解释意味着解释没有一个客观的对象，可以像水流一样无忌地任意漫淌，意味着"作者带去语词，而由读者带去意义"。于是，解释成了无限的东西，文本失去了其意义的客观性与确定性，成了一种无休止的漂浮，从而把文本视为一个无限开放的空间，文本的意义完全取决于解释者的价值选择。其实，正如乔纳森·卡勒所指出的那样："诠释和饮食一样存在某种'度'，有人在该停的时候没有停下来，因而犯了'过度'饮食或'过度'诠释的错误。"法律解释同样存在解释之度，这个"度"就是立法者意图或文本意图。解释者的解释一旦溢出这个"度"，就是"过度"解释。由于没有解释就没有法律的适用，所以没有解释自然就无法达致法治鹄的。在这一意义上，法治是不会反对解释的。但是，解释者的过度解释已经脱离了解释的条件，使司法权走向了极端，因而才成为法治所反对的对象。所以，法治并不反对解释，而是反对过度解释。笔者认为，解释之于法治，不是不需要解释，而是必须解释，所以法治不反对解释，法治反对的是过度解释。目前学界所争论的是运用怎样的解释方法才能更好地维护法治和民主，大致是围绕解释主义或是原意主义方法还是非解释主义或非原意主义方法的方法论而展开争论的，并由此形成了原意主义方法流派与非原意主义方法论流派。所以,在笔者看来,解释之于法治不是解释与否而是如何解释。

五、法治目的与法治要求:关于描述性与评价性命题

"法治反对解释"命题是描述性命题还是一种评价性命题?陈金钊认为,描述性命题存在真假问题,而评价性命题只存在对错问题,而法律需要解释是一种对司法过程的描述,而反对解释是一种立场,一种姿态。笔者认为命题有上述二分,譬如,作"是"的判断,在一般意义上说就是描述性命题,例如,"这个人拿着一件红上衣";而作"应该"的判断则是评价性命题,例如,"这个人应该穿一件白上衣才好看";而有的作"是"的判断,既是描述性又是评价性的,例如,"这个人穿着这件红色上衣真好看",即是这种兼有判断命题。一般学者认为,描述性命题与评价性命题就是边沁最早提出的"是"与"应该"的命题。法律文字的字义清楚明白径直适用不作解释,每个人皆理解与明白的文字就不需要解释。针对这种情况,站在法治的立场上,当然反对解释。因此,笔者十分赞同将"反对解释"视为评价性命题。然而,笔者真实的意图是反对将"反对解释"这一仅适用于明确性法律前提下的评价性命题扩延至非明确性法律而需要解释的场合。原因很清楚,那就是反对解释之命题是在不解释的场景下所持的一种法治立场,而在解释的场合下,法治主义者所持有的立场是反对过度解释或任意解释,或者不尊重原意的解释等。

进而说明的是,"法治反对解释"这一命题如果成立则是真命题而非假命题,那么只有固守于近代意义上的严格法治之意义。真理一旦向前跨出一步,就有可能成为谬误。然而,"法治反对解释"之出发点与目的似乎并不满足于这一狭义之法治,而试图将这一近代意义之法治要求普遍化为指导现代法治,尤其是中国当

下法治的实践要求，一旦走出这一限度，其主张即会成为谬误，它将法治的目的当作了法治的要求。其实，无论近代意义上的法治还是现代意义上的法治，的确是将法律的明确性作为一种原则与目的，但是两种意义上的法治对法律的明确性之达致要求是迥异的，近代意义上的法治的明确性目的是以要求法官对法律不作解释而达致的；而现代意义上的法治的明确性目的则是以承认并要求法官通过解释而实现的。因此，法治的目的与法治的要求是内容与形式、实与虚的关系。“法治反对解释”只是法治为达到其目的的许多要求中的一种要求，而为了法治目的的实现，法治还要求法官通过法律解释予以实现。若一方面承认“法治反对解释”是一种近代意义上的严格法治之要求，另一方面又感到法律解释的普遍性、客观性与现实性，就无法解释这一现实问题，于是就牵强附会地提出了“法治反对解释”“只是一种立场或原则，仅仅表明对理想法治的姿态”。陈金钊似乎已感觉到“法治反对解释”不过是黄昏下的夕阳，但无法面对法律解释普遍现实性这一骄阳。“法治反对解释”命题是一个矛盾混沌的命题，它试图以此命题为全部法治主义者与法治主义实践活动奠定一个指导性的基本原则与立场，既欲竭力维护法治理想之崇高目的所致，又无法直面法律解释之事实，从而形成了“两难”悖论，即维护法治明确性目的与法律需要解释之两难选择。出于维护法治的目的而不能不“反对解释”，出于法律解释的现实性而损害了法治的目的，顾此失彼。这种维护法治目的与法治权威的思索值得赞许，但这种努力注定是徒劳的，因为法治的目的与法治的要求是不同的，将法治要求之一种等同于法治的全部目的无异于“作茧自缚”。

质言之，法治的目的是约束一切人的主观任性与专制，出于该目的才要求法律具有明确性，但达致这一目的的具体要求又有所不同：针对法律文本字义清楚的要求是不作解释；针对法律文本字义含糊、模糊或不清楚的，则借助于解释方法加以明晰，进而达到法律的明确性。所以法律解释不是目的，而是一种方法，一种解释法律字词文义的方式、步骤。只有通过解释才能明确的法律。法治从来不反对解释，只有从此意义上理解法治，才能处理好法治与解释的辩证关系。如果将法治的目的与法治的要求混同，就会不可避免地出现陈金钊式的两难悖论。

笔者把上述论证表示如下：

<table>
<tr><th>法治目的</th><th>法治要求</th><th>法律分类</th><th>是否解释</th><th>法治立场</th><th colspan="2">解释方法</th><th>解释态度</th></tr>
<tr><td rowspan="3">限制司法权</td><td rowspan="3">明确性</td><td>明确性</td><td>不解释</td><td>反对解释</td><td>无</td><td></td><td></td></tr>
<tr><td rowspan="2">不明确性</td><td rowspan="2">解释</td><td rowspan="2">反对任意解释</td><td rowspan="2">有</td><td>原意主义</td><td>尊重原意</td></tr>
<tr><td>非原意主义</td><td>超越原意</td></tr>
</table>

六、通向法治之途的方法论

何谓法治？通向法治之途的方法论是什么？貌似简单的问题，却是必须认真对待的大问题，因为它事关法治事业的成败。法治与人治均有其特定的含义，人治是一种只按照个人的意志行事的方式，而法治则是一种按照法律规则行事的方式，法治与人治之本质区别是以谁的意志行事，若以个人的意志行事，就是人治；以法律的意志行事，就是法治。“依法治国，建设社会主义法治国家”，就是要求治国依照宪法和法律，而非依凭哪个领袖或领导人的主观意志。法治既是关于人的事业，也是关于人去治理的事业，问题的关键在于人如何去治理，依照谁的意志去治理。

人类为了建设法治，达致法治的理想，在通向法治之途上在对法律的解释采取了两种方法论,这就是解释主义的方法论与非解释主义的方法论。解释主义的方法论强调尊重法律的原意与立法原意;非解释主义的方法论则不局限于此,而是主张对文本原意的超越。这就是所谓文本解释是在文本“四角”之内还是之外,国家法律之本质的解释就是所谓的“解释主义”,逾出法律之本质的解释就是“非解释主义”,即创造性解释或者法官造法。由于解释主义局限于立法者原意或法律文本的原意,也就是局限于探究人民之意志,故又被称为“消极主义”,而与时俱进的解释主义,把赋予法律文本以合乎时代进步要求与价值的解释主义称为“积极主义”。其实,无论解释主义还是非解释主义,抑或消极主义与积极主义之解释方法论,都是基于法治之目的,或者说,都是通向法治之途的方法论。

实际上,无论原意主义、解释主义、消极主义方法论,还是非原意主义、非解释主义、积极主义方法论,其最终出发点皆在于维护法治之理想,只是一方坚守法律原初意图,另一方则坚信人类进步的力量与法治内涵的历史发展与变化。其实,任何一方都不会声称他们的解释是与法律目的或法治目的相违背的,他们所有的解释结论都会披上合乎立法目的与合乎法治理想的外衣,它为法律解释的合法性与正当性提供了方法论的理论支撑。故两种法律解释方法对于维护法治这一目标是一致的,可谓殊途同归。

第三节　法律解释方法论的悖论与消解

制定法出现后,关于法律的解释方法始终面临一个古老的悖论:法律的解释是否应按照立法者在颁布法律时已经提出的立法者原来的意思加以解释,或者是否可以把法律看作具有某种客观性的自我生活的东西,在解释法律时按照当时的社会现实去估量?[①] 这里所提出的命题就是法律原意主义方法论与法律非原意主义方法论的问题。在一个原意主义者看来,法律必须稳定,法律秩序需要稳定,而在一个非原意主义者看来,法律应当灵活,人们应当根据法律所应调整的实际生活的变化而不断对法律的含义赋予其新的内涵。这种看似矛盾的两面,被庞德归结为"法律必须稳定,但又不能静止不变"的哲学命题。所以,庞德指出:"如果我们探寻原理,那么我们既要探索稳定性的原理,又必须探索变化原理。""因此,法律思想家所致力于解决的首要问题,就是如何将法律固定化的思想与变化、发展和制定新法的思想相协调,如何将法律理论与立法理论相统一,以及如何将司法制度与司法人员执法的事实相统一。"[②]从矛盾协调与悖论相统一的观点来看,法律原意主义者与非原意主义者的观点都是正确的,法律必须稳定的观点是正确的,法律应当适应不断发展了的社会现实生活也是正确的,但是他们的观点却存在片面性,皆缺乏一种辩证的思维,正确的辩证的观点应当是它们之间相互统一、相互协调,既彼此承认各自观点的正确性,又不能掩盖其片面性。因此,当法官、律师或任何法律的适用者面对成文法时,皆必须思考这样一个方法论的悖论与困惑,如何理性看待两种方法论之间的冲突与矛盾?如何调处它们之间的张力?如何解决两种方法论之间的悖论问题?笔者基于辩证方法,对法律原意主义方法论与非原意主义方法论之间的内在机理作出阐释,进而试图使两者获得理论上的统一。

---

① 参见[德]K. 茨威格特、H. 克茨:《比较法总论》,潘汉典等译,法律出版社 2003 年版,第 26～27 页。

② [美]罗斯科·庞德:《法律史解释》,曹玉堂、杨知译,华夏出版社 1989 年版,第 1 页。

一、理论之树是灰色的，生活之树常青

近代以来，人们基于权力分立与分工理论，设计出了制定法律的立法机关与适用法律的司法机关，立法机关负责立法，因为它是由人民的代表组成的，立法机关的制定法的意志被归于人民的共同意志，法律的制定者在于人民这一最高权威者，法律的实施过程就是人民意志的实现过程，就是民主的实现过程；而司法机关及其法官是法律的适用者，他们的职责就是按照立法者当时制定法律时赋予的原意进行适用，不得掺杂自己的个人意志，因为从道理上来说，法官一旦将个人的价值判断融入了法律的意志之中，即等于改变或篡改了法律所体现的人民共同意志，最终使法律的实施变成了法官个人意志的实现，这在民主主义者与法治主义者看来是最无法容忍的。在他们眼中，权力分立是绝对必要的，是公民权利的唯一保障，只有立法机关可以制定代表人民意志的普遍的法律。因而自近代以来，大陆法系与英美法系各国对法官的法律适用所采选的的路径是相同的：首先是绝对限制解释，再次是要求法官遵从选择原意主义方法进行解释，最后不得不承认法官解释中的创造性即非原意主义方法解释。譬如，在法国大革命时期，法官的功能仅限于对法律的单纯适用，凡涉及法律的解释——更不必说对法律的补充或更改，法官在任何情况下都必须咨询立法机关，以便立法机关解释或完善法律文件。然而，法国立法者还是变相地赋予了法官法律解释权，正如《法国民法典》的主要起草者伯塔利斯(Portalis)所指出的："如果只允许法官在法律已指明的时候才能宣判，司法进程就会被中断。很少有诉讼案件是在明确的法律文件之下裁决的，大部分争议正是根据一般原则、法学学说、法律科学进行宣判的。民法典没有排除这

些认识,相反,它以它们为前提。"[1]这就是为什么《法国民法典》第4条规定禁止法官借口法律无规定、不明确或不完备为由而拒绝审判之因,由此而赋予了所有法官必须解释法律的事实上的权力。时至今日,法律解释方法论之争聚焦于原意主义与非原意主义之争上,无论是原意主义者还是非原意主义者,往往只秉持各自阵营的基本教义,沉浸于各时代的精神之中,以此获取巨大的快乐,进而质疑与反对对方的基本理论与方法。这种非此即彼的理论之争,恰恰忽视了歌德的"一切的理论是灰色的,而生活的金树常青"[2]的训诫。

法律要稳定,需要具有确定的基本含义与意义。因此,法律的语言需要简洁、明确、通俗易懂。孟德斯鸠告诫立法者说:"法律不予精微玄奥,它是为具有一般理解力的人们制定的。它不是一种逻辑学的艺术,而是像一个家庭父亲的简单平易的推理。"[3]无论是富勒还是拉兹,都主张法治的核心要素就是法律的稳定性与明确性,富勒认为:"法律的清晰性是合法性的一项最基本的要素。"[4]拉兹主张:"所有的法律都应当可预期、公开且明确。""法律应当相对稳定。""特别法(尤其是法律指令)应受到公开、稳定、明确和一般规则的指导。"[5]法律原意主义者就是要求法律的解释者始终遵循对法律的原意(包括文字原意与立法原意)而不是对法律的精神与目的的探求的解释原则,从而维护法律的确定性与

---

① [法]雅克·盖斯丹、古勒·古博:《法国民法总论》,陈鹏等译,法律出版社2004年版,第413页。

② [德]歌德:《浮士德》,董问樵译,复旦大学出版社1983年版,第104页。

③ [法]孟德斯鸠:《论法的精神》(下册),张雁深译,商务印书馆1963年版,第298页。

④ [美]富勒:《法律的道德性》,郑戈译,商务印书馆2005年版,第75页。

⑤ [英]约瑟夫·拉兹:《法律的权威》,朱峰译,法律出版社2005年版,第187~188页。

权威性,维护法律秩序的一致性与统一性。根据法律的确定性,立法应当完整、清晰、逻辑严密,要求法官不得创造法律,法律的解释和适用应当尽可能成为“自动”实现法律的“确定”的过程,在此意义上,法律的确定性主张“反映了防止法官创制法律的愿望”。[①] 所谓“法官是自动售货机”的理论,排斥的就是法官独立意志的法律解释。大多数法官认为他不得不墨守成文法的条文而不敢背离以法律的明确规定作为前提的“三段论”式的推理。法国比较法学家达维德也对此指出:“在一切国家,法官为了避免被人指摘为武断,原则上比较喜欢不脱离法律的字面规定,尊重立法者意图的解释。”[②]16 世纪初期,培根也告诫司法官“应当记住他们的职权是解释法律而不是立法或建法”。[③] 18 世纪意大利刑法学家贝卡里亚的告诫依然成为原意主义者的箴言:“‘法律的精神需要探询’,再没有比这更危险了的公理了。采纳这一公理,等于放弃了堤坝,让位给汹涌的歧见。”[④]在贝卡里亚看来,法律的精神可能取决于一个法官的逻辑推理是否良好,对法律的领会如何,取决于他的感情冲动,取决于被告人的软弱程度,取决于法官与被侵害者间的关系,取决于一切足以使事物的面目在人们波动的心中改变的细微的因素,由此带来的后果就是:公民的命运经常因法庭的变换而变化,不幸者的生活和自由成了荒谬推理的牺牲品或某个法官情绪一时冲动的牺牲品,人们得到的不是持久稳定的而是飘忽不定的法律解释。因此,“当一部法典业已厘定,就

① [美]约翰·亨利·梅利曼:《大陆法系》,顾培东、禄正平译,法律出版社 2004 年版,第 49 页。

② [法]勒内·达维德:《当代主要法律体系》,漆竹生译,上海译文出版社 1984 年版,第 110 页。

③ [英]培根:《培根论说文集》,水天同译,商务印书馆 1983 年版,第 193 页。

④ [意]切萨雷·贝卡里亚:《论犯罪与刑罚》,黄风译,北京大学出版社 2008 年版,第 12 页。

应逐字遵守，法官唯一的使命就是判定公民的行为是否符合成为法律”。[①] 比利时中世纪史与法律史教授卡内冈1984年在剑桥作讲座时指出，法律解释的排他性规则，即把法官的审判拘泥于制定法的明文规定上而不允许法官通过钻研其他法律文件来探求立法者的立法意图，一直支配着英格兰的司法界，到1900年达到它的全盛时期，直到20世纪70年代才开始遭受批评与攻击。[②] 这一看法得到了丹尼勋爵的佐证，“有一个时期，法官把他们自己仅仅局限于阅读成文法本身——一字一句地读，一字一句地赋予它们语法上的解释，并仅此而已。这种做法在19世纪很流行，而且至今仍受到一些人的支持”。[③] 即使在欧洲大陆，虽然可以超越法律文本的字面含义，但它是停留于通过历史解释探求立法者的意图上。梅利曼指出：大陆法系审判过程所呈现出来的画面是一种典型的机械式活动的操作图，“他的作用仅在于找到这个正确的法律条款，把条款与事实联系起来，从法律条款与事实的结合中会自动产生解决办法，法官赋予其法律的意义。于是，这个审判过程被框于学究式的形式逻辑的‘三段论’式之中，即成文法是大前提，案件事实是小前提，案件的判决则是推论出的必然结果”。因此，大陆法系法官的形象，就是“立法者所设计和建造的机械操作者，法官本身的作用也是机械性的”“他的形象是一个执行重要的而实际上无创造性任务的文职官员”。[④]

然而，一切阻止或妨碍法官创造性法律解释的理论与实践，

---

① [意]切萨雷·贝卡里亚：《论犯罪与刑罚》，黄风译，北京大学出版社2008年版，第13页。

② [比]R. C. 范·卡内冈：《法官、立法者与法学教授——欧洲法律史篇》，薛张敏译，北京大学出版社2006年版，第17～19页。

③ [英]丹尼勋爵：《法律的训诫》，刘庸安译，法律出版社1999年版，第10页。

④ [美]约翰·亨利·梅利曼：《大陆法系》，顾培东、禄正平译，法律出版社2004年版，第36～37页。

在法律的具体适用与活生生的现实面前都是徒劳无益的。因为立法者清醒地意识到,“立法者即使尽其最大想象力也不能认识到所有问题的案件类型并予以判断,因而必然要给司法判决留有余地,即法律在不可预见的个别情况下的具体化和它对变化的社会需要的适应”。[①] 法律毕竟是人的理性的创造物。“那种认为每个人都必定能够预见到那些在某一不可预见的事实性情势中因适用那些业已阐明的基本原则而产生后果的看法,显然只是一种幻想。今天,这样一个事实很可能已经得到了人们的普遍承认,即没有一部法典是没有漏洞的。”[②]哈耶克如是说。就连主张法律整体论的德沃金也承认:“法律可能并非是一张严密的网。”[③]面对日新月异的现实生活,法律总是滞后的,有种极端的看法说:法律一旦制定出来,就已经过时了。梅因认为:“社会的需要和社会的意见常常是或多或少走在‘法律’的前面的”,因为“法律是稳定的,而我们所谈到的社会是进步的”。[④] 社会生活的确需要法律能够不断适应已发生变化的实际情况,故法律不能静止不变。这种“变”不能仅仅靠立法者的不断修法或制定新法,而必须倚重于处理纠纷争议的具体法官,由法官在适用解释中去填补成文法的漏洞,修补法律的缝隙,这一点即使连最保守的原意主义者罗伯特·博克也不得不承认:“法官的恰当的使命不是机械的。”“事实上,法官在每次审理案件时,在某种程度上必须立法(make

---

① [德]K.茨威格特、H·克茨:《比较法总论》,潘汉典等译,法律出版社2003年版,第139页。

② [英]弗里德利希·冯·哈耶克:《法律、立法与自由》(第1卷),邓正来、张守东、李静冰译,中国大百科全书出版社2000年版,第183页。

③ [美]罗纳德·德沃金:《认真对待权利》,信春鹰、吴玉章译,中国大百科全书出版社1998年版,第155页。

④ [英]梅因:《古代法》,沈景一译,商务印书馆1959年版,第15页。

law)。”只是博克认为这种立法是在“小的缝隙中立法”。[①] 这是每一个法律解释者都必然面临的客观现实。对于这种“缝隙中的立法”,卡多佐说,如果你愿意,也可以把这一过程称为立法,但不管怎么说,还没有哪个成文法体系能够摆脱对这一过程的需求。因此,法官作为社会中的法律和秩序之含义的解释者,就必须提供那些被忽略的因素,纠正那些不确定性,并通过自由的决定的方法,使审判结果与正义相互和谐。[②] 因此,法官的恰当角色应当是在遵从法律的原则、精神与目的的前提下,在探求立法原意的基础之上,揭示出法律的真正含义,以发现和找到解决问题的办法。

由此可见,法律的确定性与法律对现实的适应性是一个问题的两个方面,从法治与民主的层面以及法律秩序的有序稳定之要求上,法律应当具有确定性,否则,法律的安定性即无从谈起,但从法律对社会生活的适应性层面来看,又要求法律与时俱进,不能永远停留于过去的生活,它始终面对的是新生活,从而要求法律的含义不断适应新的社会关系调整的需要,以满足人们的现实需求。能够解决法律的确定性与求变性悖论问题的只能是富有理性与智慧的法官,原则上要求法官坚守法律的原意,但在法律无原意或原意与现实相矛盾时,则需要法官创造性地解释法律,以其智慧化解法律与现实之间的内在冲突。因此,法官们在永恒的流变中,始终面对一个具有双重性的问题:既要尊重历史,又需要面对未来;既要尊重原意,又要超越原意,而不被原意所束缚。他要从原意中获得判决理由的支持,又要从现实的生活中汲取营

---

① Robert H. Bork, *The Tempting of America*: *the Political Seduction of the Law*, Simon & Schuster, 1990, p. 352.

② 参见[美]本杰明·卡多佐:《司法过程的性质》,苏力译,商务印书馆2000年版,第5~6页。

养,以应对并适应历史的变迁。这就是一种辩证的方法,这才是生活本来的逻辑。

二、尊重法律原意及其理由

法官解释法律的活动,第一步肯定是先弄清楚法律的原意是什么,即法律的文义是什么以及立法者的意图何为,这毕竟是对法律文字进行解释,如果法律的文义清楚,立法意图也很明确,就会直接采取法律原意主义的方法进行法律的解释。其实,法官绝大部分解释工作就是探求法律的原意:既探求法律的文字含义,又探求法律的原初意图,继而尊重法律的原意,所以,在该意义上,解释不过是寻求和发现立法者心目中的法律含义,而通过确立立法意图赋予成文法以原初含义是最安全且麻烦最小的,同时,也能够赋予判决以妥当性与正当性。所以,卡多佐承认:"遵循先例至少是我们普通法系每天工作的规则。"①比较法学家达维德说:在一切国家,法官为了避免被人指责为武断,原则上比较喜欢不脱离法律字面规定,尊重立法者意图的解释。② 更令人诧异的是,朗·富勒在《法律的虚构》中指出:一位法官明明知道自己的所作所为是改变法律,却挖空心思将这种改变掩藏起来,以求欺骗他人,使他人相信他只不过是在适用现存的法律。③ 这种即使是在事实上改变了法律的原意,也终究把它归结为对法律原意的探求,其中缘由何在? 换言之,法官为什么愿意尊重法律的原意? 如果从学理上予以分析,可能出于以下原因:

---

① 参见[美]本杰明·卡多佐:《司法过程的性质》,苏力译,商务印书馆2000年版,第8页。

② 参见[法]勒内·达维德:《当代主要法律体系》,漆竹生译,上海译文出版社1980年版,第110页。

③ See Lou L. Fuller, *Legal Fiction*, Stanford University Press, 1967, p. 36.

第一,安定性价值的考量。作为群居性的动物,人类似乎有一种本能的愿望,希望根据某种规则生活。如果缺乏某些规则,就会感到不安全,有法总比无法好,因为它至少实现了法的安定性。① 特别是对于政府权力的行使问题。法律规则与允许政府官员随意行使同公民个人有关的权力制度是不相容的,这种行使权力的方式会摧毁公民的安全感,因为他的权利不再有确实的保障。而法律规则却表明,只有适用于众所周知的法律规则,才能作出相关的判决。一般说来,人们是能够预料到这些判决结果的。它所要求的就是人们需要的安全价值,即约束政府行为的法律尽可能表达得明确清楚。② 根据规则的治理,就是法治,政府的权力必须依照明确的授权规则与程序规则运作,在该意义上,哈耶克说:"法治的意思就是指政府在一切行动中都受到事前规定并宣布的规则的约束——这种规则使得一个人有可能十分肯定地预见当局在某一情况下会怎样使用它的强制权力和根据对此的了解计划它自己的个人事务。……在已知的竞赛规则之内,个人可以自由地追求他私人的目的和愿望。"③所以,法的安定性是法律的重要价值。西方法谚说,"有缺陷的法律也要比不确定的法律好",或"法律一旦模糊或不确定,人们就会陷入可怕的奴役",或"如果离开法律,你就会因失去方向而迷茫,所有的事物也都会处于不确定状态"。④

确定的法律是法的安定性价值的内在保障,也是人类法治之

---

① 参见[德]G. 拉德布鲁赫:《法哲学》,王朴译,法律出版社2005年版,第232页。

② 参见[英]彼得·斯坦、约翰·香德:《西方社会的法律价值》,王献平译,中国法制出版社2004年版,第50页。

③ [英]哈耶克:《通往奴役之路》,冯兴元等译,中国社会科学出版社1997年版,第73~74页。

④ 孙笑侠编译:《西方法谚精选》,法律出版社2005年版,第4页。

要求。大陆法系国家认同的"确定"包括立法的确定和司法的确定。它要求立法机关完整、准确、清晰地表述法律,法官在审理案件时只能根据"确定"的原则解释和适用立法机关制定的法律,即使在疑难案件中法官也无权动摇法律规定的确定性,一切与"确定"要求不符的因素均应排除在法律之外。[①] 由于人类自身与语言自身固有的缺陷,它既不可能对未来的事情作出精确的预见与规定,也不可能将人类的意志表达得完美无缺,而总需要法律适用者根据具体情形按照自己对法律的理解进行适用,这一点连马克思也不否认。他指出:"法律是普遍的。应当根据法律来确定的案件是个别的。要把个别的现象归结为普遍的现象,就需要判断。判断是件棘手的事情。要执行法律就需要法官。法官有义务在把法律运用于个别事件时,根据他在认真考察后的理解来解释法律。"[②]根据法律规定的精神对它进行解释,并不会使它丧失法律的确定性与预见性。正如朗·富勒指出,对法律的确定性持有情感上的保守主义法官,"他打着原有法律的旗号提出新的法律,这样做的目的并不是欺骗他人,而是这种表述新法律的方式满足了法官自己对法律确定性的渴求"。在这位法官看来,法律的稳定性是如此宝贵,即使是形式上的稳定或者它的空幻的影子,也有它的价值。[③] 这样做的好处在于使人们相信,法官是在按照法律规则行事,而不是靠自己的意志行事。"如果每当一项规则的含义引发了疑惑的时候,法官都来宣布存在一片法律上的真空,那么,整个前瞻性规则系统的有效性便会受到严重的损害。要想充满信心地依照规则办事,人们不仅必须有机会了解这些规

① 参见[美]约翰·亨利·梅利曼:《大陆法系》,顾培东、禄正平译,法律出版社2004年版,第86页。

② 《马克思恩格斯全集》(第1卷),人民出版社1995年版,第180~181页。

③ See Lou L. Fuller, *Legal Fiction*, Stanford University Press, 1967, p. 66.

则是什么,还必须得到这样一项保证:一旦就这些规则的含义发生了争议,总会有某种办法来解决这种争议。"①因此,法官出于安定性的考虑,即使进行虚构理由,也应尊重法律的原意。

第二,法律的真义考量。法律是什么?制定法是立法者发明出来的吗?法律的真义应由谁发现?这一哲学命题自古希腊就已经提出来了,斯多葛学派的自然法学家就主张,真正的法律是自然法或理性法,是正确的理性,制定法无非是对正确理性的反映。中世纪的人们认为:"法律是古老的。'新法'本身就是一个自相矛盾的用语。因为要么新的法律是明显地或暗中从古老的法律中分化出来的,要么就与古老的法律相互抵触。在后一种情况下,所谓新法就是非法的。最基本的观念仍然如故:古老的法才是真正的法,真正的法就是古老的法。所以,新法的制定是根本不可能的。一切立法和法律改革,都被看作以前一直遭到违反的、优良的古老法律的恢复。"②19 世纪初期的黑格尔则将自由意志视为法律的精神实质,而实在法要揭示和反映自由意志,否则就违背法的自由精神,他指出:"任何定在,只要是自由意志的定在,就是法。"③因此,法律是发现的,而不是制定发明出来的。马克思本人就是持法律是发现的观点的思想家,他在青年时期就指出:"立法者应该把自己看作一个自然科学家。他不是在创造法律,不是在发明法律,而仅是在表述法律,他用有意识的实在法把精神关系的内在规律表现出来。如果一个立法者用自己的臆想来代替事情的本质,那么人们就应该责备他极端任性。"④他后来

---

① [美]朗·富勒:《法律的道德性》,郑戈译,商务印书馆 2005 年版,第 68 页。

② [英]彼得·斯坦、约翰·香德:《西方社会的法律价值》,王献平译,中国法制出版社 2004 年版,第 55 ~ 56 页。

③ [德]黑格尔:《法哲学原理》,范扬、张企泰译,商务印书馆 1961 年版,第 36 页。

④ 《马克思恩格斯全集》(第 1 卷),人民出版社 1995 年版,第 347 页。

在《黑格尔法哲学批判》中仍坚称："立法权并不创立法律，它只披露和表述法律。"①现代自由主义大师哈耶克秉持其进化论思想，认为法律是进化而来的，而不是人的理性建构的产物，他对法律是人的理性建构的观点予以了批判，揭示了法律是一种自发秩序的产物，只能为人所发现而不能理性狂妄地被"发明"。他认为："法律本身却从来不是像立法那样被'发明'出来的。""毋庸置疑的是，早在人类想到自己能够制定或改变法律之前，法律已然存在很长一段时间了。"在当下盛行的"所有的法律都是、能够是、也应当是立法者随心所欲发明的产物"的观点，"在事实上却是一种谬误"，是建构唯理主义的一个谬种。② 然而，立法者并非在任何时候、任何情形下都能够真实地"发现"法律，法律的真义也许被遮蔽而未被立法者发现，从而出现法律字义或立法意图之荒谬，或者导致法律的漏洞，这一点也为哈耶克所承认："没有一部法典是没有漏洞的。"③问题在于法律有了漏洞之后，法官是继续"发现"法律还是"发明"法律，哈耶克的法律进化论、德沃金的法律整体论与法律实证主义的建构论唯理主义在这里分道扬镳。在哈耶克看来，法官是自生自发秩序中的一种制度，他只服务于自生自发的秩序，如果判决不能以逻辑的方式从既有的规则中推演出来，那么它仍必须与现行规则保持一致，服务于现行规则所服务的那个秩序。因为事先所颁布的或宣告的法律往往只是对原则所做的极不完善的表述，而人们在行动中对这些原则的尊重更甚于他们用文字对它们的表达。所以，无论是既有的规则与一般正义感发生冲突，还是法律自身出现的漏洞，法官都应当可以在他

① 《马克思恩格斯全集》（第3卷），人民出版社2002年版，第74页。

② 参见[英]弗里德利希·冯·哈耶克：《法律、立法与自由》（第1卷），邓正来等译，中国大百科全书出版社2000年版，第115页。

③ 同上书，第183页。

能够发现某种不成文的规则的情况下自由地修正他的结论,前提是这种不成文的规则不仅能够为他的这种修正提供正当性理由,而且一经阐明就很可能会得到人们的普遍认可。因此,法官的工作不过是法律进化过程的一部分,他参与了法律进化选择的过程,而正是这种选择使他发现了立法者未发现的规则,这看起来是一种“创造”,但其实他不是一种新秩序的创造者,而仍然是努力维续某一既存正常运行秩序的侍者。① 因此,哈耶克站在法律是自生自发的秩序论立场揭示了法官是法律的“发现者”而非发明者的观点。

德沃金站在法律的整体论立场,得出了相同的结论。德沃金坚决反对法律的空缺理论,他认为:“即使当缺乏确定的规则来处理案件的时候,一方当事人仍然具有一种胜诉的权利。甚至在疑难案件中,法官的职责是发现双方当事人的权利是什么,而不是溯及既往地创造新权利。”②德沃金进而指出:“如果原告具有一种针对被告的权利,那么被告就承担一项相应的义务,而正是这种不是在法庭内由法官创设的新义务,证成了原告针对被告诉求的合理性。”③德沃金针对法律实证主义的观点,即法官有时或明或暗地创设新法律以充当立法者的角色的观点指出:“事实上,法官既不应该是也不是代理的立法者,把法官超出由其他机关制定的政治决定的做法视为是立法的观点是一种误导。”④因为在德沃金看来,该观点没有区分原则与政策之别。其实,原则和政策是政治正当性的主要基础,任何一项复杂的立法规划通常需要原则与政策的两种论证。而两种论证是交互影响的。即使正在处理的

① 同上书,第五章。

② Ronald Dworkin, *Taking Rights Seriously*, Harvward University Press, 1977, p. 81.

③ Ibid., p. 85.

④ Ibid., p. 82.

案件是一件疑难案件,当没有现成的规则审理案件时,该案件的适当的判决既可能来自于原则,也可能来自于政策。而原则是确立个人权利的,政策是确立集体权利的,法官通过原则或政策的论证实际上发现了个人权利或集体权利。因此,法官无非是在发现业已存在的那个"权利",因为"法官像所有政治官员一样都必须服从于政治责任之原则"。因而"司法判决是实施已存的政治权利的"判决,法官对这些政治权利的发现是对立法者未发现的"政治权利"的反映,而不是反对过去的政治判断。[①] 所以,无论是哈耶克还是德沃金,他们从不同的路径,运用不同的论证方式,共同揭示了一个结论,即法律是发现的而非发明的,有的法律只是暂时未发现而已,这时,作为解释者法官不是在"创造"法律,依然是在"发现"法律。

法律原意主义方法论之真谛就在于法官应当揭示法律之真义,法律意图的发现实际上是对法律真义的重新发现,而非当时立法者之具体法律概念。

第三,判决客观性与正当性考量。一般而言,司法判决的客观性不但要摆脱解释者的主观猜测,也要摆脱法官的个人偏好。这种客观性属于认识上的客观性,它要求"我们的世界观所依赖的认知过程和机制至少应该趋向于精确再现事物的本来面貌"。[②] 这种认识论意义上的客观性只有解释者摒弃自己的意志时才能实现。司法判决的客观性与正当性是人们服从判决的理由与基础,人们接受判决,是因为在他们看来,法官是正义的化身,是法律的化身,判决揭示的是法律之真义,故人们尊重判决,就是尊重法律。试想,一旦人们知道判决完全是法官个人的意志而不是

---

① Ronald Dworkin, *Taking Rights Seriously*, Harvward University Press, 1977, p. 87.

② [美]布赖恩·莱特编:《法律和道德领域的客观性》,高中等译,中国政法大学出版社2007年版,第1页。

"法律"的意志的产物，人们还能够尊重和接受这一判决吗？事物的内容与形式在一定程度上需要统一，但对于判决而言，即使法律的内容是法官赋予的，其形式仍必须是"法律"。当格雷说"当法官自称是在宣布立法机构的意图时，他们事实上是在立法以填补遗漏之件"时，[①]我们也完全可以反过来说：事实上是法官以立法的形式在填补法律遗漏，但法官总是自称他们是在宣布立法机关的意图，即法官从制定法典籍的字词中阐释出某种含义，此种含义在他看来，要么是立法机构的意思，要么是他归属于立法机构的意思。萨维尼将此过程称为"解释"。[②] 因此，体现判决的客观性与正当性的最显著特征是，处理案件的法官宣布判决时，他必须宣称他的判决是根据法律而不是根据自己的意志作出的，并尊重法律的意图，尊重法律的原意。判决的客观性来自于解释法律的客观性，解释法律的客观性如何确定？唯一的途径就是让当事人感受到法官的解释来自于对法律意图的解释和法律自身的确定性。在平常人看来，法律是确定的，不管立法者是否将法律制定得如何具有确定性、明确性，在最终意义上，法官都必须按照"法律"给出一个确定的说法，因为他把法官看作正义的化身。这时的法官解释法律时，其必须以"法律"的口吻说出他要解释的法律的含义，这一含义必定借着"法律"的光环脱口而出，不管法官是如何把自己的"前见"整合到"法律"含义的解释之中的，他的解释结论都必须披上"法律原意"的外衣，从该意义上来说，法官的确是法律的"嘴巴"。当18世纪的孟德斯鸠出于人民至上的理念而把法官当作法律的"嘴巴"时，无意间揭示了解释的客观性之实质，法官意志虽然是解释法律的必备要素，但法官意志永远不会

---

① ［美］约翰·奇普曼·格雷：《法律的性质与渊源》，马驰译，中国政法大学出版社2012年版，第148～149页。

② 同上书，第151页。

被说成是“法律”的意志，唯有如此，人们才可能相信法官的解释具有“客观性”。所以，法官无非是法律意义的阐明者与揭示者，只能是法律的“嘴巴”，即便法官创造性地解释了法律，赋予了法律以新的含义，那也不过是对法律“真义”的宣布而已。在美国最具争议的罗伊诉韦德案中，最高法院的判决始终围绕着宪法第十四修正案的正当程序条款进行，最终的结论也是说类似于得克萨斯州的堕胎犯罪法违反了第十四修正案的正当程序条款。[①] 在1965 年格里斯沃德案中，大法官道格拉斯(Douglas)代表最高法院所作的判决也是紧紧围绕隐私权是否是宪法权利而展开的。通过解释，判决认为该案所涉及的关系属于由宪法的若干条款所保护的隐私权领域。[②] 由此可见，法官解释法律的客观性是通过说出法律的含义而体现出来的，他不能以自己的名义宣布判决的结论。达维德强调说：最高法院虽然事实上是至高无上的，但“他愿意掩盖他在法的制定中的创造作用而给人一个印象，似乎他的作用只是实施别人确定的规范”。[③] 茨威格特和克茨也指出：“毫无疑问，在法国私法的大部分领域内，规则是地道的法官创造物，而这些规则常常与民法典只有微弱的关联，但是要法官承认他在其司法活动中起到了完全创造性的作用，却是难上加难。”[④]笔者想说的是，这看似是一种“骗人”的把戏，实际上就是解释世界中的“现实”。换言之，解释世界的现实就是这样。只要是解释者，无论他选择的解释方法是什么，他都情愿基于“原意”阐释文本，

---

① Roe v. Wade, 410 U. S. 113(1973).

② Griswold v. Connecticut, 381 U. S. 479(1965).

③ [法]勒内·达维德：《当代主要法律体系》，漆竹生译，上海译文出版社 1984 年版，第 117 页。

④ [德]K. 茨威格特、H. 克茨：《比较法总论》，潘汉典等译，法律出版社 2003 年版，第 193 页。

尤其是法官,因为法官的解释直接影响当事人的权利有无及多少,所以他不会以自己个人之名义作出他的判决,否则就会引起更大的争议,使法律处于更大的不确定性之中。这就是为什么哈佛大学法学院教授阿德利安·沃缪勒(Adrian Vermeule)为捍卫法律解释的客观性而提出形式主义法律解释方法的原因。在他看来,法官应当在法律文本明白而清晰时,遵循法律文本的字面含义;在法律文本模棱两可时,则服从立法机关或行政机关对法律文本的解释。[①] 当然,对于后一种观点,笔者在后文还有所质疑与批评,但沃缪勒的努力无疑还是期待解释者尊重法律的原意,无论这种尊重的主体是谁,但是作为判决的客观性尊重法律文本原意无疑是值得肯定的,他至少揭示了法官不能以自己的名义行事的事实。魏德士指出:“由法院自己创造法律的地方,法院却常常称之为法律发现。法院不愿意承认自己在立法。”[②]其实,凡是维护法律解释之客观性的方法论皆主张“原意主义”的方法解释。所谓“向后看”的克制主义的原意主义以及自由原意主义,都是出于对解释客观性的维护。德沃金的整体性解释方法论、伊利的程序解释方法论都试图解决解释之客观性问题,但他们无疑都属于法律“原意主义”方法论,德沃金希望借助于原则的解释探求法律的原意,而伊利试图借助疏通民主政治变革之道和维护少数人权利来实现宪法对于民主的原初意图。所以,从该意义上来说,法律原意主义从未过时,也不会过时,因为它是法官解释的出发点。

---

① 参见[美]阿德利安·沃缪勒:《不确定状态下的裁判》,梁迎修、孟庆友译,北京大学出版社2011年版,第1页。

② [德]伯恩·魏德士:《法理学》,丁小春、吴越译,法律出版社2003年版,第359页。

三、法官造法及其正当性

法律需要解释，而解释则必然涉及创造性解释即法官造法问题，这不仅是原意主义方法论绕不开的问题，也是其被非原意主义者经常非议批评的核心问题。然而，事实证明，社会生活需要法官在尊重法律原意的基础上进行创造性解释。

法官在解释过程中是否有权造法的分歧导致了原意主义方法论与非原意主义方法论之间的对立。原意主义方法论主张解释者在解释过程中应当采用当初立法者赋予法律的最初含义，根据原意论的看法，赋予法律文字的含义不同于最初将这些文字写入法律的人的理解，这是不允许的，那实际上是一种欺骗。[①] 首席大法官马歇尔就曾说过：司法部门“在任何案件中都没有自己的意志。行使司法权的目的从来也不是为了赋予法官意志以效力，而总是为了赋予立法机关的意志或者法律的意志以效力”。[②] 但是，原意论的这种主张只是强调了解释者“应该”如何做的情景，而忽略了解释者所解释出来的含义是否就是立法者最初所赋予法律文本的含义的问题。正如沃缪勒所批评的那样：这种形式主义的进路注定要失败，因为其自身是不可能直接从法律前提出发，并借助于概念演绎而加以正当化的。[③] 所有的原意主义者——无论是文本原意主义者还是意图原意主义者，其都忽略了相同的问题。因为没有一个专门设立的机构来检验原意主义者诉求的目标是否与期待的愿望相符合。由谁断定说，依照原意主

---

① 参见[美]戴维·斯特劳斯：《活的宪法》，毕洪海译，中国政法大学出版社2012年版，第10页。

② Osborne v. Bank of the United States, 9 Wheat. 738, 866.

③ 参见[美]阿德利安·沃缪勒：《不确定状态下的裁判》，梁迎修、孟庆友译，北京大学出版社2011年版，第34页。

义方法论，解释者对原意的探求就一定是立法者最初的原意？实际上，最终说了算的还是解释者自己。无论是原意主义解释的法官还是非原意主义解释的法官，皆自我宣布说他的解释合乎法律的意图或目的，一旦自我宣布，除了上诉案件有可能被上诉机构推翻外，一般情况下都是自我证成其正当性。所以，在解释过程中是否掺杂了解释者的创造性思维才是思考法官是否造法的关键。也许，原意主义法官的解释是他创造性解释的产物，但他却说是法律文字的原初含义或立法者的原初意图，而这又将怎样甄别呢？所以，原意主义方法论看似尊重法律原意，实际上却充满着吊诡。

非原意主义主张，解释者在法律解释的过程中，不应受到立法者立法原意的限制，不管这种意图被理解为历史性期望还是某种确定的语言含义。[①] 非原意主义其实有两种基本形态：一种是极端的非原意主义；另一种是温和的非原意主义。极端的非原意主义，如法律现实主义学派主张法律或制定法只是法官法律发现之渊源，法律是什么，还得由法官说了算。格雷指出："立法机构表达的毕竟仅仅是一些语词，这些语词是什么意思还是要取决于法院。""人们有时会说，法律由两部分构成——立法机构的法律与法官造法，但实际上，所有的法律都是法官造法。某个制定法在某个社会作为行为规则被实施，其形式就是通过法官对制定法的解释来实现的。正是法院将生活纳入了制定法僵死的语言中。"他多次引用霍德利主教的话："无论是谁，只要他拥有解释成文法或口头法的绝对权威，就所有的意图和目标而言，这个人而

① 参见［美］克里斯托弗·沃尔夫：《司法能动主义》，黄金荣译，中国政法大学出版社2004年版，第3页。

不是最先写下或说出法律的人,才是真正的造法者。”[①]杰思罗·布朗也指出:一个制定法只有在法院解释之后才成为真正的法律。制定法只是“表面的”法律,而真正的法律除了在一个法院的判决中,不可能在任何其他地方发现。[②] 霍姆斯大法官同样主张:“对于法院实际上将要做什么的预测。”“就是我所谓的法律的含义。”[③]正如美国哲学家戴维·布林科所指出的:“这样一来,它就暗示了法律领域中无法控制的不确定性。这样的观点极难令人信服。我们没有理由放弃法律是一套规则体系的常识性观点,而去认同这种范式的法律现实主义。”[④]卡多佐对此批评说:“这样一个法律定义实际上否认了法律存在的可能性,因为它否认了存在一些普遍运作的规则的可能性;这样一个定义本身必定蕴含着荒谬和错误的种子。如果一种分析毁灭了其意图解释的东西,这种分析就毫无用处。法律和服从法律是为我们每一天的生活经验所肯定的事实。如果一个定义的结果只是使法律看上去是虚幻的,那么这个定义就太糟糕了;我们必须扩大它,直至它足够宽泛,足以回应现实。”[⑤]其实,法律既有其相对的确定性,又具有其不确定性,相对确定的法律规则是人们法律判断的出发点,这适合于相对简单的案件,但是确实会出现疑难案件,在这些案件中,存在法律究竟是什么或某法是否可适用于当下案件的争议。因

---

① [美]约翰·奇普曼·格雷:《法律的性质与渊源》,马驰译,中国政法大学出版社2012年版,第105~106页。

② 参见[美]本杰明·卡多佐:《司法过程的性质》,苏力译,商务印书馆2000年版,第78页。

③ [美]霍姆斯:《法律的生命在于经验——霍姆斯法学文集》,明辉译,清华大学出版社2007年版,第211页。

④ [美]布赖恩·莱特编:《法律和道德领域的客观性》,高中等译,中国政法大学出版社2007年版,第21页。

⑤ [美]本杰明·卡多佐:《司法过程的性质》,苏力译,商务印书馆2000年版,第79页。

此,布林科指出:“即使简单案件具有法律上的确定性,但仍然可以合理地假定,在疑难案件中不存在针对法律是什么的确定性答案。与之相伴的结果是,如果法官欲决断这些疑难案件,他们就必须采取超越法律范围的立场。这意味着,我们最好是将法律现实主义的不确定性论视为针对疑难案件的主张,而非关于法律的普遍性理论。”①

温和的非原意主义者,如新法律实证主义者(如哈特)不像极端非原意主义者那样主张所有的法律都是法官创造的,而是主张在尊重法律文本的前提下,法律出现空缺的时候,法官可以有条件地造法。这是一种限定化的法律现实主义的主张,即温和的非原意主义论。哈特认为,判例或立法,无论它们怎样顺利地适用于大多数普通案件,都会在某一点上发生适用上的问题,从而出现不确定性,它们将具有人们称之为空缺结构(open texture)的特征。而法律的空缺结构意味着存在这样的行为领域,在那里,很多东西需留待法院或官员去发展,他们根据具体情况在相互竞争的、从一个案件到另外一个案件分量不等的利益之间作出平衡。因此,在规则和判例空缺的领域,法院发挥着创制规则的作用。②早在1977年,哈特在哈佛所作的“英国人眼中的美国法理学:噩梦与高贵之梦”讲演中就已经对法律现实主义与以德沃金为代表的拒绝法官造法的原意主义论作出了批判。他说,这是美国法理学的两极:法官始终造法的噩梦(nightmare)与法官绝不造法的高贵之梦(the noble dream),而这两种梦在哈特看来都是“幻象”

---

① [美]本杰明·卡多佐:《司法过程的性质》,苏力译,商务印书馆2000年版,第79页。

② 参见[英]哈特:《法律的概念》,张文显、郑成良等译,中国大百科全书出版社1996年版,第126页、第135页。

(illusions)。事实是,法官有时造法,有时不造法。① 应当说,哈特的看法获得了主流观点的肯定,的确如哈特所判断的,法官在大多数情况下依照法律原意不必造法,但在出现法律空缺的情况下,会按照法律的目的与精神进行创造性解释,即所谓的“造法”。因而,温和非原意主义是法律解释的主流观点,获得了大多数学者与司法界的认同。前文指出过,即使连当代美国最保守的原意主义方法论的代表者罗伯特·博克与大法官斯卡利亚,也都主张法官可以在法律的缝隙处造法。诚如本杰明·卡多佐所言:“我们必须保持在普通法的空隙界限之内来进行法官实施的创新,这些界限是多少世纪以来的先例、习惯和法官其他长期、沉默的以及几乎是无法界定的实践所确定得来的。”②针对制定法,卡多佐指出:“每个法官都在他的能力限度内进行立法”,但“他只是在空白处立法,他填补着法律中的空缺地带”。所以,法官只是在这些空缺地带的一些限制之内,在先例和传统的诸多限制之内会有一些自由选择,使这种选择活动打上了创造性的印记。③ 卡多佐在“司法过程的性质”的演讲中,深刻阐释了作为一个温和非原意主义者的基本立场,那就是立足于先例、习惯、传统、历史、制定法的确定性,而在法律的空缺地带进行创新,法官的这种创新自由仍然受到某种限制,即他不得随意创新,他不是一位随意漫游、追逐他自己的美善理想的游侠,他应从一些经过考验并受到尊重的原则中汲取他的启示,他不得屈从于容易激动的情感,屈从于含混不清且未加规制的仁爱之心,他应当运用一种以传统为知识根据

① See H. L. Hart, *Essays in Jurisprudence and Philosophy*, Clarredon Press, Oxford, 1983, p. 144.

② [美]本杰明·卡多佐:《司法过程的性质》,苏力译,商务印书馆2000年版,第63页。

③ 同上书,第70~71页。

的裁量，以类比为方法，受到制度的纪律约束，并服从社会生活中对秩序的基本需要。卡多佐虽然认为“司法过程的最高境界并不是发现法律，而是创造法律”，但是他主张的法律创造是有条件的创造，是在法律的空白处创造。

法官造法的正当理由，归纳起来，大致有以下五种。

第一，立法者理性有限论。立法者是人而不是神，不能像神一样全知全能、预测未来一切，因而，立法者的理性是有限的。布莱克斯通承认，“法律不可能预见和涵盖所有的案件”。[①] 哈特指出：“这个世界不是我们的世界，人类立法者根本不可能有关于未来可能产生的各种情况的所有结合方式的知识。”[②]比较法学家梅利曼说：“绝大多数立法历史表明，立法机关并不能预见法官所可能遇到的问题。”[③]总之，立法者的理性是有限的，他不可能预测将来可能发生的一切情况，因而也就不可能将未来的一切细节规定清楚。这是每一个立法者必须面对的困境。为此，立法者必须明确，他的任务是制定一般的行为规则，而非针对每一个可能出现的个别情景作出预测。在这一方面，《法国民法典》的编纂者就具有清醒的认识。他们清楚地意识到，立法者即使尽其最大想象力也不能认识到所有问题的案件类型并予以判断，因而必然要给司法判决留有余地，即法律在不可预见的个别情况下的具体化或者它对变化的社会需要的适应。为此，主要的起草者波塔利斯充分揭示了立法机关与法官之间的内在联系，他深刻地分析道：“立法

---

① ［英］威廉·布莱克斯通：《英国法释义》（第1卷），游云庭、缪苗译，上海人民出版社2006年版，第73页。

② ［英］哈特：《法律的概念》，张文显、郑成良等译，中国大百科全书出版社1996年版，第128页。

③ ［美］约翰·亨利·梅利曼：《大陆法系》，顾培东、禄正平译，法律出版社2004年版，第45页。

机关的任务是要从大处着眼确立法律的一般准则。他必须是确立高度概括的原则,而不是陷于对每一可能发生的问题的琐细规定。法律的适用乃属于法官和律师的事情,他们需深刻理解立法的基本精神……立法同司法一样也有技巧,而二者是颇为不同的。立法者的技巧是要发现每一领域中对公共福利最有利的原则,法官的技巧则是要把这些原则付诸实施,要凭借智慧与理性的运用而将其扩大至具体的情况。那些没有纳入合理立法范围内的异常少见的和特殊的案件,那些立法者没有时间处理的太过于变化多样、太易引起争议的细节,以及即使努力预见也于事无益或轻率预见则不无危险的一切问题,均留给判例去解决。我们应留有一些空隙让经验去陆续填补。"①这些需要法官填补的空隙地带就是法官发挥其智慧想象力的空间,只有在这里,才留下了法官自由裁量的余地,才构成了法官造法的可能。所以,法官造法是弥补立法者有限理性不可缺少的手段。不承认这种造法,就是不切实际的立法浪漫主义。当然,人们可以说,既然法律没有规定,或者法律规定得很"原则"和模糊,那就应当交由立法机构进行补充立法。可是,这将面临着的现实是:"立法者在很多情况下不能或者不能很快、准确地完成补救工作。特别是在商事和公司法所属的高度细化的私法领域,否则立法者将被大量的有关合同和责任的法律细节问题压得喘不过气来。在很多公法领域,涉及基本规范问题时也同样如此。因此,这些细节问题必须由法律学说和司法实践来共同解决。"②这种由"司法活动通过使法律精

① [德]K. 茨威格特、H. 克茨:《比较法总论》,潘汉典等译,法律出版社 2003 年版,第 139 页。

② [德]N. 霍恩:《法律科学与法哲学导论》,罗莉译,法律出版社 2005 年版,第 140 页。

确化,对其加以补充或校正的方式对法进行续造”[1]的过程是法律适用的重要组成部分,离开了这种使法律具体化、精细化的司法活动,法律就是无法适用的。

第二,法律文本的“空缺结构”论。“空缺结构”这一概念最早源自于哲学家魏斯曼(Friedrich Waisman)的《可证实性》(*Verifiability*)一书,魏斯曼在该书中首次使用了“空缺结构”的概念。他使用这一概念的目的在于说明经验概念的“空缺结构”导致经验陈述不能被完全证实,即物质对象陈述不能被转化为感觉材料陈述,并且经验陈述不能被令人信服地证实。魏斯曼认为“空缺结构”的不确定性产生于我们没有预见的情境,无论多微弱,语言总保持一种可能性,即我们没有考虑到某些事情或者其他的在陈述中与语词的用法相关的事情,这意味着我们不能完全预见所有的陈述为真或为假的可能环境。[2] 哈特则借鉴魏斯曼的“空缺结构”概念首次将其引入法律解释领域,用于指称法律文本的不完整性,即漏洞情形:“只有在法律对于某些特定的案例没有预见相应的法律后果,而人们认为这种情况需要改变时,才认为存在法律漏洞。”[3]哈特指出:无论选择先例或者立法作为行为交流的标准,它们尽管皆顺利地适用于大多数普通案件,但是在某些领域这种适用将会出现争议,即证明这一规则具有不确定性。它们被称为空缺结构(an open texture)。[4] 文本的“空缺结构”式漏洞早已为亚里士多德所提出,他指出:“法律规定是普通的。唯

① [德]齐佩利乌斯:《法学方法论》,金振豹译,法律出版社2009年版,第115页。

② 参见[美]布莱恩·比克斯:《法律、语言与法律的确定性》,邱昭继译,法律出版社2007年版,第10页。

③ [德]N.霍恩:《法律科学与法哲学导论》,罗莉译,法律出版社2005年版,第138页。

④ H. l. A. Hart, *The Concept of Law*, Oxford University Press, 1961, China Social Sciences Publishing House Chengcheng Booke LTD., 1999, p. 124.

其为整体和普遍,个别处也就难免疏漏迭出,差错多见。”从而需要纠正因法律的普遍性所带来的失误。然而,这种错误不在于法律,也不在于立法者,而在于事物的本性。立法者离开具体情形,会导致普遍原则的失误,如若来到现场时他知道了,自己把不足置于法律之中了,所以要纠正法律普遍性带来的不足。① 换言之,由于法律规定是普遍的,而普遍的陈述不可能覆盖实际生活中出现的各种情形。此时,纠正因法律普遍性带来的失误就是正确的:说出立法者本人在场时会说出来的东西,说出那些他知道后将可能写进法律的东西。法律规则没有现实中所发生的个别场景的方式是多种多样的,而“空缺结构”只是其中的一种方式。“空缺结构”理论说明了立法目标是不完全的或不精确的,立法者没有考虑到所有可能发生的情况,以致现有的法律规则无法回答未料到的现实出现的问题。立法者没有预见到的问题出现了,就意味着法律规则未事先涵盖这种情形,从而出现了法律上的“空白”,即漏洞。在这种情形下,哈特认为法官应当运用强自由裁量权,创造性地解释法律,即法官造法。法官通过法律的续造使法律得以成长,这是法官造法目的所在。没人能够否认法官的续造,“如果立法替代法院的创造活动,那么每一次开庭,立法委员会都必将站在我们的身后,成为一个‘超级法院’。没人向我们保证,他们的选择比我们自己的更明智”。因此,“将规则或原则适用于事件组合的不断变化,需要法官的创造性活动”。②

第三,语言的不确定性与模糊性。法律文本是由语言字词写就的,法律的含义首先来自语言字词的自身含义。然而,语言一

① 参见[古希腊]亚里士多德:《尼各马科伦理学》,苗力田译,中国社会科学出版社1999年版,第116～118页。

② [美]本杰明·卡多佐:《法律的成长 法律科学的悖论》,董炯、彭冰译,中国法制出版社2002年版,第74页。

旦写下来，变成无言的文字，其就注定具有了不确定性与模糊性。换言之，文字无非是将人的思想、观念记载下来，但文字却不能做到精确地反映与体现思想、观念，人们在借助文字理解和解释思想观念时就会发生误解，这就是语言的不确定性。洛克指出："许多人在初读经文或法典时，虽然对其字句的意义，自己觉得已经了解，可是他们一求助于注释家，即往往反觉得失掉原来的意义，而且正因为那些解说，自己反生起了疑惑，使那些地方含糊起来。"①因为"任何一种人类的语言，都不可能将某个法律规定表达得精确到可以完全排除法官在解释和适用它时的自由裁量权"。②这是由于语言的本质所限，故而法律规则必然留下一系列的歧义，也就是孙斯坦所指出的："即使某一法律术语的抽象意义或在词典中的意义是明确的，其在适用时也会出现不确定性。"③这种语言的模糊性在恩迪科特看来是必然的，虽然他承认并非每一项法律都必定是模糊的，但是他认为，法律制度中必然存在模糊的法律，所以，模糊性不可能从法律制度中消除，模糊性是法律的一个基本特征，其基本结论是："法律必定是模糊的。"④除了文字自身缺陷外，语言的不确定性还与语境的脱离具有密切的关系，孙斯坦认为，法律语言的意义都是由语境和文化决定的，对词的解释必须了解词语出现的具体场景，而脱离语境的词义是不存在的。此外，语言也是历史流变的产物，语言学家爱德华·萨丕尔

---

① ［英］洛克：《人类理解论》（下册），关文运译，商务印书馆1959年版，第467页。

② ［英］彼得·斯坦、约翰·香德：《西方社会的法律价值》，王献平译，中国法制出版社2004年版，第55页。

③ ［美］凯斯·R. 孙斯坦：《法律推理与政治冲突》，金朝武等译，法律出版社2004年版，第146页。

④ ［英］蒂莫西·A. O. 恩迪科特：《法律中的模糊性》，程朝阳译，北京大学出版社2010年版，第239～240页。

说:“谁都知道语言是可变的。”①语言要随着时代的变迁而变迁,其意义具有时代性,谁都知道中国的古代语言与现代汉语的差异一点也不亚于汉语与外国语的差异,其中的原因就是历史的流变。我国古代的汉字到今天的汉字,许多概念的含义都发生了变异,仅就法学概念,如权利、民主、法或法律、宪或宪法、共和、权力、党派、诉讼等。再如,美国 1791 年《权利法案》中的“法律的正当程序”“法律平等保护”等。法律概念的含义演变是社会发展变化使然。因为“任何概念都拥有自身的历史,它们不能抵抗时代的变化”。② 所以,以时代来解释法的方式是强调所谓的客观解释方法的结果。③ 最后,语言的多义性导致了其不确定性。所谓多义性是指一词多义,譬如,“农民”至少有四种含义:一是长期从事农业生产的劳动者;二是以经营土地为主的劳动者;三是半工半农的劳动者;四是人民公社社员。譬如,“破”字的含义,一是损坏、破碎;二是富裕、超出,“读书破万卷,下笔如有神”。所以只有在使用中才能明确多义词的具体含义。语词还具有模糊性,譬如,“产品”应当说具有明确性,但是我国《产品质量法》与《民法通则》都涉及了产品。《产品质量法》第 2 条规定:“本法所称产品是指经过加工、制作,用以销售的产品。”第 43 条规定:“因产品存在缺陷造成人身、他人财产损害的,受害人可以向产品的生产者要求赔偿,也可以向产品的销售者要求赔偿。属于产品的生产者的责任,产品的销售者赔偿的,产品的销售者有权向产品的生产者追偿。属于产品的销售者的责任,产品的生产者赔偿的,产品的生产者有权向产品的销售者追偿。”第 46 条又规定了“缺陷”的

---

① [美]爱德华·萨丕尔:《语言论》,陆卓元译,商务印书馆 1985 年版,第 132 页。

② [德]伯恩·魏德士:《法理学》,丁小春、吴越译,法律出版社 2003 年版,第 84 页。

③ 参见[德]H. 科殷:《法哲学》,林荣远译,华夏出版社 2002 年版,第 224 页。

含义:“本法所称缺陷,是指产品存在危及人身、他人财产安全的不合理的危险。”何谓“不合理的危险”?在什么样的范围之内就是合理的?《产品质量法》确定了无过错责任,《民法通则》第122条也规定:“因产品质量不合格造成他人财产、人身损害的,产品制造者、销售者应当依法承担民事责任。”这里规定的是过错责任原则。什么产品在什么情况下适用过错责任原则,还是无过错责任原则,关键还是在于对“产品”含义的理解。譬如,教科书中的信息是错误的,给消费者造成了浪费,该不该承担责任?信息是产品吗?书籍是产品,信息呢?由于信息错误,是适用无过错责任还是过错责任抑或侵权责任?

第四,规则自身的例外与呆板机械。任何规则都是对一般行为事实的调整,一旦面对鲜活的生活事实时就必然存在例外与呆板机械,如果法官不懂得变通,只是机械地直接适用,就会出现不合情理的结果,导致个案的不正义。有一句格言:法律的立法理由消失,法律本身也不复存在。譬如,某法律规定某街道时速不得超过40公里,但是当一辆救护车或追捕逃犯的警车通过时就不应当按照该时速的规定。曾有这样一条法律:凡将血液洒落到街上的人应遭受最严厉的处罚。但是该规定不能适用于那些因救护伤员而作外科手术的医生。凡是出现了规则例外与机械情况,法官都应当按照法律的公平原则来创造性解释法律,而不能机械被动地解释。

第五,立法者的默认与许可。法官造法在某种意义上说是立法者的默认与授权许可所致。默认许可的情形是有意使用不确定的语言,授权许可的情形则是明确允许法官充当立法者行使立法补充之职能。像《法国民法典》起草者波塔利斯所主张的那样,立法者要着眼于确立高度概括的原则,而不是陷于对每一可能发生的问题的琐细规定,因此在立法中有意使用一些抽象、模糊的不确定性概念,如“公平”“诚实信用”“公序良俗”“正当程序”“社会公德”“公共利益”等。这种有意无意之使用的立法技巧,被各国立法者所普遍采用。立法者使用这种高度不确定的法律概念,就是默认解释者适用它们时的创造性解释权力,这种原则性规定只能借助于经验与实践补充。因为立法者有意使用不确定法律概念,尤其是概括条款,其目的就在于“使法律运用灵活,顾及个案,适应社会发展,并引进变迁中的伦理观念,使法律能与时俱进,实践其规范功能”。[①] 所以,高度抽象与模糊的法律原则给法官创造性解释以充分的空间,正如达维德所说:法官“对案件事实判断得宽一些或严一些,实际上他能大大地变更适用法律的条件”。[②] 留待法官填充合乎立法者的企图。除此以外,立法者还直接通过立法形式赋予法官造法之权。1907 年《瑞士民法典》第 1 条第 2 款和第 3 款规定:“如果不能找到法律规定,法官应当依据习惯法,如果没有习惯法,则依据他作为立法者可能制定的规则进行裁决。在前款情况下,法官应依据确立的学说和传统。”热尼评价说:“这是现代立法者第一次以一般规定正式承认法官于立法不可缺少的作用。”[③]该法典明确授予法官在既无制定法又无习惯法的情况下,依据学说与传统,代替立法者从事造法的权力。1942 年《意大利民法典》关于法律解释问题的规定如下:“解释法律,必须根据条文之间的联系和立法者的意图,通过探求条文的真实意思以弄清法律的含义而不得附添其他的意义。如果一条

---

① 王泽鉴:《法律思维与民法实例》,中国政法大学出版社 2001 年版,第 244 ~ 245 页。

② [法]勒内·达维德:《当代主要法律体系》,漆竹生译,上海译文出版社 1984 年版,第 110 页。

③ [德]K. 茨威格特、H. 克茨:《比较法总论》,潘汉典等译,法律出版社 2003 年版,第 262 页。

明确的规定不足以解决争诉，可以适用解决同类案件或相似案件的规定；如果案件仍有疑问，则应根据国家法律秩序的一般原则进行裁判。”该法典同样授予了法官在无明确法律规定时根据法律秩序的“一般原则”进行裁判的权力，这种裁判无疑就充当了立法者的角色。总之，立法者有意使用一些笼统的词句，或给予法官以衡平权，或要他们参照习惯或者自然法处理(《奥地利民法典》第 7 条)，或使法律规范的实施从属于善良风俗的需要，从而明确了法律的界限。①

四、法律解释的制度主义困境与消解

法律解释的“制度主义困境”(institutionalist dilemma)一词是由美国法律教授阿德利安·沃缪勒提出来的。他认为，法官仅具备有限理性，且是在信息不充分的前提下处理问题，从而使有限理性的法官必须在缺乏充分信息的情况下，基于一些事实依据来选择解释方法，这就是制度主义困境，即法官必须在不确定和有限理性条件下选择某一特定解释方法，他无法逃避。② 沃缪勒所谓的“制度主义困境”的确是一个事实，无论法官最终选择怎样的解释方法，都是基于有限理性与信息不充分之两大前提。理性有限意味着法官会犯错误，信息不充分则意味着法官的解释未必合乎法律原意。那么沃缪勒教授提出这一命题的主旨是什么？他自己解释说，是基于制度主义困境，能够让法官作出一种形式主义解释方法的选择，即当法律文本清晰而又明白时，法官应当坚决遵循它的字面含义，绝对不要通过诉诸法官个人认定的制定法

---

① 参见[法]勒内·达维德:《当代主要法律体系》，漆竹生译，上海译文出版社 1984 年版，第 141 页。

② 参见[美]阿德利安·沃缪勒:《不确定状态下的裁判》，梁迎修、孟庆友译，北京大学出版社 2011 年版，第 3 ~ 4 页。

目的、立法意图或者起草者的意图或理解、公共价值和准则或者一般的衡平而赋予文本其他含义。当法律文本存在内在模糊之处时，如果法官能够把解释权力转移给其他机构，例如，在解释制定法时转移给行政机构，在解释宪法时转移给立法机构，那么法律制度本身就会将文本解释得很好。总而言之，法官应当坚决地抑制自己的解释欲望，把自己限定在一小部分解释材料上并遵循限定范围内相对机械的解释规则。[①] 我们承认法律解释始终处于沃缪勒所言的"制度主义困境"之中，既要维护法律的客观性，又要承认法律的不确定性；既要尊重法律文本的字面含义，又要面对字面背后的立法意图或目的；既承认法官的法律解释权，又担忧法官的造法。然而，沃缪勒教授对各种法律解释方法论的批判虽具有独特的视角，但最终提出的旨在消解法律解释的制度主义困境的方法与结论却是空泛无力的。换言之，他的结论不仅没有使解释者摆脱制度主义带来的解释困境，反而使之陷入无所适从的地步，因为当法官面对需要对纷争的解决提出办法时，他不可能做到将每一条需要解释的法律条款交给其他机构去寻求正确的答案，也不可能要等到有了其他机构的解释意见时才作出判决，即使要求法官不得解释而将需要解释的条款交由立法机构负责，像 18 世纪普鲁士设立的"法规委员会"、法国的"上诉"制以及德国的"复审"制，却均以失败而告终，最终这些"立法机构"演变成了司法机构。[②] 我国《立法法》就是将法律解释权交给了最高权力机关，然而它无法阻挡最高人民法院的司法解释。可见，法官在法律适用中遇到需要解释的条款而企图留待立法机关解释的

---

① 参见[美]阿德利安・沃缪勒：《不确定状态下的裁判》，梁迎修、孟庆友译，北京大学出版社 2011 年版，第 4 ~ 5 页。

② 参见[美]约翰・亨利・梅利曼：《大陆法系》，顾培东、禄正平译，法律出版社 2004 年版，第 39 ~ 42 页。

制度早在18世纪就已经宣告破产。经验是人类的指明灯。既然法官的创造性解释是法律成长中不可缺少的组成部分,人们就应当必须承认它。然而,承认法官造法是否就要以牺牲法律的确定性与稳定性为代价?如何消解法律解释的制度主义困境?这才是要面临的关键问题。我认为,在尊重法律的确定性与稳定性的前提下,客观承认法官造法对于法律成长的意义以及在法官的解释中消解制度主义困境是走出法律解释方法论悖论之大道。

第一,法律的确定性是法律解释的出发点与归宿。

卡多佐指出:"在一个发达的法律制度中,法律确定性的价值毋庸赘言。法律作为一种行为指南,若不为人知或不可能为人所知,则近乎于无效。"[①]法律的确定性价值是人们行动的指南,法律允许人们做什么,禁止人们做什么,或命令人们做什么,其中心含义是明确的,法律为人们的行动提供了基本的秩序保证,所以,法律的确定性是法治的基石,人们对法律的信任是基于法律的确定性,倘若法律没有确定性,始终处于变动不居之中,则社会就无秩序可言。因此,"在任何法律制度中,'确定性'都是追求的目标",尤其在大陆法系国家,确定性获得了至高无上的价值,是最为基本的目标。[②] 法官对法律的解释,其实质上是寻求法律的确定性,故法律解释是以法律具有某种固定的含义为前提的。首先,法官的职责是处理并解决纷争,其依据就是法律,而法律是由文字构成的,所以当法律文义清楚明白时,自然无须解释直接适用即可解决纷争。然而当法律文义不清楚或模糊时,法官就会通过选择一些解释方法去发现法律的确定含义以解决纷争。因此,无论法

---

① [美]本杰明·卡多佐:《法律的成长 法律科学的悖论》,董炯、彭冰译,中国法制出版社2002年版,第4~5页。

② 参见[美]约翰·亨利·梅利曼:《大陆法系》,顾培东、禄正平译,法律出版社2004年版,第49页。

官如何解释，即使是创造性解释，也是以发现法律内在的确定性为鹄的的。法学方法论者大多重视法律的文义解释，其因即在于文义是法律确定性的基本标志，文义不合理或发生荒谬之处，毕竟是一种例外，其实，法律文义出现不合理或荒谬之时，也就是法治出现危机之时。既然法律是人制定的，就必然存在例外，但是大多数情况下，法律文义的确定性却是社会法律价值的主流，毕竟人类制定法律的目的在于人们的遵守与服从，如果没有相对确定的含义，人们将会无所适从。所以，法律解释方法之排序中往往皆把文义方法列为优先选择，王泽鉴指出："尊重文义，为法律解释的正当性的基础，旨在维持法律尊严及其适用之安定性。"① 杨仁寿同样持有相同的见解："法学之终极目的，固在穷究法之目的，唯终不能离开法文字句，一旦离开法文字句，即无以维持法律之尊严及其适用之安定性。"②因此，由一般的语言用法获得的字义构成解释的出发点。③ 王泽鉴也认同该观点，他指出："文义是法律解释的开始，也是法律解释的终点。"当文义出现歧义或谬误而采其他解释方法阐释法律的含义时，实际上仍然是要寻找出法律应该具有的"那个"确定的含义，以此维护法律的确定性之价值，进而维护的是法治秩序。任何立法者的立法，不论是立法机关制定之法还是法官创制之法，都是希求以法律规则的确定性来实现秩序的稳定与关系的和谐，而不确定性的规则是无法实现这一愿望的，法官解释的目的虽是欲探求法律的含义，但其解释的过程就是把不确定性的规则解释为确定性的规则的过程，所以，

---

① 王泽鉴：《法律思维与民法实例》，中国政法大学出版社 2001 年版，第 244 ~ 245 页。

② 杨仁寿：《法学方法论》，中国政法大学出版社 1999 年版，第 92 页。

③ 参见[德]卡尔·拉伦茨：《法学方法论》，陈爱娥译，商务印书馆 2003 年版，第 219 页。

在这一意义上,我们可以说:法律的确定性是法律解释的出发点与归宿。

第二,法官造法是法律成长之不可缺少的要素。

法律是需要不断成长的,法律成长的过程就是法律不断完善、日益精细、日臻成熟的过程。法律绝对不是由立法者创制出来之后就完结了,它也有一个从不完善到完善、从不成熟到成熟、从粗糙到精细、从僵化到灵活适应的成长过程。法律成长的经验与过程早已为英美普通法所证成。在法律的成长过程中,起最大作用的不是立法者,而是精通法律、深谙法律之道、富有实践理性经验的法官。霍姆斯在《普通法》一书中总结道:"法律的生命不在于逻辑,而在于经验。"[①]他教导人们学习法律,不仅阅读颁布的制定法或条约,还要学习法官发明的司法意见。美国最高法院大法官安托尼·斯卡利亚指出:普通法不是"习惯法"或人们实践的反映,而是由法官发展起来的法律。[②] 他甚至说:"著名的古老判例之所以著名,不是因为它们是对的,而是因为由法官宣布的法律规则是智慧的产物。"因此,普通法法院履行着两种职能,一种是把法律适用于事实,但是最重要的是第二个职能,即制定法律(to make law)。[③] 然而,普通法法官造法的首要前提是遵循先例原则(stare decisis at non quieta movere),没有遵循先例的原则,普通法法院是不可能创造任何"法律"的。斯卡利亚认为:"先前宣布的判决规则是无法抹去的,法官能够做的仅仅是修饰。"[④]事实

---

① Oliver Wendell Holmes, Jr., *The Common Law*, Barnes & Noble Publishing, Inc., 2004, p. 1.

② See Antonin Scalia, *A Matter of Interpretation: Federal Courts and the Law*, Princeton University Press, 1997, p. 4.

③ Ibid., p. 6.

④ Antonin Scalia, *A Matter of Interpretation: Federal Courts and the Law*, Princeton University Press, 1997, p. 8.

上，普通法法院或法官通过案件的“区别”(distinguishing)技术而不断发展普通法，所以，普通法法官与其说是仅仅“发现”法律，倒不如说是在创造法律。仅是因为20世纪二三十年代美国法律现实主义的兴起，人们才逐渐认识到法官事实上是在“创造”(make)普通法，每一部法律皆有它们的创造。因此，普通法的成长实际上是伴随着法官的不断创新性解释即造法而成长的。

成文法与制定法的成长也离不开法官的创造。“解释紧随法典之后，修正紧随解释之后，这一工作永无尽头。”将规则或原则适用于不断变化的现实，就需要法官的创造性活动。[①] 譬如，我国的法律体系虽然宣布已经形成，但它仍然是非常粗糙和不完善的，只能说，我国立法机关制定法律的基本任务业已完成，但它的完善与成熟则需要法院的解释尤其是创造性解释。司法解释实践证明，没有最高人民法院的司法解释，立法机关颁布的“法律”几乎无法适用。在欧洲大陆法系各国，从最初拒绝法官解释到不得不承认法官的解释，再到赋予法官创造性解释权的过程，其实说明了一个基本事实，即法律的成长离不开法官的创造。正如梅利曼所说的，在过去的情形已经发生了很多变化时，法官审理案件时就有必要对法律作出新的解释，他既不能根据旧法律作出解释，也不能把法律问题提交给立法机构进行解释或修正之后再作出判决，大陆法系各国都普遍承认法官有权对法律作“扩张解释”。[②] 而法官的这种扩张性解释无疑就是法官创造性解释。不必说《瑞士民法典》《意大利民法典》《奥地利民法典》等都明确授予法官以立法之权，就是1804年的《法国民法典》也默认了法官

---

① [美]本杰明·卡多佐：《法律的成长 法律科学的悖论》，董炯、彭冰译，中国法制出版社2002年版，第74页。

② 参见[美]约翰·亨利·梅利曼：《大陆法系》，顾培东、禄正平译，法律出版社2004年版，第46页。

的造法。因为《法国民法典》规定了法官不得拒绝审判的规则,无论制定法是否模糊,也不论有无制定法规则,总之法官不得拒绝裁判,如此一来,势必要法官创造,“法官仍具有随机应变、解释法律的权力”。梅利曼指出:“即使法官认为法律的规定和案件的事实相吻合,法官仍然是在创制法律。”[1]尽管法国的法官不喜欢让人感到自己在创造法律规则,然而实践中他们的确是在创造,法官的职能不是也不可能只是机械地适用那些众所周知的和已经确定的规则。[2] 究其原因,还在于罗马日耳曼法系各国认为:“法律规范的作者,不论是法学家还是立法者,不应走得更远去努力规定细节,因为实践中出现的千变万化的所有具体情况,他是无法预见的。”[3]对此,凯尔森认为:“不论一般规范打算如何具体,但司法判决所创造的个别规范始终将加上某些新的东西”,所以,“在判决内容永不能由既存实体法规范所完全决定这一意义上,法官也始终是一个立法者”。[4] 荷兰阿姆斯特丹大学法学教授海塞林克说:在大多数欧洲国家,我们现在可以公开地谈论我们的(最高法院)法官所扮演的法律创制者的角色。[5] 一言以蔽之,法官造法是大陆法系各国法律成长的不可或缺的组成要素。法官造法之本质说明法律本是一种经验的产物,一国法律体系的形成与完善不单单是立法者的任务,实际上是经验塑造了法律体系。

---

① [美]约翰·亨利·梅利曼:《大陆法系》,顾培东、禄正平译,法律出版社 2004 年版,第 87 页。

② 参见[德]K. 茨威格特、H. 克茨:《比较法总论》,潘汉典等译,法律出版社 2003 年版,第 193 页。

③ [法]勒内·达维德:《当代主要法律体系》,漆竹生译,上海译文出版社 1984 年版,第 90 页。

④ [奥]凯尔森:《法与国家的一般理论》,沈宗灵译,中国大百科全书出版社 1996 年版,第 165 页。

⑤ [荷兰]马丁·W. 海塞林克:《新的欧洲法律文化》,魏磊杰译,中国法制出版社 2010 年版,第 66 页。

约翰·米勒指出:“一般法律体系很少是由立法者的预见性智慧产生的,而是从人类经验的积累中,逐渐地、默默地产生的。”①

由此我们得到一种启示:立法者只是制造“成文法”之母,而“成文法”的成长则离不开通过解释它而完善它的“成文法”之父——法官。不管承认与否,都是立法者与法官共同造就了法律的成长。卡多佐说:假使立法机构自己真的足以发展乏力,我倒愿意把这一原则放在那儿,并要求人们必须机械地和不走样地复制它。然而,数世纪的历史证明,仅有立法机构是不够的。② 立法者之法只是僵死的法条文字,法官的解释赋予了其鲜活的生命,使法律从“书本之法”到“行动之法”的转折在于法官。因此,法官是法律成长的推动者与实施者。我们必须终结法律是立法者的意志的神话,我们必须说法官和立法者共同缔造了法律,他们一同推动了法律的成长。立法者的法律离不开法官的解释适用,法官的解释也必须以立法者的法律为目标,没有法律的解释,必然引起无穷无尽的混乱,因为在那里,每一个法官都是立法者;而没有解释的法律,则立法者的法律只是僵化的冷冰冰的文字,因为法律自己不会自动适用,它需要判断,因而需要法官。“发现与创造相辅相成”。③

第三,法律解释的制度主义困境消解于法官的解释之中。

无论原意主义方法论者还是非原意主义方法论者,如果只是一味地站在彼此的对岸指责对方,那么他们之间的争论就永远不会完结。法律必须稳定,但也不能静止不变,人们自古迄今总是

① [丹]努德·哈孔森:《自然法与道德哲学》,马庆、刘科译,浙江大学出版社2010年版,第166页。

② 参见[美]本杰明·卡多佐:《法律的成长 法律科学的悖论》,董炯、彭冰译,中国法制出版社2002年版,第73页。

③ 同上书,第54页。

面临着这种悖论的选择。无论是静止不变,还是变动不居,如果人们只是在其中选择一个,则都不可能反映社会生活的本质。因为社会需要法律的稳定性和确定性,然而社会又在不断发展与进步,人们的观念、价值、期待与愿望随时代的变迁而发生变化。一代人有一代人的观念与价值选择。原意主义方法论者抓住了法律静止不变的一面,而非原意主义方法论者则抓住了变动不居的一面,每一方皆主张自己掌握了事物的真理,然后以自己的所谓真理之矛刺对方的谬误之盾,这种片面性的理论纷争,如果不懂得社会生活的本质,就只能停留于事物的表面,没完没了。其实,原意主义者与非原意主义者(或者解释主义者与非解释主义者,或形式主义者与工具主义者)之间的鸿沟远没有那么大,他们在解释活动中是可以实现妥协甚或统一的。

制度主义困境告诉人们,法官的理性毕竟是有限的,所掌握的信息是不充分的,然而,法律的适用需要判断,这种判断只能由法官来完成,所以法官之于法律的解释是法律适用不可或缺的。总之,法官是法律的解释者。对于这一判断,原意主义论者与非原意主义论者都是认同的。在他们之间,都存在极端论者,要么坚持认为法律是固定和一成不变的,法官判决只是一个发现的过程,在任何情况下,都不会创造;要么坚持法律都是法官创造的,解释者才是法律含义的最终赋予者。这两种极端论毕竟是少数,并遭到了主流观点的抛弃。多数人选择的是中间道路,既要尊重法律原意,又要在必要时超越它。卡多佐说:在这两个极端之间,我们获得了一个关于法律的概念,即法律作为一系列规则、原则或者准则,为了某个目的,在适用于新的事物的组合过程中,不断地被分门别类、被挑选、被铸造、被修改。在一个不断试错的过程中,判决形成了。[①] 如果人们持有一种相对温和的观点,各自承认对方的优点,也彼此承认其缺陷,则在他们之间是可以调和的。原意主义论者应当承认解释者的前见,是法官而不是立法者在适用和解释法律,而解释者自己是具有价值与观念的人,他的解释不可能没有其前见的影响,同时也承认社会的进步与变化,承认立法原意与现实生活之间的距离与差异,承认当下人的价值选择的重要性;非原意主义论者也须承认脱离法律原意的解释是没有根基的,无论怎样解释,毕竟是对法律而不是别的东西的解释,既然解释的对象是法律,那么就必须追问法律的文义与目的是什么,完全以自己的意志取代法律意志的解释,必然走向任性与专断的过度解释。在这种彼此的承认与认同的共识之中,原意主义论者与非原意主义论者本无鸿沟可言。他们缺乏的是商谈与共识。因为两种观点中皆包含部分真理性的洞见。原意论的真理性在于法律是人类的创造之物,它必然体现了立法者创造可能的秩序意志,法律背后隐含了立法者的意图、目的、价值、追求以及对事物的考量,对过去立法者制定的法律的解释,自然既受制于文本字义,也会受制于立法者之意图。非原意论的真理性在于一旦将普遍的法律运用于具体的案件事实,即会遭遇解释者价值判断与公平评断,在某些时候还会超越文本可能的涵摄范围,因为法官必须对于立法者未预见到的问题以及严格按照字义必然会出现的荒谬与不合理的情形作出公平的判断,并提供答案。上述看似矛盾的说法,实际上皆是一种事实。黑格尔对此指出:法律是对法即规律的反映,所以具有其普遍性。在适用法律时会发生冲突,从而法官的理智就有了它的地位,这一点是完全必然的,否

① 参见[美]本杰明·卡多佐:《法律的成长 法律科学的悖论》,董炯、彭冰译,中国法制出版社2002年版,第32页。

则执行法律就会完全成为机械式的。[①] 然而,它们只是包含了部分的真理,如果想充分了解法律的全部,就不得不同时兼顾两者。所以,拉伦茨指出:在探求法律在今日法秩序的标准意义的过程中,"所有因素不论是'主观的'或是'客观的',均应列入考量"。[②] 只有这样,才能是完整的理解与解释法律。从该意义上,我们才说法官和立法者共同缔造了法律并一同推动了法律的成长。这种集原意论与非原意论于一身的思考者唯有解释者法官。只有法官才知道,他们解释法律的过程其实就是"发现"法律的过程,在法律发现中,既要尊重法律的原意,又必须充当法律守护神的角色,[③]对制定法的不足作出富有创造性的矫正。法官的这种角色分工极像护路者、熨衣工或园林家,立法者已经铺出了法律的大道,法官就是那护路者,依照道之理,负责填平沟沟壑壑,修缮道路的缺口;法官就是那熨衣工,把法律织物上出现的皱纹熨平,而不能改变法律织物的编织材料;法官就是那园艺家,修枝剪叶,养护花木,使其成长。护路者、熨衣工或园艺家不是修路人、制衣者或植树人,他们只能在既定的材料上工作,但是谁也不能否认他们的创造性劳动,没有他们的创造性劳动,就没有笔直的大道、整齐的服饰或堪称艺术的园林花木。只有他们自己才知道何谓循道、何谓创造。法官如斯者,波斯纳说:"在过去的一个世纪里,在诸如侵权、宪法和反托拉斯这些根本不同的法律领域里,由于法官所制定的规则的变化,都发生了巨大的变化,几乎是完全改

---

① 参见[德]黑格尔:《法哲学原理》,范扬、张企泰译,商务印书馆1961年版,第220页。

② [德]卡尔·拉伦茨:《法学方法论》,陈爱娥译,商务印书馆2003年版,第199页。

③ 亚里士多德说:公正这个词是由dikee(审判)派生出来的,在神话里她是公平的化身,手持法棍,除尽天下不平之事的冷酷女神。参见[古希腊]亚里士多德:《尼各马科伦理学》,苗力田译,中国社会科学出版社1999年版,第108页。

变了。”[1]法律的主观意志与客观意志唯有在具体的法官解释活动中才能统一起来,法律的确定性与灵活性唯有在法官的判决中才能实现统一。英国丹宁勋爵集近 40 年的法官审判经验,深有体会地告诫人们:“必须记住,无论一项法律什么时候被提出来考虑,人们都没有能力预见在实际生活中可能出现的多种多样的情况。即使人们有这种预见能力,也不可能用没有任何歧义的措辞把这些情况都包括进去。如果国会的法律是用神明的预见和理想的清晰语言草拟的,它当然会省去法官们的麻烦。但是在没有这样的法律时,如果现有的法律暴露了缺点,法官们不能叉起手来责备起草人,他必须开始完成找出国会意图的建设性的任务。他不仅必须从成文法的语言方面去做这项工作,而且还要考虑产生它的社会条件和通过它要去除的危害方面去做这项工作。然后,他必须对法律的文字进行补充,以便给立法机构的意图以‘力量和生命’。”[2]拉德布鲁赫持同样的观点,他认为法律起草者的思想必然会有漏洞,它自己不会总是能够剔除那些不清楚和矛盾的地方,但是解释者必须根据法律对任何可能出现的案件作出一个清楚的、没有矛盾的判决,这样,法学解释就不是对先前思考的再思考,而是将已经思考的东西思考完毕,这时解释者将自己变成了“立法者”,因此,法律解释是理论与实践、认识性与创造性、创作与再创作、科学性与超科学性、客观与主观各种因素不可分割的混合,在很大程度上是实践的、创造性的、创作的、超科学性的,法律起草者只是“经验的立法者”,而生活在法律之中的解释者是“精神的立法者”。[3] 经验的立法者与精神的立法者一起造就了法

① [美]波斯纳:《法理学问题》,苏力译,中国政法大学出版社 1994 年版,第 68 页。

② [英]丹宁勋爵:《法律的训诫》,杨百揆等译,法律出版社 1999 年版,第 13 页。

③ [德]G. 拉德布鲁赫:《法哲学》,王朴译,法律出版社 2005 年版,第 115 页。

律。莱因斯坦说:“法的形成和适用是一种艺术,这种法的艺术表现为什么样式,取决于谁是‘艺术家’。”[①]法官就是莱因斯坦所说的“艺术家”。

① [日]大木雅夫:《比较法》,范愉译,法律出版社1999年版,第264页。

参考文献

（一）中译著作

1. [德]K. 茨威格特、H. 克茨:《比较法总论》,潘汉典等译,法律出版社 2003 年版。

2. [加拿大]让·格朗丹:《哲学解释学导论》,何卫平译,商务印书馆 2009 年版。

3. [法]勒内·达维德:《当代主要法律体系》,漆竹生译,上海译文出版社 1984 年版。

4. [美]本杰明·卡多佐:《司法过程的性质》,苏力译,商务印书馆 1998 年版。

5. [古希腊]亚里士多德:《政治学》,吴寿彭译,商务印书馆 1965 年版。

6. [古希腊]亚里士多德:《尼各马科伦理学》,苗力田译,中国社会科学出版社 1999 年版。

7. [美]E. 博登海默:《法理学:法律哲学与法律方法》,邓正来译,中国政法大学出版社 1999 年版。

8.《阿奎那政治著作选》,马清槐译,商

务印书馆 1963 年版。

9.［美］罗斯科·庞德:《法律史解释》,曹玉堂、杨知译,华夏出版社 1989 年版。

10.［加拿大］让·格朗丹:《哲学解释学导论》,何卫平译,商务印书馆 2009 年版。

11.［英］霍布斯:《利维坦》,黎思复、黎廷弼译,商务印书馆 1985 年版。

12.［荷兰］斯宾诺莎:《神学政治论》,温锡增译,商务印书馆 1963 年版。

13.［英］杰里米·边沁:《论一般法律》,毛国权译,上海三联书店 2008 年版。

14.［德］萨维尼:《当代罗马法体系Ⅰ》,朱虎译,中国法制出版社 2010 年版。

15.［德］奇佩利乌斯:《法学方法论》,金振豹译,法律出版社 2009 年版。

16.［美］约翰·亨利·梅利曼:《大陆法系》,顾培东、禄正平译,法律出版社 2004 年版。

17.［德］赫尔曼·康特洛维茨:《为法学而斗争》,雷磊译,中国法制出版社 2011 年版。

18.［德］卡尔·拉伦茨:《法学方法论》,陈爱娥译,商务印书馆 2003 年版。

19.［英］丹宁勋爵:《法律的训诫》,杨百揆等译,法律出版社 1999 年版。

20.［意］切萨雷·贝卡里亚:《论犯罪与惩罚》,黄风译,北京大学出版社 2008 年版。

21.［美］约翰·奇普曼·格雷:《法律的性质与渊源》,马驰译,中国政法大学出版社 2012 年版。

22. [美]德沃金:《法律帝国》,李常青译,中国大百科全书出版社 1996 年版,第 44 页。

23. [美]本杰明·卡多佐:《司法过程的性质》,苏力译,商务印书馆 2000 年版。

24. [德]汉斯-格奥尔格·加达默尔:《真理与方法》(上卷),洪汉鼎译,上海译文出版社 1999 年版。

25. [德]黑格尔:《小逻辑》,贺麟译,商务印书馆 1950 年版。

26. [美]波斯纳:《法理学问题》,苏力译,中国政法大学出版社 1994 年版。

27. [英]霍布斯:《利维坦》,黎思复、黎廷弼译,商务印书馆 1985 年版。

28. [法]雅克·德里达:《论文字学》,汪堂家译,上海译文出版社 1999 年版。

29. [日]川岛武宜:《现代化与法》,王志安、渠涛译,中国政法大学出版社 2001 年版。

30. [美]汉密尔顿、杰伊、麦迪逊:《联邦党人文集》,程逢如等译,商务印书馆 1980 年版。

31. [英]哈特:《法律的概念》,张文显、郑成良、杜景义、宋金娜译,中国大百科全书出版社 1996 年版。

32. [德]海德格尔:《存在与时间》,陈嘉映、王庆节译,生活·读书·新知三联书店 1987 年版。

33. [英]穆勒:《实用主义》,陈羽纶、孙瑞禾译,商务印书馆 1957 年版。

34. [美]麦金太尔:《谁之正义?何种合理性?》,万俊人等译,当代中国出版社 1996 年版。

35. [美]麦金太尔:《德性之后》,龚群、戴扬毅译,中国社会科学出版社 1995 年版。

36.［德］弗里德里希·包尔生:《伦理学体系》,何怀宏、廖申白译,中国社会科学出版社 1988 年版。

37.［古希腊］亚里士多德:《政治学》,吴寿彭译,商务印书馆 1965 年版。

38.［德］海因里希·罗门:《自然法的观念史和哲学》,姚中秋译,上海三联书店 2007 年版。

39.［美］罗斯科·庞德:《法律史解释》,曹玉堂、杨知译,华夏出版社 1989 年版。

40.［意］艾柯等:《诠释与过度诠释》,王宇根译,生活·读书·新知三联书店 1997 年版。

41.［奥］维特根斯坦:《哲学研究》,李步楼译,商务印书馆 1996 年版。

42.［日］野田良之:《注释学派与自由法》,载《法哲学讲座》(第 3 卷),有斐阁 1956 年版。

43.［法］卢梭:《社会契约论》,何兆武译,商务印书馆 1980 年版。

44.［美］伯纳德·施瓦茨:《美国最高法院史》,毕洪海等译,中国政法大学出版社 2005 年版。

45.［美］塞缪尔·莫里森等:《美利坚合众国的成长》(下卷),南开大学历史系美国研究室译,天津人民出版社 1991 年版。

46.［德］乌多·蒂茨:《加达默尔》,朱毅译,中国人民大学出版社 2010 年版。

47.［美］约瑟夫·斯托里:《美国宪法评注》,毛国权译,上海三联书店 2006 年版。

48.［瑞士］费尔迪南·德·索绪尔:《普通语言学教程》,高名凯译,商务印书馆 1980 年版。

49.［英］洛克:《人类理解论》(下册),关文运译,商务印书馆

1959 年版。

50.［美］阿德里安·沃缪勒:《不确定状态下的裁判——法律解释的制度理论》,梁迎修,孟庆友译,北京大学出版社 2011 年版。

51.［法］罗兰·巴尔特:《罗兰·巴特随笔选》,怀宇译,百花文艺出版社 2007 年版。

52.［法］罗兰·巴尔特:《S/Z》,屠友祥译,上海人民出版社 2000 年版。

53.［德］伯恩·魏德士:《法理学》,丁小春、吴越译,法律出版社 2003 年版。

54.［德］H. 科殷(Helmut Coing):《法哲学》,林荣远译,华夏出版社 2002 年版。

55.［法］孟德斯鸠:《论法的精神》(下册),张雁深译,商务印书馆 1963 年版。

56.［英］彼得·斯坦、约翰·香德:《西方社会的法律价值》,王献平译,中国法制出版社 2004 年版。

57.［美］詹姆斯·安修:《美国宪法解释与判例》,黎建飞译,中国政法大学出版社 1994 年版。

58.［美］斯蒂芬·布雷耶:《法官能为民主做什么》,何帆译,法律出版社 2012 年版。

59.［美］桑德拉·戴·奥康纳:《法律的尊严:美国最高法院一位大法官的思考》,信春鹰、葛明珍译,法律出版社 2006 年 版。

60.［英］威廉·布莱克斯通:《英国法释义》(第 1 卷),游云庭、缪苗译,上海人民出版社 2006 年版。

61.［法］保罗·利科:《诠释学与人文科学:语言、行为、解释文集》,孔明安等译,中国人民大学出版社 2012 年版。

62.［比］R. C. 范·卡内冈:《法官、立法者与法学教授》,薛张敏译,北京大学出版社 2006 年版。

63. [德]拉德布鲁赫:《法学导论》,米健、朱林译,中国大百科全书出版社 1997 年版。

64. [美]诺内特、塞尔兹尼克:《转变中的法律与社会》,张志铭译,中国政法大学出版社 1994 年版。

65. [美]拉里 · 亚历山大等编著:《宪政的哲学基础》,付子堂等译,中国政法大学出版社 2007 年版。

66. [英]约瑟夫 · 拉兹:《法律的权威》,朱峰译,法律出版社 2005 年版。

67. [法]雅克 · 盖斯丹、古勒 · 古博:《法国民法总论》,陈鹏等译,法律出版社 2004 年版。

68. [德]歌德:《浮士德》,董问樵译,复旦大学出版社 1983 年版。

69. [美]富勒:《法律的道德性》,郑戈译,商务印书馆 2005 年版。

70.《培根论说文集》,水天同译,商务印书馆 1983 年版。

71. [英]弗里德利希 · 冯 · 哈耶克:《法律、立法与自由》(第 1 卷),邓正来、张守东、李静冰译,中国大百科全书出版社 2000 年版。

72. [美]罗纳德 · 德沃金:《认真对待权利》,信春鹰、吴玉章译,中国大百科全书出版社 1998 年版。

73. [英]梅因:《古代法》,沈景一译,商务印书馆 1959 年版。

74. [德]G. 拉德布鲁赫:《法哲学》,王朴译,法律出版社 2005 年版,第 232 页。

75. [英]哈耶克:《通往奴役之路》,冯兴元等译,中国社会科学出版社 1997 年版。

76.《马克思恩格斯全集》(第 1 卷),人民出版社 1995 年版。

77. [德]黑格尔:《法哲学原理》,范扬、张企泰译,商务印书馆 1961 年版。

78.《马克思恩格斯全集》(第 3 卷),人民出版社 2002 年版。

79. [美]布赖恩 · 莱特编:《法律和道德领域的客观性》,高中等译,中国政法大学出版社 2007 年版。

80. [美]戴维 · 斯特劳斯:《活的宪法》,毕洪海译,中国政法大学出版社 2012 年版。

81. [美]克里斯托弗 · 沃尔夫:《司法能动主义》,黄金荣译,中国政法大学出版社 2004 年版。

82. [美]霍姆斯:《法律的生命在于经验——霍姆斯法学文集》,明辉译,清华大学出版社 2007 年版。

83. [美]布莱恩 · 比克斯:《法律、语言与法律的确定性》,邱昭继译,法律出版社 2007 年版。

84. [德]N · 霍恩:《法律科学与法哲学导论》,罗莉译,法律出版社 2005 年版。

85. [美]凯斯 · R. 孙斯坦:《法律推理与政治冲突》,金朝武等译,法律出版社 2004 年版。

86. [英]蒂莫西 · A. O. 恩迪科特:《法律中的模糊性》,程朝阳译,北京大学出版社 2010 年版。

87. [美]爱德华 · 萨丕尔:《语言论》,陆卓元译,商务印书馆 1985 年版。

88. [美]本杰明 · 卡多佐:《法律的成长 法律科学的悖论》,董炯、彭冰译,中国法制出版社 2002 年版。

89. [奥]凯尔森:《法与国家的一般理论》,沈宗灵译,中国大百科全书出版社 1996 年版。

90. [荷兰]马丁 · W. 海塞林克:《新的欧洲法律文化》,魏磊杰译,中国法制出版社 2010 年版。

91.［丹］努德·哈孔森:《自然法与道德哲学》,马庆、刘科译,浙江大学出版社2010年版。

92.［日］大木雅夫:《比较法》,范愉译,法律出版社1999年版。

(二)中文著作

1. 杨仁寿:《法学方法论》,中国政法大学出版社1999年版。

2. 黄茂荣:《法学方法与现代民法》,中国政法大学出版社2001年版。

3. 许章润主编:《萨维尼与历史法学派》,广西师范大学出版社2004年版。

4. 范进学:《美国宪法解释方法论》,法律出版社2010年版。

5. 范进学:《宪法解释的理论建构》,山东人民出版社2004年版。

6. 郑永流:《法律方法阶梯》,北京大学出版社2008年版。

7. 梁慧星:《民法解释学》,中国政法大学出版社1995年版。

8. 林玫:《意义、释义与词典释义研究》,法律出版社2009年版。

9. 王泽鉴:《法律思维与民法实例》,中国政法大学出版社2001年版。

10. 高兆明:《黑格尔法哲学原理导读》,商务印书馆2010年版。

11. 孙笑侠编译:《西方法谚精选》,法律出版社2005年版。

12. 张志铭:《法律解释操作分析》,中国政法大学出版社1998年版。

13. 蒋成禹:《读解学引论》,上海文艺出版社1998年版。

14. 张国清:《中心与边缘》,中国社会科学出版社1998年版。

15. 谢晖:《法律的意义追问——诠释学视野中的法哲学》,商务印书馆 2003 年版。

16. 梁治平编:《法律解释问题》,法律出版社 1998 年版。

17. 中央政法委员会编:《社会主义法治理念读本》,中国长安出版社 2009 年版。

18. 张汝伦:《意义的探究——当代西方释义学》,辽宁人民出版社 1986 年版。

19. 何勤华:《西方法学史》,中国政法大学出版社 1996 年版。

20. 王先霈:《文学批评原理》,华中师范大学出版社 1999 年版。

21. 孔祥俊:《法律解释方法与判解研究》,人民法院出版社 2004 年版。

22. 洪汉鼎主编:《理解与解释:诠释学经典文选》,东方出版社 2001 年版。

23. 舒国滢等:《法学方法论问题研究》,中国政法大学出版社 2007 年版。

24. 蔡定剑:《宪法精解》,法律出版社 2004 年版。

25. 北京大学法学院司法研究中心编:《宪法的精神》,中国方正出版社 2003 年版。

26.《北京青年报法治周刊》编辑部:《情理法焦点对话》(一),中国政法大学出版社 2001 年版。

27. 王书成:《合宪性推定论》,清华大学出版社 2011 年版。

(三)英文著作、论文、案例

Aharon Barak, *Purposive Interpretation*, Translated by Sari Bashi, Princeton University Press, 2005.

Scott Douglas Gerber, *To Secure These Rights: The Declaration of Independence and Constitutional Interpretation*, New York University Press, 1995.

Augustine, *On Christian Doctrine*, translated by D. W. Robertson, Indianapolis, 1958.

Commentaries on the Laws of England, Vol. 1, edited by Wayne Morrison, Cavendish Publishing Limited, 2001.

Gerald Gunther, ed., *John Marshall's Defense of McCulloch v. Maryland*, Stanford University Press, 1969.

The Writings of Thomas Jefferson, ed. by Albert E. Bergh, 20 Vols. Jefferson Memorial Association, 1907.

The Works of James Wilson, ed. by Robert McCloskey, 2 Vols., Harvard University Press, 1967.

George Ticknor Curtis, *Constitutional History of the United States*, 2 Vols., ed. Joseph Culbertson Clayton, Harper and Brothers 1896.

Leonard W. Levy, *Original Intent and the Framers'Constitution*, Macmillan Publishing Company, 1988.

Story, *Commentaries on the Consititution of the United States* Boston, 1833.

Oliver Wendell Holmes, *Collected Legal Papers*, *Harcourt*, Brace, and Howe, 1920.

Frank, *Law and the Modern*, Brentano, 1930.

David E. Kyvig, *Explicit and Authentic Acts: Amending the U. S Constitution*, 1776 – 1995, University Press of Kansas, 1996.

Homer Cummings, *Selected Papers of Homer Cummings*, ed. Carl Brent Swisher, DaCapo, 1972.

Johnathan O'Neill, *Originalism in American Law and Politics*, The Johns Hopkins University Press, 2005.

Louis Boudin, "Government by Judiciary", *Political Science*

Quarterly 26(1911).

Jacobus TenBroek, "Admissibility and Use by the United States Supreme Court of Extrinsic Adis in Constitutional Construction", *California Law Review* 26(1938).

Ronald Dworkin, *A Matter of Principle*, Harvard University Press, 1985.

Sue Davis, *Justice Rehnquist and the Constitution*, Pronceton University Press, 1989.

Raoul Berger, *Government by Judiciary: the Transformation of the Fourteen Amendment*, Harvard University Press, 1977.

Rober H. Bork, "Neutral Principles and Some First Amendment Problems", *Indiana law Journal* 47, 1971.

Robert H. Bork, *The Tempting of America: the Political Seduction of the Law*, by Simon & Schuster, 1990.

Thomas Grey, "Do We Have an Unwritten Constitution?" *Stanford Law Review* 27(1975).

John Hart Ely, "The Constitutional Interpretivism: its Allure and Impossibility", *Indiana Law Journal* 53(1978).

Paul Brest, "The Misconceived Quest for Original Understanding", *Boston University Law Review* 60(1980).

John Hart Ely, *Democracy and Distrust: A Theory of Judicial Review*, Harvard University Press, 1980.

Ronald Dworkin, *Law's Empire*, Harvard University Press, 1986.

Earl. Maltz, "Foreword: The Appeal of Originalism", *Utah Law Review* 4(1987).

Interpreting the Constitution: the Debate over Original Intent, edited by Jack N. Rakove, Northeastern University Press, 1990.

William N. Eskridge, "Dynamic Statutory Interpretation", *University of Pennsylvania Law Review* 135(1987).

Cf. Nicholas S. Zeppos, "Judicial Candor and Statutory Interpretation", *Georgetown Law Journal* 78(1989).

Steven D. Smith, "Law Without Mind", *Michigan Law Review* 88(1989).

Erwin Chemerinsky, "The Consititution is not 'Hard Law': The Bork Rejection and the Future of Constitutional Jurisprudence," *Constitutional Commentary* 6(1989).

"In Defense of the framers' Intent: Civic Virtue, the Bill of Rights, and the framers' Science of Politics", *Virginia Law Review* 75 (1989).

Maltz, "Foreword: The Appeal of Originalism", *Utah Law Review* 4(1987).

John Valauri, "The Varieties of Constitutional Theory: A Comment on Perry and Hoy", *Northern Kentucky Law Review* 15 (1988).

Raoul Berger, "Originalist Theories of Constitutional Interpretation", *Cornell Law Review* 73(1988).

Keith E. Wittington, The New Originalism, Georgetown Journal of Law & Public Policy, 2004.

Scott Douglas Gerber, *To Secure These Rights: The Declaration of Independence and Consititutional Interpretation*, New York University Press, 1995.

H. L. A. Hart, *The Concept of Law*, Oxford University Press, 1961.

Bernard Schwartz, *A History of Supreme Court*, Oxford University Press, 1993.

Rober M. Martin, *The Meaning of Language*, The MIT Press, 1987.

Stephen C. Levinson, *Pragmatics*, Cambridge University Press, 1983.

William H. Rehnquist, "The Notion of a Living Constitution", *Texas Law Review* 54 (1976).

Lino A. Graglia, "Interpreting the Constitution: Posner on Bork", *Stanford Law Review* 44 (1992).

James E. Fleming, "Fidelity to Our Imperfect Constitution", *Fordham Law Review* 65 (1997).

O. W. Holmes, "The Path of Law", *Harvard Law Review* 457 (1897).

H. L. A. Hart, *American Jurisprudence through English Eyes: The Nightmare and the Noble Dream*, *Essays in Jurisprudence and Philosophy*, Clarendon Press, Oxford, 1983.

Jack N. Rakove, *Original Meaning: Politics and Ideas in The Making of Constitution*, Alfred A. Knopf, Inc., New York, 1997.

Randy E. Barnett, Restoring the Lost Constitution: the Presumption of Liberty, Princeton University Press, 2004.

M. Heidegger, On Christian Doctrine, Translated in English by D. W. Robertson, Indianapolis, 1958.

D. G. Cracknell, C. H. Wilson, Origins and Influence of Roman Law, The HLT Group Ltd, 1990.

Richard S. kay, Adherence to the Original Intentions in Constitutional Adjudication: Three Objections and Responses, 82

Northwestern University Law Review, 1988.

Bennett, Objiectivity in Constitutional law, 132 *U. PA. L. Rev.*

Harris, Bonding Word and Policy: The Logic of American Constitutionalism, 76 *AM. POL. SCI. Rev.* 1982.

Moore, The Semantics of Judging, 54 *S. CAL. L. Rev.* 151, (1981).

Powell, Rules for Originalists, 73 *VA. L. Rev.* 659, 668 (1987).

Schauer, An Essay on Constitutional Language, 29 *UCLA. L. Rev.* (1982).

Knapp & Michaels, Against Theory, 8 Critical Inquiry (1982).

Michaels, The Fate of the Constitution, 61 Tex. L. Rev. 775 (1982).

Gregory Bassham, *Original Intent and the Constitution: A Philosophical Study*, Rowman & Littlefield Publishers, Inc. 1992.

William J. Brennan, "The Constitution of the United States: Contemporary Ratification", *South Texas Law Review* 27 (1986).

William Bradford Reynolds, "The Burger Years: A Critical Look at the Critics'Intent", *Northwestern University Law Review* 82 (1988).

Keith E. Whittington, *Constitutional Interpretation: Textual Meaning, Original Intent, and Judicial Review*, University Press of Kansas, 1999.

Levinson, Law as Literature, 60 *Tex. L. Rev.* (1982).

Pierre Schlag, Framers Intent: The Illegitimate Uses of History, 8 *University of Puget Sound Law Review*, 1985.

Henry S. Commager, ed. Documents of American History, New York, 1943.

"The Bill of Rights: Original Meaning and Current Understanding", Edited by Eugene W. Hickok, Jr., The University Press of Virginia, 1991.

C. Curtis, *Lions under the Throne*, Boston: Houghton Mifflin, 1947.

Danicl A. Farber, Suzanna Sherry, Desperately Seeking Certainty: *The Misguided Quest for Constitutional Foundations*, 2002 by The University of Chicago Press.

Robert L. Gord Howard Ball, The Separation of Church and State: A Debate, 1987 *Utah L. Rev*.

Randy E. Barnett & Don B. Kates, Under Fire: The New Consensus on the Second Amendment, 45 *Emory L. J.* 1139(1996).

Michael W. McConnell, Originalosm and the Desegregation Decisions, 81 *Va. L. Rev.* 947(1995).

Michael J. Klarman, Brown, Originalism, and Constitutional Theory: A Response to Professor McConnell, 81 *Va. L. Rev.* 1881 (1995).

Charles Fairman, Does the Fourteenth Amendment Incorporate the Bill of Rights? The Original Understanding, 2 *Stan. L. Rev.* 5 (1949).

Martin H. Redish, Federal Jurisdiction: Tensions in the Allocation of Judicial Power(2d ed. 1990).

William P. Marshall, The Diversity Theory of the Eleventh Amendment: A Critical Evaluation, 102 *Harv. L. Rev.* 1372(1989).

Lawrence C. Marshall, Fighting the Words of the Eleventh Amendment, 102 *Harv. L. Rev.* (1989).

Vicki C. Jackson, The Supreme Court, the Eleventh Amendment, and State Sovereign Immunity,98 *Yale L. J.* 1(1988).

William A. Fletcher, A Historical Interpretation of the Eleventh Amendment: A Narrow Construction of an Affirmative Grant of Jurisdiction Rather than a Prohibition against Jurisdiction,35 *Stan. L. Rev.* 1033(1983).

James H. Hutson, The Creation of the Constitution: The Integrity of the Documentary Record,65 *Tex. L. Rev.* 1,(1986).

Daniel A. Farber& Suzanna Sherry, A History of the American Constitution 378 – 81(1990).

Ronald Dworkin, "The Bork Nomination", *New York Review of Books*(1987).

Mark Tushnet, "The U. S. Constitution and the Intent of the Framers", *Buffalo Law Review* 36(1987).

Ronald Dworkin, *Taking Rights Seriously*, Harvard University Press, 1977.

D. Davidson and G. Harman, eds., Semantics of Natural Language, Dordrecht: D. Reidel, 1972.

J. Almog, J. Perry, and H. Wettstein, eds., *Themes From Kaplan*, Oxford University Press, 1989.

Michael S. Moor, "The Semantics of Judging", *Southern California Law Review* 54(1981).

Reed Dickerson, *The Interpretation and Application of Statutes*, Boston, Little Brown, 1985.

Farrand, ed., Records of the Federal Convention, Vol. 2, Vol. 1.

Ronald Dworkin, Life's Dominion, A Division of Random House, Inc., 1993.

Haines, "The Law of Nature in State and Federal Judicial

Decisions" ,25 *Yale L. J.* 617(1916).

Pound, "Liberty of Contract" ,18 *Yale L. J.* (1909).

David M. O'Brien, *Constitutional Law and Politics*, Vol. 2, Sec. Ed., W. W. Norton & Company, 1991.

Paul Leicester Ford, ed., Essays on the Constitution (Brooklyn 1892).

Meese, "A Return to Constitutional Interpretation from Judicial Law-Making", *New York Law Review* 40(1996).

H. Jefferson Powell, "The Original Understanding of Original Intent", *Harvard Law Review* 98(1985).

Antonin Scalia, A Matter of Interpretation: Federal Courts and the Law, Princeton University Press, 1997.

Philip Bobbitt, *Constitutional Fate: Theory of the Constitution*, Oxford University Press, 1982.

Harry Willmer Jones, "The Plain Meaning Rule and Extrinsic Aids in the Interpretation of Statutes", *Washington University Law Quarterly*, 25(1939).

Ruti Teitel, "Original Intent, History, and Levy's Establishment Clause", *Law and Social Inquiry* 15(1990).

Frank Easterbrook, "The Role of Original Intent in Statutory Construction", 11 *Harv. J. L. & Pub. Pol'y*(1988).

John Manning, "Textualism and the Equity of the Statute", 101 *Colum. L. Rev.* 1, (2001).

Frank Easterbrook, "Text, History, and Structure in Statutory Interpretation", 17 *Harv. J. L. & Pub. Pol'y*(1994).

Antonin Scalia, "Judicial Deference to Administrative Interpretations of Law", 1989 *Duke L. J.* (1989).

John Manning, "Textualism as a Nondelegation Doctrine", 97 *Colum. L. Rev.* (1997).

William Landes, Richard Posner, "The Independent Judiciary in an Interest-Group Perspective", 18 *J. L. & Econ.* (1975).

John Manning, "Federalism and the Generality Problem in Constitutional Interpretation", 122 *Harv. L. Rev.* (2009).

John Manning, "Textualism and Legislative Intent", 91 *Va. L. Rev.* (2005).

Henry Hart, Jr. & Albert Sacks, The Legal Process: Basic Problems in the Making and Adjudication of Law, William N. Eskridge, Jr. & Philip P. Frickey eds., Foundation Press(2001).

Frank Horack Jr., "In the Name of Legislative Intention", 38 *W. Va. L. Q.* (1932).

Kenneth Shepsle, "Congress Is a 'They', Not an 'It': Legislative Intent as Oxymoron", 12 *Int'l Rev. L. & Econ.* (1992).

John Manning, "The Nondelegation Doctrine as a Canon of Avoidance", 2000 *Sup. Ct. Rev.* (2000).

John Manning, "Competing Presumptions about Statutory Coherence", 74 *Fordham L. Rev.* 2009, 2033(2006).

John Manning, "Second-Generation Textualism", 98 *Cal. L. Rev.* (2010).

John Manning, "The Eleventh Amendment and the Reading of Precise Constitutional Texts", 113 *Yale L. J.* (2004).

John Manning, "Justice Scalia and the Legislative Process", 62 *N. Y. U. Ann. Surv. Am. L.* (2006).

John Manning, "Textualism and the Role of The Federalist in Constitutional Adjudication", 66 *Geo. Wash. L. Rev.* 1337, 1340

(1998).

Joseph Raz, "Intention in Interpretation", in The Autonomy of Law: Essays on Legal Positivism, Robert George ed. Oxford University Press(1996).

John Manning, "The Absurdity Doctrine", 116 *Harv. L. Rev.* (2003).

Missouri v. Holland, 252 U. S. 416, 433(1920).

Weems v. United States, 217 U. S. (1910).

The Legal Tender Case, 110 U. S. (1884).

Terrance Sandalow, "Constitutional Interpretation", 79 *Mich. L. Rev.* (1981).

William Douglas, "Stare Decisis", 49 *Colum. L. Rev.* 735, 736 - 737(1949).

Richard Posner, *The Problems of Jurisprudence*, Harvard University Press(1990).

David Strauss, "Common Law Constitutional Interpretation", 63 *U. Chi. L. Rev.* (1996).

John Manning, "Role of the Philadelphia Convention in Constitutional Adjudication", 80 *Geo. Wash. L. Rev.* (2012).

Max Farrand, Records of the Federal Convention of 1787, Yale University Press(1911).

John Manning, "Separation of Powers as Ordinary Interpretation", 124 Harv. L. Rev. 1939, 1978(2011).

Max Radin, "Statutory Interpretation", 43 *Harv. L. Rev.* (1930).

Stephen Breyer, "On the Uses of Legislative History in Interpreting Statutes", 65 *S. Cal. L. Rev.* (1992).

Nicholas Zeppos, "Legislative History and the Interpretation of Statutes: Toward a Fact-Finding Model of Statutory Interpretation", 76 *Va. L. Rev.* (1990).

Daniel Faber & Philip Frickey, Law and Public Choice: A Critical Introduction, University of Chicago Press (1991).

Richard Posner, Law, Pragmatism, and Democracy, Harvard University Press (2003).

Richard Posner, "Legal Formalism, Legal Realism, and the Interpretation of Statutes and the Constitution", 37 *Case W. Res. L. Rev.* (1986).

Oliver Wendell Holmes, Collected Legal Papers, ed., Harold J. Laski, MA: Peter Smith, 1952.

Leslie Friedman Goldstein, In Defense of the Text: Democracy and Constitutional theory, Rowman & Littlefield Publishers, Inc. 1991.

Frank H. Easterbrook, What's so Special about Judges? 61 *U. Colo. L. Rev.* 782 (1990).

Steven G. Calabresi & Saikrishna B. Prakash, The President's Power to Execute the Laws, 104 *Yale L. J.* (1994).

Martha C. Nussbaum, Skepticism about Practical Reason in Literature and the Law, 107 Harv. L. Rev. (1994).

Richard Posner, "Book and Beethoven", 42 *Stan. L. Rev.* (1990).

Cass R. Sunstein, *The Partial Constitution*, Harvard University Press, 1993.

Antonin Scalia, "Originalism: The Lesser Evil", 57 *Cincinnati Law Review* (1989).

E. Finley,"Crystal Gazing: The Problem of Legialative History," 45 A. B. A. J. 1281,1284(1959).

Navid Lyons, *Moral Aspects of Legal Theory*, New York, Cambridge University Press, 1993.

Lou L. Fuller, *Legal Fiction*, Stanford University Press, 1967.

H. l. Hart, *Essays in Jurisprudence and Philosophy*, Clarredon Press · Oxford, 1983.

Oliver Wendell Holmes, Jr., The Common Law, Barnes & Noble Publishing, Inc., 2004.

Eyston v. Studd, 75 Eng. Rep. 688, at (1573).

Ogden v. Saunders, 12 Wheat. 213(1827).

Dred Scott v. Sandford, 19 Howard(1857).

Ex parte Bain, 121 U. S. 1(1887).

South Carolina v. United States, 199 U. S. 437(1905).

Home Building and Loan Association v. Blaisdell, 290 U. S. 398.

McCulloch v. maryland, 4 Wheaton 316(1819).

Wooden v. Murduck(1874)89 US 351, 22 L Ed 716.

Carpio v. Tucson High School Dist(1974)21 Ariz App 241, 517 P 2d 1288.

Riggs v. Palmer, 115 N. Y. 506 - 07, 22 N. E. 188 - 89(1889).

Warburton v. Loveland, 2 Dow & Clark 480, 490, 496 - 97, [1831 - 32]E. R. 806, 810, 812.

National Mutual Insurance Co. v. Tidewater Transfer Co., 337 U. S. 582, 646(1949).

Alden v. Maine, 527 U. S. 706(1999).

West Virginia Board of Education v. Barnette, 319 U. S. 624, 638 (1943).

Brown v. Walker(1896)161 U. S. 591,40 L Ed 819,822,16 S Ct 644.

Calder v. Bull(1798)3 Dallas 386,1 Led 648.

Cummings v. Missouri(1866)4 Wall. 277,321,18 L Ed356.

Slaughter House Cases(1872)16 Wall. 36,105,21 L Ed 394.

Chicago, Burlington & Quincy Rr. v. Chicago(1897 166 U. S. 226,41 L Ed 979,822,17 S Ct 581.

Van Horne's Lessee v. Dorrance(1795)2 Dallas. 304,310,1 L Ed 391.

United States v. Percheman(1833)7 Peters 51,87,8 L Ed 604, 617.

Madisonvile Traction Co. v. St. Bernard Mining Co. (1905)196 US 239,251,49 L Ed 462,467,25 S Ct. 251.

Allgeyer v. Louisiana(1897)165 US 578,41 L Ed 832,834,17 S Ct 427.

Griswold v. Connecticut(1965)381 US 479,14 L Ed 2d 510, 531,85 S Ct 1678.

Muzzy v. Wilkins(NK 1803)Smith 1,4 – 5.

Stromberg v. California(1931)283 US 395,75 L Ed 1117, 1112 – 3,51 S Ct 532.

United States v. Cruikshank(1876)92 US 542,551 – 3,23 L Ed 588.

Chase Securities Corp. v. Donaldson(1945)325 US 304,314,89 L Ed 1628,65 S Ct 1137.

Bank One Chi. ,N. A. V. Midwest Bank & Trust Co. ,516 U. S. 264,276 – 277(1996)(Stevens J. ,Concurring).

Oliver v. United States,466 U. S. 170,(1984).

McCulloch v. Maryland, 17 U. S. (4 Wheat.) 316(1819).

Youngstown Sheet & Tube Co. v. Sawyer, 343 U. S. 579(1952).

Holy Trinity Church v. United States, 143 U. S. 457(1892).

Roe v. Wade, 410 U. S. 113(1973).

Osborne v. Bank of the United States, 9 Wheat. 738(1824).

后　记

时间都去哪儿了？从2011年承担国家社科基金项目——“法律原意主义解释方法论研究”——迄今恍然已过6年。时光匆匆,不知不觉已进入了“中国特色社会主义新时代”。新时代需要新气象,新时代需要新面貌,新时代需要新起点,本书即是研究法律原意主义解释方法论的新起点。严格说来,本项目远未完成,因为它只是将域外法律原意主义解释方法的理论作了初步归纳与总结,纯粹是一种理论上的梳理与分析,既未结合生动鲜活的案例将原意主义方法在司法实践中的运用作出整理与考察,亦未对我国司法实践中丰富的原意主义方法及其哲学理论进行总结与反思,因而本书的研究或许正是新时代下笔者从事本专题进一步深入研究的新起点。

我在书中说过:当制定法出现后,关于法律的解释方法,始终面临着一个古老的悖论,即法律的解释是否按照立法者在颁布法律时已经提出的立法者原来的意思加以解释,或者是把法律看作具有某种客观性的自我生活的东西,在解释法律时是否可以按照当时的社会现实去估量?其所蕴含的命题就是法律原意主义方法论与法律非原意主义方法论的问题。在一个原意主义者看来,法律必须稳定,秩序需要稳定。在一个非原意主义者看来,法律应当灵活,人们应当根据法律所应调整的实际生活的变化而不断对法律的含义赋予其新的内涵。这种看似矛盾的两面,被庞德归结为"法律必须稳定,但又不能静止不变"的法哲学命题。所以,如果要探寻原理,那么既要探索稳定性的原理,又必须探索变化原理,因此,法律思想家要致力于解决的首要问题,就是如何将法律固定化的思想与变化、发展和制定新法的思想相协调,如何将法律理论与立法理论相统一,以及如何将司法制度与司法人员执法的事实相统一。从矛盾协调与悖论相统一的观点来看,法律原意主义者与非原意主义者的观点均是正确的,法律必须稳定的观点是正确的,法律应当适应不断发展了的社会现实生活也是正确的,但就单一的观点看却存在片面性,即缺乏一种辩证的思维,正确的辩证的观点是它们之间应当相统一、相协调,既彼此承认各自观点的真理性,又不能掩盖其片面性。因此,当法官、律师或任何法律的适用者面对成文法时,皆必须思考这样一个方法论的悖论与困惑。如何理性看待两种方法论之间的冲突与矛盾?如何调处它们之间的张力?如何克服两种方法论之间的悖论?本书可被视为在理论上为克服这种方法论之间的张力而作出的一种学术努力。我相信诗人歌德的一句名言:一切理论都是灰色的,唯生命之树常青。一切方法论的问题,最终需回到活生生的现实生活中去。因此,在我看来,能够解决法律的确定性与求变性悖论的只能是富有理性与智慧的法官,原则上要求法官坚守法律的原意,但在法律无原意或原意与现实相矛盾时,则需要法官创造性地解释法律,以其智慧化解法律与现实之间的内在冲突,以适应历史时代的变迁。这就是一种辩证的方法,这才是生活本来的逻辑。

本书的出版得到了国家社科基金的资助,在此深表感谢!同时,感谢法律出版社的沈小英分社长与解锟博士,她们那种对编辑工作事业“衣带渐宽终不悔,为伊消得人憔悴”的奉献与执着精神,令人感佩!对在学业上总是不断给予关心的三位导师徐显明先生、李龙先生、韩大元先生致以深深的敬意与谢意!祈愿先生们学术长青、福寿绵长!最后感谢我的妻子王利女士,今年是我们结婚的30年。30年来,我们相濡以沫,我个人所获得的点滴成就都离不开她的无私关爱与默默支持!

生活总是美好的,感恩每一个帮助过自己的善良人!期待每一个人开心地生活,过好每一天每一刻,让幸福时时环绕在自己的周围,并沉浸于快乐之中。

范进学

2018年1月8日于上海德馨斋

图书在版编目(CIP)数据

法律原意主义解释方法论 / 范进学著. -- 北京 : 法律出版社, 2017

ISBN 978 - 7 - 5197 - 1787 - 2

Ⅰ. ①法… Ⅱ. ①范… Ⅲ. ①法律－研究 Ⅳ. ①D9

中国版本图书馆 CIP 数据核字(2017)第 313827 号

法律原意主义解释方法论
FALÜ YUANYI ZHUYI JIESHI FANGFALUN

范进学 著

策划编辑 沈小英
责任编辑 解 锟
装帧设计 李 瞻

出版 法律出版社
总发行 中国法律图书有限公司
经销 新华书店
印刷 北京京华虎彩印刷有限公司
责任校对 晁明慧
责任印制 吕亚莉

编辑统筹 财经法治出版分社
开本 A5
印张 11.375
字数 265 千
版本 2018 年 1 月第 1 版
印次 2018 年 1 月第 1 次印刷

法律出版社/北京市丰台区莲花池西里 7 号(100073)
网址/www.lawpress.com.cn
投稿邮箱/info@lawpress.com.cn
举报维权邮箱/jbwq@lawpress.com.cn
销售热线/010－63939792
咨询电话/010－63939796

中国法律图书有限公司/北京市丰台区莲花池西里 7 号(100073)
全国各地中法图分、子公司销售电话:
统一销售客服/400－660－6393
第一法律书店/010－63939781/9782 西安分公司/029－85330678 重庆分公司/023－67453036
上海分公司/021－62071639/1636 深圳分公司/0755－83072995

书号:ISBN 978－7－5197－1787－2 **定价**:48.00 元
(如有缺页或倒装,中国法律图书有限公司负责退换)